성경공부 2

하늘의 전쟁

하나님과 사탄의 전쟁
하나님의 은혜가 계명을 폐하는가?
사탄이 만들어 놓은 구원의 위조지폐
구원의 과정을 보여주는 성막
알곡인가 가라지인가?
참 복음과 변질된 복음

11HN.NET

성경공부 2

하늘의 전쟁

편　　집 11HN 네트워크
발 행 인 손계문
발 행 일 2018년 6월 1일
출판등록 2007년 7월 4일
전　　화 1544-0091, 010-9543-0091
이 메 일 11hnnet@gmail.com
웹사이트 www.11hn.net

ISBN : 979-11-6324-010-5 (세트)
ISBN : 979-11-6324-012-9 04230
값 7,000원

11HN(11th Hour Network : 열한시 네트워크)는
성경의 진리와 참된 복음을 회복하기 위해 힘쓰고 있으며 값싼 구원론과 교회성장, 기계적인 신앙으로 전락해버린 교회를 흔들어 깨우기 위해 회개운동, 거룩운동, 재림운동을 하는 신앙 운동체입니다.
예수 그리스도의 마음을 품은 예수님의 증인들이 세상 곳곳에서 일어나기를 소망합니다.

차 례

성경공부
하늘의 전쟁

1장

하나님과 사탄의 전쟁

하나님께서 죄의 역사를 지체시키시는 이유

제1부 하나님께서 죄의 역사를 지체시키시는 이유

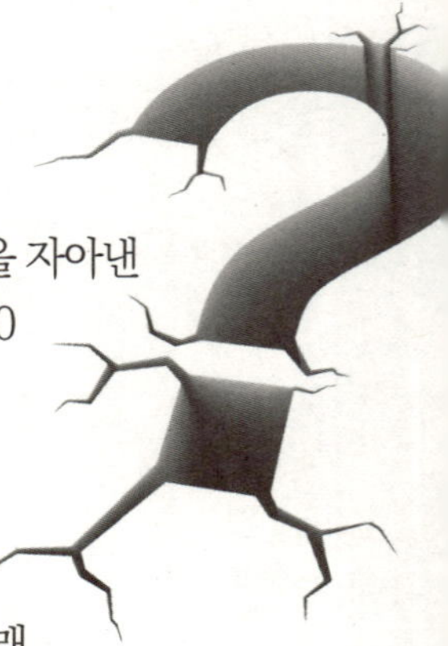

1. 가장 절박한 의문

지금은 세상을 떠나고 없지만, 항상 우리 마음에 무한한 동정심을 자아낸 한 사람이 있었습니다. 그는 40대 중반의 중년 남자이면서도 10살짜리 보다 더 작은 몸집을 가지고 있었고, 충청북도의 한 마을의 자기 집 부근에서 집회가 열릴 때면 그는 늘 13살 된 아들의 품에 안겨서 집회 장소에 온 다음, 맨 뒤에 있는 긴 의자에 누운 채 설교를 듣곤 하였습니다. 그는 Muscular Distrophy(머스큘라 디스트로피 : 근육이 축소되어 오그라드는 질병)라는 병을 가지고 있었고, 그래서 등이 위로 비스듬히 굽어 베개가 없이도 항상 머리가 공중에 떠 있는 상태에 있었으며, 또 눈은 얼마나 나빴던지 두꺼운 돋보기안경이 항상 코에 비스듬히 걸려 있었습니다. 게다가 손과 발을 움직이지 못하는 터라 안경을 바로 잡아 줄 수도 없었습니다.

집회가 마치고 나면 그는 아들을 시켜서 설교자를 불렀고 그리고는 이렇게 항상 질문하는 것이었습니다. "목사님! 예수님께서 정말 속히 오시는 것이지요? 정말 곧 오시는 것이지요? 예수님께서 오실 때에 저는 이 두 손을 번쩍 쳐들고, 이 두 다리로 사슴처럼 뛰어 가면서 왜 이제 오시느냐고 소리치며 주님께 달려 갈 거에요! 목사님! 제게는 예수 그리스도의 재림 밖에는 소망이 없습니다. 그 날이 오면 이 모든 슬픔과 고통이 끝나게 되겠지요?"

왜 예수 그리스도의 재림이 이렇게 오래 지체되어 오는 것일까요? 예수님의 오심이 지체되면 될 수록 이 세상에 고통과 슬픔의 크기가 점점 더 심해만 가고 사람들의 마음은 더욱 더 악해지고 있지 않습니까! 거기에 비례하여 죄 되고 악한 환경으로 인하여 엄청난 숫자의 사람들이 매일 눈물을 흘리며 살아가야만 합니다. 아프리카, 이라크 및 세계 각국의 고생하는 난민들을 봅시다! 얼마나 기가 막히고 어이없는 고통들을 당하고 있습니까!

조상들의 잘못된 과거 역사 때문에, 그리고 복수 하려는 다른 한 민족의 분노 때문에 애꿎은 사람들이 큰 수난을 겪고 있습니다. 왜 하나님께서는 이 지구상의 죄의 역사를 빨리 끝내시지 않습니까? 도대체 무엇을 하고 계신단 말입니까? 언제쯤이나, 아니 어떻게 해야 이 세상의 고통의 문제가 끝나게 될까요? 우리는 이 심각한 문제를 이해하기 전에 먼저, 왜, 어떻게, 이 세상에 죄와 고통이 들어오게 되었는지에 대하여 이해하여야 합니다. 그리고 나서 하나님께서 이 죄의 문제에 종지부를 찍고 이 세상을 회복하시기 위하여 어떠한 계획으로 무슨 일을 하고 계신지를 알아야 할 것입니다.

2. 죄를 해결하신 하나님의 방법

먼저, "이 세상에 왜 죄가 들어 왔는가?"라는 문제에 대하여 간단하게 생각해 보도록 합시다. 죄는 하늘에서 시작되었습니다. 천사들의 대장이었던 루시퍼 천사의 마음속에서 자기를 높이려는 교만한 마음과 이기심이 발동하면서부터 반역의 역사가 시작된 것입니다. 그리고는 그 반역과 죄의 역사가 이 지구상으로 옮겨지게 되었는데, 그 시초는 우리의 첫 번째 조상인 아담과 하와가 하나님의 말씀과 명령보다 사탄(루시퍼)의 말과 제안을 더 신뢰하여 하나님의 법을 어기는 데서부터 비롯된 것입니다. 그러므로 죄의 시작이 하늘에서부터였기 때문에 우리가 겪고 있는 이 죄의 문제는 이 지구보다 훨씬 더 큰 범위의 것입니다.

죄의 문제는 이 온 우주를 다 포함하고 있는 것입니다. 하늘의 천사들도 루시퍼의 반역운동을 지켜보았고 그의 간계와 기만을 보고 들었으며 그의 세력에 합류한 악한 천사들과 큰 전쟁을 치른 후에 타락한 자들을 하늘에서 쫓아내었던 것입니다. 물론 할리우드의 영화 Star Wars(스타 워즈)처럼 실제적인 무기들로 싸운 전쟁은 아니었으나 누구의 말을 믿고 누구를 경배할 것인가 하는 심각한 마음속의 결정들이 이루어졌었고 그래서 하나님의 말씀을 순종하며 신뢰하는 의로운 천사들이 기만하고 속이는 악한 자들을 하늘에서 내어 쫓았던 것입니다. 물론 하나님의 능력으로 한 것이지 천사들이 무기를 들고 싸워서 이긴 것은 아니었습니다.

하늘에 있는 천사들이 루시퍼(사탄)의 사악한 반역과 또한 그 죄의 결과가 어떠할 것이라는 사실을 깨닫고 나서 이러한 죄와 반역은 없어져야 하며 그러한 반역에 가담하여 돌이키지 않는 자들도 없어져야 한다는 사실을 이해하게 되었을 때에 드디어 하나님께서는 사탄과 그 추종자들을 내어 쫓으셨던 것입니다.

물론, 하나님께서는 사탄의 반역 운동이 은근하게 시작되자마자 그 즉시로 단숨에 악한 자들을 없애 버리실 수 있는 힘을 가지고 계십니다. 그러나 그렇게 하지 않으셨습니다. 왜냐하면 하나님께서는, 하늘에 있는 천사들이 그 문제점을 올바로 직시하고 충분히 이해해야만 하나님께서 행하시는 일과 그 심판이 공의로우시다는 사실을 마음 속 깊이 인정할 수 있기 때문에 그때가 될 때까지 기다리셔야만 했기 때문입니다.

만일 하나님께서 그렇게 하지 않으셨다면 하늘의 천사들이 하나님의 심판의 공의로움에 대해서 이해하는 대신에 오히려 무서워하게 되었을 것이요, 하나님을 섬기되 두려움으로 섬기게 되었을 것이고, 나아가서는 죽임을 당한 루시퍼가 혹시 옳지 않았을까 하는 의문마저 품게 되었을 것이기 때문입니다. 하나님께서는 모든 피조물이 진정한 감사와 사랑을 가지고 자원하는 심정으로 하나님을 섬기고 경배하게 되기를 원하시는 것입니다. 이러한 관계 속에서만 진정한 사랑의 교제가 이루어질 수 있습니다. 그러한 이유 때문에 하나님께서는 이 지구의 최종적인 구원을 위해 필요한 상황을 기다리셔야만 합니다.

위에서 설명한 그러한 이유 때문에 하나님께서는 사탄을 즉시로 제거해 버리지 않고 살게 놓아 두셨습니다. 물론, 그 세력을 이 지구에만 한정시켜 놓았지만 말입니다. 마귀의 말을 듣고 인류의 조상이 범죄 한 순간, 인류는 사탄에게 이 지구에 대한 권한을 주어 버렸던 것입니다. 왜 하나님께서 사탄을 아직까지 살게 해 두시는 것일까요? 요한계시록 20장 9-10절과 마태복음 13장 37-43절을 보면 사탄도 결국에는 멸망 당할 것이 확실하며, 또한 마태복음 25장 41절은 그 사실을 입증하고 있습니다. "또 왼편에 있는 자들에게 이르시되 저주를 받은 자들아 나를 떠나 마귀와 그 사자들을 위하여 예비된 영영한 불에 들어가라." 그러므로 성경은 하나님께서 사탄과 악한 천사들을 결국은 심판하시고 멸망시켜 없애버리실 것입니다. 그런데 왜 그 마지막 심판을 이렇게 오래 동안 지체하고 계시는 것일까요? 무슨 문제가 걸려 있기 때문일까요? 그 사실은 다음의 문제를 생각해 볼 때에 이해할 수 있게 됩니다.

3. 지구로 옮겨진 죄를 해결하시는 하나님의 방법

죄의 시작은 불순종이었습니다. 죄는 하나님의 계명을 불순종하는 것입니다. 요한일서 3장 4절은 "죄는 불법"(법을 어기는 것)이라고 정의하고 있습니다. 사탄은 처음에 하나님과 같이 자기를 높이고 싶고, 하나님처럼 경배를 받고 싶은 교만한 마음에서(사 14:12-14 참조) 은근히 천사들을 기만하고 미혹하여 죄의 역사를 시작한 것입니다. 그때 그는 하나님의 정부를 뒤엎기 위하여 바로 하나님의 정부의 법을 공격하기 시작하였고 하나님의 성품을 공격하기 시작한 것입니다. 그래서 그는 하와를 유혹할 때 다음과 같이 말하였습니다. "뱀이 여자에게 이르되 너희가 결코 죽지 아니하리라 너희가 그것을 먹는 날에는 너희 눈이 밝아 하나님과 같이 되어 선악을 알 줄을 하나님이 아심이니라"(창 3:4,5).

다시 말하자면 마귀가 이렇게 말한 것이었습니다. "하와야! 하나님이 거짓말 하신 거야! 선악과를 따 먹어도 죽지 않아! 하나님이 너무 이기적인 분이라서 자기만 먹고 하나님이 되는 힘을 계속 유지하려고 하는 거야! 하나님의 법은 지킬 필요가 없단다! 법 따위가 무슨 필요가 있니? 그러한 법을 만들어 괜히 우리를 얽어 매어 구속하려고 하는 거야! 너도 이 선악과를 먹으면 하나님처럼 될 수 있는 거야! 하나님은 이기적인 분이야! 그 분의 말을 따를 필요가 없어! 너는 네 스스로 원하는 대로 결정하고 살면 된단다! 너는 누구의 말을 순종하고 따라갈 필요가 없어! 더 이상 구속 받지 말고 완전히 자유롭게 살아 봐! 법 없이 말이야…" 그래서 드디어 이 지구는 무질서하고 타락한 장소가 되어 버린 것입니다. 첫 범죄의 관건은 "하나님의 법에 순종하느냐 아니면 불순종하느냐"의 문제였습니다.

그러므로 이 지구에 사는 인간들도 하늘에 있는 선한 천사들처럼 하나님께서 옳으시고 하나님의 법도 이 우주의 평안과 질서를 위해서 반드시 필요한 것이며 또한 꼭 지켜야 하는 것이라는 사실을 깨닫고 이해하여야 하며, 또한 사탄의 반역과 죄의 결과가 얼마나 악하고 무서운 것인가에 대하여 분명히 보고 이해해야만 합니다. 바로 그 때에 마귀와 그를 따르는 천사들과 악인들에 대한 최종적인 심판이 행해지게 되는 것입니다. 하나님의 심판이 끝나면 이 우주에 사는 어떤 존재도 더 이상 하나님의 사랑과 공의에 대하여서 의심을 품는 자가 없게 될 것이고, 하나님의 법을 어기며 반역하는 자가 다시는 일어나지 않게 될 것입니다. 그러한 이유 때문에 하나님께서 사탄과 그 반역의 역사를 이 지구상에 얼마 동안 허용하고 계시는 것입니다.

4. 십자가의 목적

그런데 이렇게 타락하여 죄 된 마음을 가지고 있는 인간이 어떻게 그렇게 사랑으로 순종하는 자녀들이 될 수 있을까요? 바로 이 중요한 문제를 해결하기 위하여 하나님의 아들 예수님께서 인간이 되어서 오셨고 하나님의 사랑과 공의에 대하여 알려 주셨으며 또한 실제 생활로 보여 주신 것입니다. 그래서 십자가의 사랑과 은혜

를 보면서 우리 인간의 마음이 깊이 감동되어서 하나님의 법을 범하는 악한 죄에서 돌아서서, 사랑의 하나님께 자원하는 마음으로, 그리고 사랑의 동기를 가지고 주님을 경배하고 섬기게 되도록 인간을 변화시키는 계획을 세우신 것이었습니다.

물론 범죄한 인간을 용서하기 위해서는 법과 동일한 위치에 계신 하나님만이 법을 범한 죄인을 대신하여 죽으심으로써 속죄하실 수 있기 때문에 이 땅에 오신 것이 가장 중요한 사실이지만 아울러, 인간의 마음속에 하나님의 구속의 계획에 대한 이해를 깊이 심어주기 위하여 성육신 하신 것도 큰 이유였던 것입니다.

그러므로 예수 그리스도의 십자가의 복음은 인간을 변화시켜서 하나님을 사랑하고 순종하되, 어떠한 일이 있더라도 끝까지 하나님께 충성을 다하며 섬기는 자들로 변화시키는 능력을 가지고 있는 것입니다. 그래서 마귀는 인간이 이러한 하나님의 사랑과 공의를 보지 못하도록 하기 위하여 온갖 노력을 다하고 있습니다. 사탄은 인간이 하나님의 참된 성품을 이해하지 못하도록 방해하면, 사람들이 하나님께 진정한 경배를 드릴 수 없는 것을 알므로 마귀는 지금도 여전히 하나님의 계명과 그분의 성품에 대하여 오해시키는 일을 하고 있는 것입니다. 옛날 에덴동산에서 하와를 유혹했던 때처럼 말입니다.

5. 사탄의 공격과 하나님의 방어

사탄은 자기가 하나님을 대항하여 아무리 전쟁을 하여도 도무지 이길 수 없다는 사실을 잘 알고 있습니다. 그런데 왜 그는 하나님을 대항하여 끊임없이 대항하고 있을까요? 그것은 인간이 하나님의 말씀과 계명을 어기며 하나님을 온 마음을 다하여 사랑하지 않는데도 불구하고, 하나님께서 그들을 용서하시며 구원하신다면, 하나님께서 사탄과 그의 부하들도 다시 하늘로 들여보내 주어야만 한다는 명분을 찾을 수 있기 때문입니다. 하나님의 계명을 어기는 자들을 그저 사랑으로 덮어주고 용서하여 천국에 들어오도록 허락해 주신다면, 하나님의 공의에 문제가 생기는 것입니다. 하늘에서 계명을 어기고 반역한 마귀와 악한 천사들은 영원히 멸망시키시면서, 땅에서 법을 어긴 인간들은 슬쩍 봐줘서 구원해 주신다면, 하나님의 법과 정부에 문제가 생기는 것입니다.

그러므로 십자가의 복음이, 하나님께서 구원하실 인간들의 마음을 변화시켜서 그들이 온 마음을 다하여 하나님을 사랑하고 그의 계명들을 온전히 지키는 사람들로 만든다는 사실이 증명되어야 하는 것입니다. 온 우주가 지켜보는 가운데서 하나님의 계명은 지킬 수 있는 것이며, 또한 반드시 지켜져야만 한다는 사실이 지구에 사는 인간들의 생애 속에서 분명하게 증명될 때, 드디어 마귀와 악한 천사들의 반역에는 결코 어떤 핑계가 있을 수 없다는 사실이 입증되는 것입니다. 하나님을 믿는 신자들이 믿음으로 말미암아 정말로 의로운 자들이 될 수 있다는 사실이 우주 앞에 입증되어야만 합니다. 타락의 시작은 하나님의 계명을 어기는 데서부터 비롯되었기 때문에 구속의 역사의 끝마침이 하나님의 계명을 온전하게 지키는 성도들이 등장하는 일로 끝마치게 되는 것입니다(계 12:17, 14:12 참조).

6. 지구에서의 투쟁을 지켜보는 하늘의 천사들

그래서 베드로전서 1장 12절은 "이 섬긴 바가 자기를 위한 것이 아니요 너희를 위한 것임이 계시로 알게 되었으니 이것은 하늘로부터 보내신 성령을 힘입어 복음을 전하는 자들로 이제 너희에게 고한 것이요 천사들도 살펴보기를 원하는 것이니라"고 말씀하고 있는 것입니다. 하늘의 천사들도 이 땅에서 이루어지고 있는 구속 사역을 열심히 살펴보고 있습니다. 타락하였다가 회복되는 이 지구는 하늘에 사는 자들에게 훌륭한 교과서가 되고 있는 것입니다. 죄의 역사를 취급하시는 하나님의 자비와 공의를 보면서 천사들도 감탄하게 되는 것입니다.

하나님의 법을 어겼고 또한 계속 어기고 있는 지구의 끔찍한 역사의 참상을 보면서 우주는 하나님의 법의 필요성을 절실하게 느끼게 되며, 타락하였던 사람들이 복음으로 변화되어 하나님의 법을 순종하며 사랑의 동기를 가지고 주님을 따르고 경배하는 모습들을 보면서, 우주는 하나님께서 옳았으며 마귀가 틀렸다는 사실을 영원히 인정하게 될 것입니다. 그리하여 하나님께서 사탄과 죄와 그리고 그 죄에 붙어 있는 자들을 결국 불로 멸망하여 태워 없애실 때에는 온 하늘과 땅이 함께 어울려 하나님의 사랑과 공의로우심을 찬양하게 될 것입니다.

7. 예수님께서 재림 하시는 때

그러므로 마귀는 인류가 하나님의 법을 지키는 순종의 생애를 살지 못하게 하기 위하여 유혹하며 시험하고 시련들을 주면서 방해하고 있습니다. 그래서 성경은 이기는 자들이 하늘에 들어가는 권세를 얻게 된다고 거듭 강조하고 있는 것입니다. 복음으로 변화되어 하나님의 말씀대로 순종하며 사는 의인들… 이러한 증인들이 준비될 때에 예수님께서 오실 것입니다. 인류의 구속 사역은 온 우주를 포함하고 있습니다. 마귀가 하나님의 법과 성품을 향하여 던진 고소의 허위성이 밝혀지고, 하나님의 사랑과 공의로우심이 천사들과 인간들에게 충분히 이해되고 입증될 때에, 그 때에 예수 그리스도께서는 의인들을 이 죄와 고통의 세상으로부터 건져내어 회복된 에덴동산으로 데려 가시기 위하여 이 땅에 임하실 것입니다.

마귀는 이러한 마지막 시대에 살고 있는 성도들을 무섭게 미워하고 있습니다. "용이 여자(교회)에게 분노하여 돌아가서 그 여자의 남은 자손 곧 하나님의 계명을 지키며 예수의 증거를 가진 자들로 더불어 싸우려고 바다 모래 위에 섰더라"(계 12:17). 죄와 마귀에 대하여 하늘 천사들이 느끼는 것처럼 지긋지긋하게 느끼는 참된 성도들이 나타나야 합니다. 구속의 깊은 오묘를 아직 확실하게 모르지만 자기가 받은 빛대로 살다가 구원받는 의인들도 많이 있을 것입니다. 그러한 자들에게 이러한 구속의 과학을 체험적으로 설명하여 줄 인간들의 간증이 필요한 것입니다. 그래서 천사들과 구원받은 인간들이 모두 같은 찬양의 노래를 영원히 함께 부를 수 있도록 말입니다.

하나님께서는 사탄을 하늘에서 쫓아내시기 전에 천사들이 모든 문제를 확실하게 이해하고 깨닫게 되어 자원하는 마음으로 마귀를 물리치게 되기를 기다리셨습니다. 마찬가지로 하나님께서는 사탄과 그 악한 자들을 완전히 멸망시키시고 죄의 역사를 끝내시기 전에, 이러한 모든 구속의 문제를 확실하게 이해하고 깨달아 마귀와 죄를 물리쳐 승리하는 마지막 교회의 성도들이 일어나기를 기다리고 계시는 것입니다. 이러한 구속이 가능하도록 하시기 위하여 예수 그리스도! 하나님의 아들께서 십자가에 돌아가신 것입니다. 얼마나 큰 사랑이며 얼마나 큰 희생입니까! 그러므로 이제 곧 온 우주의 피조물들은 자기들의 면류관을 벗어 던지면서 엎드려 죽임을 당하신 어린양에게 존귀와 영광을 돌리게 되는 것입니다. 그때에 우주는 죄에서 완전히 회복될 것입니다. 그리고 온 우주 끝까지 하나님은 사랑이시라는 노래가 메아리 쳐 갈 것입니다. 그리고 다시는 죄가 일어나지 않을 것입니다. 할렐루야! 주 예수님 속히 오시옵소서! 아멘!!

제2부 죄의 역사가 끝마쳐지려면

1. 에덴동산은 어떤 곳이었을까?

만약 이 세상에 있는 모든 것들이 다 흰색이라면 지금의 "흰색"은 무슨 색이라고 불릴까요? 만약 흰색만 있는 세상이 있다면, 그곳에서는 색을 무엇이라고 생각할까요? 나무도 하얗고, 풀도 하얗고, 하늘도, 꽃도, 사람도… 모든 것이 하얀 색인 세상이 있다면 거기서는 우리가 부르는 흰색을 "흰색"이라고 부르지 않고 "자연의 색"이라고 부를 것입니다. 왜냐하면 한 색깔만 존재하는 세상에 사는 사람들은 색이 무엇인지 모르기 때문입니다. 우리는 검은 색의 반대되는 것을 흰색이라고 부릅니다.

그런데, 만약 검정도, 빨강도, 초록도… 모두 없어지고 흰색만 남는다면, 더 이상 색과 색을 서로 비교할 수 없기 때문에 이 흰색을 무엇이라고 불러야 될지를 모르게 됩니다. 그래서 "색은 무엇이다" 하는 이해가 없어지게 되는 것입니다. 그런데 이처럼 색깔에 대한 이해가 없는 세계 안에서도 흰색이 다른 색으로 바뀌는 것은 아닙니다. 흰색은 계속 흰색이지만, 단지 그것을 흰색이라고 부르지 않고 "자연 색"이라고 그 이름만 바꾸어 붙인다는 것입니다.

이러한 세상처럼 악도 없었고, 슬픔도 없었고, 고민도 없었으며, 또한 이러한 것들이 무엇인지도 몰랐던 곳이 바로 에덴동산이었습니다. 이곳에서는 의로운 일들을 의라고 부르지 아니하고 당연히 자연스럽게 해야 될 일이라고 생각하였으며, 또한 악은 그것이 무엇인지도 알지 못하였습니다. 에덴동산은 우리가 살고 있는 이 세상과는 전혀 비교도 할 수 없는 완전한 세계였습니다. 주님께서는 "땅의 기초를 두사 영원히 요동치 않게" 하셨으며(시 104:5), 인간을 사랑하셔서 죄나 슬픔을 주는 모든 악한 것들에 대하여 알도록 허락하지 않으셨습니다.

그러나 하나님의 사랑은 단순히 모든 악을 그들의 세계에 존재하지 않게 하신 것으로 끝나지 않았습니다. 하나님께서는 그들에게 주어진 완전한 아름다움과 행복이, 그들 마음에 이루어 놓으신 사랑을 완전케 하심으로, 온전히 이루어지기를 바라셨습니다. 그래서 "여호와 하나님이 동방의 에덴에 동산을 창설하시고.. 그 동산 가운데에는 생명나무와 선악을 알게 하는 나무"를 만드셨습니다(창 2:8,9). 그리고 아담과 하와에게, 이 땅의 모든 실과는 너희가 마음대로 먹을 수 있지만 너희가 나를 사랑하면 이 나무의 과일은 먹지 말라고 하시고, 만일 먹으면 죽을 것이라고 말씀하셨습니다(창 2:17 참고). 선악과는 단순히 어떤 규칙을 만드는 법이 아니고 선택을 주는 법이었습니다. 아담과 하와에게 주어진 세계는 완전하여 악의 그림자도 존재하지 않았기 때문에, 만약 하나님께서 선악과를 만드시지 않았다면 아담과 하와가 하나님께 드릴 수 있는 사랑은 단지 그들의 머릿속에 프로그램된 무의식적 사랑이 되었을 것입니다.

선택할 수 없는 사랑은 진정한 사랑이 될 수 없습니다. 그렇기 때문에 하나님께서는 선악과를 통하여 인간의 마음속에 사랑하기를 선택할 수 있는 자유 의지를 심어주신 것입니다. "나의 계명을 지키는 자라야 나를 사랑하는 자니 나를 사랑하는 자는 내 아버지께 사랑을 받을 것이요 나도 그를 사랑하여 그에게 나를 나타내리라"하신 요한복음 14장 21절의 말씀은 바로 하나님께서 태초에 인간에게 심어주신 그 자유 의지가 어떻게 진정한 사랑을 선택할 수 있는지를 설명하고 있는 것입니다.

2. 불법을 가르치지 않는 법

그런데 많은 사람은 하나님께서 만드신 법에 대하여 어떤 의심과 오해를 갖고 있습니다. 그들은 "하나님께서 법을 만드셨는데 어떻게 불법의 의미가 존재하지 않았을까? 만약 불법이 없었다면 어떻게 아담과 하와가 죄를 범하게 되었을까?"라고 질문합니다. 성경은 이러한 질문에 정확한 답변을 하고 있습니다. 성경은 에덴에 선악과라는 법은 있었으나 이 법이 아담과 하와로 하여금 불법을 알게 만들지 않았다고 창세기 2장 9절과 3장 22절에 말씀하고 있습니다. 선악과의 이름은 "선악을 알게 하는 나무"라고 하였으며, 아담과 하와가 타락한 후에야 "여호와 하나님이 가라사대 보라 이 사람이 선악을 아는 일에 우리 중 하나같이 되었"다고 성경은 말하고 있습니다. 이 말씀은 아담과 하와가 선악과를 따먹기 전에는 선과 악을 몰랐다는 것을 증명하고 있습니다. 악만 몰랐던 것이 아니라 선도 몰랐습니다. 왜냐하면 악한 행동이 무엇인지 몰랐기 때문에 당연히 "선"이라는 말이 갖고 있는 의미가 무엇인지 알지 못했던 것입니다.

많은 사람은 하나님께서 아담과 하와에게 선악과를 주심으로 그들이 선과 악 중 하나를 선택하게 하신 것처럼 생각합니다. 또한 어떤 법이 주어졌다면 일반적으로 이 땅의 법이 갖고 있는 특징처럼 에덴에서도 법과 불법의 의미가 동시에 존재했었을 것이라고 생각합니다. 이러한 생각 속에서, 하나님께서 법을 만드심으로 인해서 어쩔 수 없이 불법이 생겨났다고 상상합니다. 이러한 추측은 하나님께서 만드신 세상이 완전하지 않았다거나, 하나님께서 죄를 창조하신 것 같은 결론을 내리게 유도합니다. 그러나 성경은 아담과 하와가 선악과를 따먹은 후에야 악이 무엇인지 알게 되었다고 말하고 있습니다. 왜 그럴까요?

그 이유는 불법을 가르치지 않는 법이 있을 수 있기 때문입니다. 하나님께서 에덴에 만드셨던 법은 이 땅의 법과 달랐습니다. 에덴동산의 법은 "너희가 나를 사랑하면 선악과를 먹지 말라" 하는 것이었고, 그 법을 어긴 결과는 "반드시 죽으리라"였습니다. 이 법을 나누어 보면 "먹지 말라"고 하는 규칙과, 선악과와, 그 규칙을 어긴 결과인 "죽음"으로 구성되어 있습니다. 선악과는 에덴동산에 있었던 다른 과일 나무와 다름이 없는 하나의 나무였기 때문에 다른 나무와는 달리 악의 의미를 포함하고 있지 않았으며, "먹지 말라"라는 단어는 그 언어 자체로는 악을 가르치지 못합니다.

"먹지 말라"와 "살인하지 말라"는 완전히 다른 종류의 언어이기 때문입니다. "살인하지 말라"고 법이 주어졌다면, 살인이 무엇인지도 가르쳐주었어야 하며, 그것은 곧 악을 가르치는 것과 동일한 것이 되기 때문입니다. 그러므로 하나님께서는 인간이 타락하기 전에는 "살인하지 말라"든지, "도둑질하지 말라" 하지 않으시고 "먹지 말라"는 언어를 사용하여 법을 만드신 것입니다. 이 법은 지금의 법처럼 악한 행동을 하지 못하도록 막는 것이 아니었고, 단순히 하나님을 선택하여 사랑할 수 있도록 기회를 주기 위한 법이었습니다.

또한 이 법을 어겼을 때 주어진다고 했던 "죽음"이 아담과 하와에게 겁을 주어서 어쩔 수 없이 지키도록 강요할 수도 없었습니다. 아담과 하와는 "죽음"이 무엇인지도 알지 못했습니다. 그들은 한 번도 죽음을 본 경험이 없었습니다. 에덴동산의 나무가 가을 낙엽을 만들지도 않았으며, "영원한 삶"이라는 단어가 우리들에게는 이 땅에서 이루어질 수 없는 다른 세계의 언어인 것처럼, "죽음"도 아담과 하와에게는 다른 세계의 언어였습니다. 로마서 6장 23절은 "죄의 삯은 사망이"라고 하였는데, "죄"가 무엇을 의미하는지도 알지 못했던 아담과 하와가 어떻게 그 삯(값)인 사망을 알 수 있었겠습니까?

아담과 하와가 만약 죽음이 무엇인지 알았다면 그들은 죽음이 두려워서 그 법에 순종하였을 것입니다. 또한 죽음에 대한 두려움은 그들에게 완전한 자유의지를 갖게 하는데 방해가 되었을 것입니다. 하나님께서는, 완전한 선택의 자유를 갖고 있는 의지를 통하여 줄 수 있는 사랑을 아담과 하와가 갖기를 원하셨습니다. 그러므로 하나님께서는 이 법을 만드심으로 인간의 마음속에 있는 사랑을 완전케 하신 것이었습니다. 이 얼마나 놀랍고 경이로운 사랑의 법인가요?

이 세상의 모든 것이 다 흰색이라면 색의 개념이 없어집니다. 더 이상 서로 반대되는 색들의 세계는 없어지고 자연 색 하나만 남게 됩니다. 장미는 있으나 거기에 있어야 될 것 같은 가시는 없고, 태양은 있으나 해로운 자외선은 없습니다. 사랑은 있으나 질투는 없고, 성공은 있으나 실패는 없습니다. 하나님이 만드신 모든 세계는 그 반대의 뜻이 완전히 없도록 완전하게 만드셨습니다. 사과의 반대말이 무엇일까요? 토끼의 반대말이 무엇일까요? 이러한 생각을 깊게 하다 보면 실제로 하나님께서 만드신 모든 것들은 그 반대의 의미를 갖고 있는 사물이 없다는 것을 이 타락한 세상에서도 충분히 느낄 수 있는 것입니다.

하나님께서 만드신 율법은 하나님 자신을 가리킵니다. 요한은 예수님에 관하여 "말씀이 육신이 되"셨다고 말하고 있습니다. 말씀은 곧 예수님 자신을 의미하며, "하나님은 회전하는 그림자도 없으시"(약 1:17)므로 그 말씀인 율법은 그림자를 가질 수 없는 것입니다. 그러므로 우리가 하나님께서 태초에 지으신 그 완전한 세계로 복귀하게 될 때는 지금 이 세상에 존재하는 모든 반대개념은 사라지게 되어, 악의 반대 의미로서의 선도 없어지게 되는 것입니다.

즉, 이 세상의 모든 것들이 다 흰색이라면, "흰색"이라는 단어가 없어지는 것과 같습니다. 우리가 선이라고 생각하고 행하던 모든 일들에 붙었던 "선"은 없어지게 되고 "자연적인 일" 또는 "당연한 일"이라고 부르게 됩니다. 더 이상 우리는 선한 행동을 선이라고 생각하지 않고 당연히 인간으로서 해야 되는 자연 법칙이라고 생각할 것입니다. 그렇다고 흰색이 다른 색으로 변하는 것은 아닙니다. 흰색은 여전히 그 색을 갖고 있을 것이지만 그 이름만 바뀌게 되는 것입니다. "선이라고 부르지 않는 선"이 존재하게 된다는 것입니다. 이것이 바로 에덴동산의 상태였으며 이 땅에서 성화를 통하여 마지막 세대가 얻어야 할 우리 마음의 최종적 목표인 것입니다.

이제 우리는 하나님께서 선악과를 만드심으로 에덴에 다른 색을 만들지 않았음을 알 수 있을 것입니다. 아담과 하와가 선악과를 따먹는 것이 하나님 사랑하기를 거절하는 것인 줄 알았지만, 그 사랑하기를 거절하는 그 행위가 갖고 있는 본질에 대한 지식이 그들의 마음에 없었으므로 그것이 에덴의 색을 변화시킬 수는 없었습니다. 선악과는 단지 아담과 하와가 알지 못하지만, 하나님을 사랑하면 가서는 안될, 어떤 다른 세계(죄의 결과의 세계)를 선택할 수 있는 자유의지만을 주었을 뿐입니다.

3. 거울과 같은 율법의 기능

이제 선이라는 개념은 악이 있을 때에만 존재하게 되고, 선이 있기 때문에 악이 존재하는 것이 아님을 깨달을 수 있을 것입니다. 자유의지를 갖고 있다는 것과 불법을 아는 것과는 완전히 다른 차원의 것이기 때문입니다. 바울은 로마서 7장 7절을 통하여 이러한 상태를 정확히 설명하고 있습니다. "그런즉 우리가 무슨 말을 하리요 율법이 죄냐, 그럴 수 없느니라. 율법으로 말미암지 않고는 내가 죄를 알지 못하였으니 곧 율법이 탐내지 말라 하지 아니하였다면 내가 탐심을 알지 못하였으리라." 바울이 죄와 율법의 다른 점을 몰라서 "율법이 죄냐"고 묻는 것이 아닙니다. 어린아이들까지도 율법과 죄가 다르다는 것을 압니다. 여기서 묻는 물음은 그 차이점을 묻는 것이 아니라 "율법이 죄를 갖고 있느냐" 또는 "율법이 죄를 만드는 것이냐"는 것입니다.

바울은 "그럴 수 없느니라"고 강력히 반대합니다. 율법이 죄를 포함하고 있거나, 죄를 만들지 않고, 단지 율법은 내가 죄를 지었을 때에 그것이 죄라고 가르쳐 준다고 말하고 있습니다. 즉 율법이 죄를 어떻게 짓는 것인지 가르쳐 준다는 것이 결코 아니라는 것입니다. 얼굴에 검정이 묻었는지 아닌지를 알려면 거울에 비추어 보아야 합니다. 그런데 거울을 통해서 자기 얼굴에 검정이 묻었는지를 알았다고 하여 그 거울이 자기 얼굴에 검정을 묻혔다거나 어떻게 묻힐 수 있는지를 가르쳐 주었다고 말할 수는 없는 것입니다.

율법의 기능은 거울처럼 우리의 잘못을 가르쳐 주는 것입니다. 우리가 잘못을 하지 않았으면 거울로서의 율법이 아무 것도 반사하지 않을 것이므로 우리에게는 악도, 선도 나타나지 않게 되는 것입니다. 그래서 타락하기 전의 세상에는 "살인하지 말라"와 같은 불법의 의미가 포함된 법이 존재하지 않았던 것입니다. 타락한 후에, 법의 거울은 타락한 인간의 마음에 갖고 있는 악한 본성을 비추기 위하여 "살인"이나 "간음", "도둑질" 같은 불법을 반사하고 있는 것입니다. 만약 우리가 죄를 짓지 않으면 이 법이 거울로서의 역할을 하지 않게 되므로, 죄가 존재하지 않았던 에덴동산에서는 율법이 오직 사랑을 완성케 하기 위한 도구로서 사용되었던 것입니다. 그러므로 이 땅에서의 율법을 갈라디아서 3장 24절에서 "몽학 선생"으로 표현한 것입니다.

법은 우리에게 단지 당연한 일을 행하라고 말하고 있습니다. 만약 어떤 사람이 "아, 나는 오늘 휴지를 버리지 않았어! 아, 나는 오늘 내 아기에게 먹을 것을 주었다. 나는 오늘 살인을 하지 않았어, 도둑질도 하지 않았다고! 아, 나는 참 선한 일을 했다."라고 말을 한다면 이 사람은 분명히 정신병자일 것입니다. 왜냐하면 이러한 것들은 당연히 인간으로서 행해야 할 도리이기 때문입니다. 부모를 공경하는 것도 당연한 것이고, 자기 자녀들에게 먹을 것을 주는 것도 당연한 것입니다. 하늘을 나는 새들도 그들의 새끼를 양육합니다.

그런데 만약 이 당연한 일을 행하지 않으면 율법이 나타나 불법을 행하였다고 선언합니다. 거울이 없는 물체를 반사하지 않는 것과 같이, 법은 우리가 당연히 해야 할 일들을 행하지 않기 전까지는 절대로 불법을 나타내지 않습니다. 법이 있지도 않는 불법을 가르치거나 반사하지 않는다는 것입니다. 그러므로 율법이 회전하는 그림자도 없으신 하나님의 속성을 얼마나 완벽히 반사하고 있으며, 이 계명들로 우리의 사랑을 어떻게 완전케 하셨는지를 알 수 있는 것입니다.

제3부 죄가 어떻게 시작되었을까?

사랑의 율법은 하나님의 정부의 기초이므로 모든 지성적 존재의 행복은 그들이 이 의의 대 원칙에 완전히 일치함에 달려 있었습니다. 하나님께서는 강제적 굴종을 기뻐하지 않으시므로 모든 존재로 하여금 당신께 자원하여 봉사하도록 그들에게 의지의 자유를 허락하셨습니다. 하늘이나 땅이나 하나님께서 만드신 모든 창조물은 그림자가 전혀 없는 완전한 모습을 하고 있었습니다. 그런데 완전한 의와 행복만이 있었던 그곳에 한 가지 변화가 일어나기 시작하였습니다. 이 변화는 루시퍼가 살고 있었던 하늘에서 시작하였습니다. 하나님께서 당신의 피조물들에게 허락하셨던 자유의지를 악용하는 자가 있었습니다. 죄는 하나님께로부터 그리스도 다음가는 최고의 영광을 받았으며, 하늘 거민들 가운데 가장 높은 권세와 영광을 가졌던 자에게서 시작되었습니다.

모든 피조물은 그들에게 완전한 평화와 행복을 위하여 주어진 어떠한 제한을 갖고 있습니다. 하나님께서는 아담과 하와에게 선악에 관한 지식을 숨기심으로 흰색만이 있는 완전한 나라에 다른 색이 들어오지 못하게 막으시고, 선악과를 통해서 그들에게 자의로서 사랑을 선택할 수 있는 자유의지를 주신 것은, 그들을 제어하고 억압하기 위함이 아니라 완전케 하시기 위함이셨습니다. 그런데 루시퍼는 이러한 사랑의 법칙을 무시하고 자기 자신을, 자기 스스로 만들어 내고 있는, 자아의 함정으로 이끌어 들였습니다.

평화와 자유와 행복은 피조물 스스로 만들어내는 것이 아니라 창조주 하나님께로부터 오는 것입니다. 하나님께서는 우리를 창조하셨기 때문에 우리가 어떻게 평화와 행복을 느낄 수 있는지 잘 아십니다. 그런데 이러한 대 자연의 법칙을 어기고 자기 스스로에 정신을 집착하면 자신 안에 하나님께서 이루어 놓으신 모든 경이로운 것이 자기 스스로 생겨난 것 같은 착각에 빠지게 됩니다. 지금도 많은 사람이 사역에 성공하여 많은 돈을 벌게 되면 그것이 자신의 힘으로 된 듯, 가난한 자들을 억압하고 그 번 돈들을 유흥비나 자기 자신만을 즐겁게 만드는 일들에 쓰고 있는 것과 같은 것입니다.

루시퍼는 자기 자신 안에 있는 놀라운 능력과 아름다움에 집착한 나머지 그것의 근원이 자기를 창조한 하나님께로부터 왔음을 차츰 잊게 되었습니다. 마침내 그는 자기 자신이 만든 자아의 감옥에 갇혀서 자아를 숭배하기까지 이르렀습니다. "아침의 아들" 루시퍼는 덮는 그룹들 가운데 으뜸이었으며 거룩하고 흠이 없었습니다. 그는 창조주의 어전에 서 있었으며 영원하신 하나님을 둘러싼 영광의 끊임없는 빛이 그에게 머물고 있었습니다.

"주 여호와의 말씀에 저는 완전한 인이었고 지혜가 충족하며, 온전히 아름다웠도다. 네가 옛적에 하나님의 동산 에덴에 있어서 각종 보석 … 으로 단장하였었음이여… 너는 기름부음을 받은 덮는 그룹임이여 내가 너를 세우매 네가 하나님의 성산에 있어서 화광석 사이에 왕래 하였었도다. 네가 지음을 받던 날로부터 네 모든 길에 완전하더니 마침내 불의가 드러났도다"(겔 28:12-15). "네가 아름다우므로 마음이 교만하였으며 네가 영화로우므로 네 지혜를 더럽혔음이여"(겔 28:17). "네가 네 마음에 이르기를 … 하나님의 뭇 별 위에 나의 보좌를 높이리라… 지극히 높은 자와 비기리라 하도다"(사 14:13,14).

의만 존재하였던 하늘에서 루시퍼의 첫 의도가 죄로서 시작된 것은 아니었습니다. 그러나 이것은 죄로 향하게 되는 과정이었습니다. 이러한 과정에서 루시퍼 스스로 느끼게 되었던 감정들과 이론들은 바로 진화론과 심리학 안에 나타나는 이론들과 유사합니다. 모든 만물이 우연적인 사건을 통하여 스스로 생겨났다는 것과, 우리가 스스로 무엇인가 할 수 있다고 가르치는 것이 바로 진화론과 심리학의 기본적인 가르침이기 때문입니다. 또한 이러한 사상은 영혼불멸설과 헬레니즘, 동양철학들이 섞여서 이 세상의 모든 것은 스스로 그 힘의 근원을 갖고 있다는 뉴에이지(New age) 사상을 만든 것입니다.

자기 자신을 높이고자 했던 루시퍼의 야망은 자신보다 우월한 예수 그리스도의 능력을 보고 질투심을 느꼈습니다. 그는 자신이 예수님보다 더 우월하다는 것을 입증시키기 위해서 예수님께서 만드신 그 법이 불완전하며 불필요하다는 것을 증명하려 하였습니다. 왜냐하면 예수님은 곧 말씀 자체이셨기 때문입니다(요 1:1절 참고). 루시퍼는 하나님께서 세워 놓으신 율법으로 완전케 된 사랑을, 자신과 다른 천사들을 억압하는 방편이라고 말하기 시작하였습니다. 이것은 사탄이 어떻게 하와를 유혹하였는지를 살펴보면 알 수 있습니다.

"…뱀이 여자에게 물어 가로되 하나님이 참으로 너희더러 동산 모든 나무의 실과를 먹지 말라 하시더냐? 여자가 뱀에게 말하되 동산 나무의 실과를 우리가 먹을 수 있으나 동산 중앙에 있는 나무의 실과는 하나님의 말씀에 너희는 먹지도 말고 만지지도 말라 너희가 죽을까 하노라 하셨느니라. 뱀이 여자에게 이르되 너희가 결코 죽지 아니하리라. 너희가 그것을 먹는 날에는 너희 눈이 밝아 하나님과 같이 되어 선악을 알 줄을 하나님이 아심이니라"(창 3:1-5). 여기서 사탄이 쓰고 있는 논쟁은 바로 하나님께서 우리를 억압하시기 위해서 하나님과 같이 될 수 있는 방법인 선악과를 먹는 것을 금지하셨다는 것입니다.

즉 하나님은 이기적인 존재이고 자신은 이러한 잘못을 개혁하는 자처럼 말하고 있는 것입니다. 루시퍼는 자기 자신이 만들어 놓은 마음의 감옥에 갇혀서, 하나님의 법에 실려 있는 공의와 완전케 하시는 사랑을 잊게 되었습니다. 또한 자신이 타락한 똑같은 방법으로 하와의 마음에 의심을 심어주어 인류를 타락하게 만들었습니다. 완전한 의만 있었던 하늘과 에덴에서 루시퍼는 자기 스스로, 어느 누구도 가르쳐주지 않았었던 죄를 만들게 되었습니다. 그러므로 우리는 죄의 시작이 하나님의 법의 불완전함으로 해서 만들어낸 실수가 아니라는 것을 확실히 알 수 있는 것입니다.

1. 왜 하나님께서 사탄의 세력을 곧바로 진압하지 않으셨는가?

하나님께서는 불만의 정신이 성숙하여 공공연한 반역의 행동이 나올 때까지 사탄이 그의 반역을 추진하도록 허용하셨습니다. 그 까닭은 사탄의 계획들이 충분히 발전되어 그것들의 참 본질과 의도를 모두가 볼 수 있게 할 필요가 있었기 때문이었습니다. 죄의 시작과 그 동기는 타락하지 않은 천사들과, 다른 타락하지 않은 세계의 존재들에게는 하나의 신비에 속한 것이었습니다. 흰색만이 있는 세계에서는 색이 무엇인지는 설명할 수 있으나, 그것을 느끼게 할 수는 없습니다. 왜냐하면 느낌은 경험에 의하여 이루어지기 때문입니다. 그래서 타락하지 않은 존재자들은 하나님께서 알도록 허락하지 않으신 세계를 이해할 수 없었습니다. 그러므로 하나님께서는 루시퍼가 만든 그 죄가 어떠한 결과를 낳을 것인지를 보여주셔야만 하였습니다. 온 우주에 하나님의 공의를 증명하기 위해서는 그 결과가 확실히 나타날 때까지의 시간이 필요로 하였습니다.

기름부음을 받은 그룹인 루시퍼는 매우 높은 지위에 있었으며 그는 하늘의 존재자들에게 큰사랑을 받았으며, 그들에 대한 그의 영향력은 매우 컸습니다. 하나님의 정부는 하늘에 거하는 자들뿐 아니라 하나님께서 창조하신 모든 세계도 포함하였습니다. 그러므로 그의 행위가 충분히 발전하기 전에는 이것이 악한 일이었다는 것을 나타낼 수 없었으며 그의 불만은 반역으로 보이지 않을 것이었습니다.

하늘과 여러 세계의 거민은 그 당시에 죄의 참 성질과 결과를 이해할 준비가 되어 있지 않았으므로 사탄의 멸망에서 하나님의 공의를 볼 수 없었을 것이며, 만일 그를 즉각적으로 멸망시켰다면 사랑에서가 아닌 두려움에서 하나님을 섬겼을 것입니다. 그 기만자의 영향은 완전히 소멸되지 않았을 것이며 또한 반역의 정신도 완전히 근절되지 않았을 것입니다. 무궁한 세대를 통한 온 우주의 복지를 위하여, 사탄이 그의 원칙들을 더욱 충분히 발전시켜서 하나님의 정부에 대한 그의 비난을 모든 피조물이 바른 시각에서 볼 수 있도록, 그리고 하나님의 공의와 자비와 그리고 그분의 율법의 불변성에 대하여 영원히, 조금도 의심의 여지가 남지 않도록 해야만 하였습니다.

2. 구속의 경륜

마태복음 5장 17절은 "내가 율법이나 선지자나 폐하러 온 줄로 생각하지 말라. 폐하러 온 것이 아니요 완전케 하려 함"이라고 예수님께서 이 땅에 오신 이유를 설명하고 있습니다. 이 말씀 안에 십자가의 의미와 이유가 들어 있습니다. 여기서 "완전케 하려 함"의 의미는 영어로 Fulfill 이라고 쓰여, "이행하다" 또는 "실현하다"라는 의미입니다. 즉 의무나 직무, 법률 또는 명령을 이행한다는 의미입니다. 예수님께서 이 땅에 오신 이유는 곧 그의 말씀인 법을 완전케, 즉 실행하기 위한 것이었습니다.

사람의 타락은 온 하늘을 슬픔으로 가득 채웠습니다. 하나님께서 창조하신 세계는 죄의 저주로 시들었고, 비참하게 죽을 운명에 처한 존재들이 살게 되었습니다. 율법을 범한 자들이 피할 길은 없는 것 같이 보였습니다. 그러나 이때 하나님께서 만세 전부터 감추어 오신 하나의 비밀이 드러나기 시작했습니다. "이 비밀은 만세와 만대로부터 옴으로 감취었던 것인데 이제는 그의 성도들에게 나타났고, 하나님이 그들로 하여금 이 비밀의 영광이 이방인 가운데 어떻게 풍성한 것을 알게 하려 하심이라. 이 비밀은 너희 안에 계신 그리스도시니 곧 영광의 소망이니라."(골 1:26,27) 하나님의 사랑은 법으로서만 나타나지 않으시고 이제 법을 어겨 죄로서 죽을 수밖에 없는 이방인이 된 우리를 다시 죄 짓기 전의 완전한 사람으로 다시 이끌어 오시기를 바라셨습니다.

그러나 이렇게 하시기 위해서는 한 가지 문제점이 따랐습니다. 하나님과 말씀은 동일하기 때문에 만약 하나님의 말씀이 그대로 이루어지지 않으면 하나님이 하나님 자신을 반대하는 결과를 빚게 되므로 죄에 대한 하나님의 심판은 반드시 이루어져야만 하였습니다. 또한 죄의 결과를 대신 질 수 있는 분은 오직 하나님의 율법과 동일한 존재뿐이었습니다(히 6:17,18절 참고). 우리가 큰 죄를 범하면 그 죄에 해당되는 죄 값을 치러야 하는 것처럼, 하나님의 법을 어긴 것에 대해서도 그만한 죄 값을 치러야 하기 때문입니다. 만약 천사나 인간들 중 하나를 속죄양으로서 대신 죽게 하였다면, 우주의 거민들이 볼 때 하나님의 법을 어기는 것은 그렇게 대단한 것이 아닌 것처럼 될 수 있기 때문입니다.

또한 죄의 용서가 단순히 그 죄 된 행동만을 단순히 없었던 것처럼 만들어 버리는 것에서 끝날 수는 없었습니다. 다시 인간을 죄로부터 원상복구 시키기 위해서는 우리의 죄를 용서하실 뿐만 아니라, 죄로 인하여 타락해진 인간의 마음을 깨끗하게 하셔야만 하였습니다. 그래서 하나님께서는 인간의 죄를 용서하시고, 인간의 상태를 다시 원상복귀 하시기 위하여 구속의 경륜을 지구의 창조 이전에 이미 세우셨던 것입니다.

이 신비스러운 "평화의 의논"(슥 6:13)은 "창세로부터 죽임을 당한 어린양"이 되실 예수님을 이 땅에 보내어 타락한 인류를 구원하시기 위하여 비참의 심연에까지 내려가실 것을 계획하였습니다. 그리하여 영광의 소망이신 예수 그리스도께서 그 영원한 법을 실행하심으로, 완전케 하시기 위하여 이 땅에 오신 것입니다. "하나님이 세상을 이처럼 사랑하사 독생자를 주셨으니 이는 저를 믿는 자마다 멸망치 않고 영생을 얻게 하려 하심"(요 3:16)이었습니다. 오! 구속의 오묘함이요! 그분을 사랑하지 않은 세상에 대한 하나님의 사랑입니다!

3. 마지막까지 주시는 선택의 자유

예수님께서 우리의 죄를 위하여 대신 돌아가심으로, 모든 사람이 자신의 선택과 의향에 관계없이 무조건 구원을 받게 된 것은 아닙니다. 하나님께서 아담과 하와에게 선악과를 주신 것도 완전한 사랑, 즉 자유의지가 선택한 "사랑의 순종"을 원하셨기 때문이었습니다. 선택의 자유를 주시는 하나님의 공의는 예수님의 죽으심으로 더욱 완전하여졌을 뿐이며, 강제적인 구원은 하늘의 법칙과 전혀 맞지 않는 것입니다. 만약 모든 사람이 자신의 의향과 관계없이 하늘에 간다면, 하늘은 무법천지가 될 것입니다.

하늘나라는 하나님을 온전히 사랑하여 그 사랑의 믿음을 행할 수 있는 자들이 거함으로, 또 다른 반역이 일어나지 않는 영원한 안전과 행복이 보장되어야 합니다. 또한 우리가 하늘에 갈 때에 하나님께서 우리의 마음을 완전히 즉각적으로 다시 만들어 주셔서 지금의 나와 완전히 다른 나로서 하늘에 가게 될 것이라는 생각은 인간적인 추측에 불과합니다. 하나님께서 타락한 인간의 마음을 단순히 재창조하실 계획이었으면, 이렇게 긴 세월이 필요하지 않았을 것입니다. 선택의 자유는 죄짓기 전이나, 십자가 후에도 변할 수 없는 하늘의 근본 법칙이기 때문입니다.

죄를 지은 후 인간은 그가 누렸던 자유의지를 잃어버렸습니다. 죄로 인해 하나님과 사람 사이에 있었던 의의 줄은 끊기고 인간 안에 온전히 자리 잡았었던 하나님의 의는 완전히 사라져버렸습니다. 인간은 의를 선택할 수 있는 기회를 더 이상 가질 수 없었습니다. 하얀색만 있었던 인간의 마음은 모두 까만색으로 바뀌었습니다. 인간의 마음은 더 이상 의를 명상하거나 선택할 힘이 없었습니다. 인간은 "죄의 종으로 사망에 이르"(롬 6:16)게 되었습니다.

하나님께서는 구속의 경륜의 첫 번째 단계로서 인간에게 잃어버렸던 그 선택권을 다시 주시려 하셨습니다. 선택할 수 있는 사랑을 주시는 것이 하늘의 원칙이기 때문입니다. 그래서 예수님께서는 육신의 몸으로 이 땅에 오신 것입니다. 암흑만이 존재하였던 인간의 마음이 성육신 하신 예수님의 인성과 연결이 되어, 끊어졌던 전기선이 연결되면서 불이 다시 밝혀지듯, 우리 마음에 의의 불이 다시 켜지게 되었습니다. 사탄의 본부인 "죄의 법"과 싸울 수 있는 하나님의 본부인 "마음의 법"이 예수님의 성육신을 통하여 우리 마음에 세워지게 되어, 십자가의 사랑을 믿는 그 믿음으로 "육신을 좇지 않고 그 영을 좇아 행하는 우리에게 율법의 요구를 이루어지게" 하신 것입니다(롬 8:4 참고).

예수님께서, 선과 악을 알게 된, 타락한 인성을 취하여 이 땅에 오셔서 사탄의 모든 유혹에서 승리하심은 "그리스도 예수 안에 있는 생명의 성령의 법이 죄와 사망의 법에서" 우리를 해방시키기 위함이셨습니다(창 3장, 롬 8:2 참고). 우리는 이제 믿음으로 용서함을 받고, 사랑으로 사탄의 모든 유혹을 물리침으로 예수님의 모본을 따라가야 합니다.

"복음에는 하나님의 의가 나타나서 믿음으로 믿음에 이르게 하나니
오직 의인은 믿음으로 말미암아 살리라"(롬 1:17).

"이 복음은 모든 믿는 자에게 구원을 주시는 하나님의 능력이 됨이라"(롬 1:16).

4. 사탄도 믿음이 있다

루터의 종교개혁이 갖는 가장 큰 의는 바로 "믿음으로 말미암는 의"에 관한 발견입니다. 고행과 자학, 선한 행실로서 구원을 살 수 있다는 구교의 잘못된 가르침에서 방황하던 루터는 의인은 믿음으로 말미암아 영생을 얻는다는 귀중한 진리를 터득하게 되었습니다. 그 이후로 많은 개혁자가 나타나 죽음을 불사하고 이 귀중한 진리의 터전을 쌓아 오늘날 "믿음으로 말미암는 의"의 복음은 모든 기독교인의 가장 근본적인 신앙의 발판이 되었습니다.

그러나 이 복음은 시대가 변화하는 과정에서 점차 바뀌게 되었고, 사회의 구조와 문화가 변화함에 따라서 기독교인들의 성경에 대한 이해도 변화하게 되었습니다. 대부분의 기독교인들은 믿음을 단순히 하나의 지식적 동의로서 생각합니다. 그래서 히브리서 11장의 믿음과 행위에 대한 귀중한 말씀들이 하나의 위인전처럼 느껴지게 되고, 이러한 선구자들의 삶의 방식은 실제로 구원과 전혀 관계가 없는 것처럼 생각합니다. 이런 사람들이 갖고 있는 믿음은 하나님께서 "독생자를 주심으로 우리를 구원하려 하심"을 하나의 역사적인 사실로서 인정하는 그 수준에서 벗어나지 못합니다.

칭의와 성화에 대한 이러한 인본주의적이고 철학적인 추측은 한 번도 예수님을 알지 못하고 죽은 사람들에 대한 구원의 문제를 완전히 신비 속에 묻어 버리게 합니다. 왜냐하면 바울은 로마서 2장 14절을 통하여 하나님을 알지 못하는 이방인들도 그 양심이 증거가 되어 본성으로 율법의 일을 행할 때 구원을 얻을 수 있다고 하였고, 이 양심으로 산다는 것은 하나님의 율법을 모르지마는 의를 행하는 자들의 부류에 속하게 되는 것이기 때문입니다.

야고보서 2장 19절은 이 문제에 관하여 이렇게 말하고 있습니다. "네가 하나님을 한 분이신 줄을 믿느냐, 잘 하는 도다. 귀신들도 믿고 떠느니라." 사탄도 하나님에 대한 믿음이 있다고 이 성경은 말하고 있습니다. 그러므로 "독생자를 주"신 것을 믿는다는 것은 단순히 그 사실을 지식적으로 알거나, 인정만 하는 것만을 의미하지 않습니다. 모든 사람에게 양심이 있는 것처럼 모든 사람에게 그 나름대로의 믿음이 존재합니다.

그러나 우리들의 구원은 우리 마음속에 십자가를 통하여 은혜로서 주신 믿음과 양심이 있다는 것을 아는 것으로 결정 되는 것이 아니라, 복음이 마음에 들어와 사랑을 만들고, 그 사랑이 온전한 믿음을 만들게 되어, 이 믿음이 우리의 양심이 됨으로, 우리가 이 믿음의 양심대로 행할 때에 구원을 얻을 수 있는 자격을 얻는 것입니다. 우리 믿음의 주여, 온전케 하시는 예수님은 "오직 내가 아버지를 사랑하는 것과 아버지의 명하신 대로 행하는 것을 세상으로 알게 하려 함"이라고 말씀하십니다.

그러므로 우리의 죄의 결과를 예수님께서 대신 이루셨다고 자동적으로 우리가 하늘에서 살 수 있는 자격을 갖춘 것이 아님을 분명히 알 수 있을 것입니다. 십자가가 우리에게 하나님의 말씀과 사랑과 공의를 이해하게 만들고, 하나님의 성품에 대한 온전한 이해는 그분을 믿게 만들며, 그 믿음으로 우리는 속죄함을 얻고, 속죄함의 경험은 우리의 사랑을 온전케 하여 그분의 말씀을 기쁨으로 순종하게 만드는 것입니다. 사랑이 없는 믿음은 행함이 없는 구원을 주장할 것이지만, 사랑이 충만한 믿음은, 그것이 구원과 관계없다 하여도, 사랑의 행위를 기쁨으로 행할 것입니다.

거듭남을 통하여 하나님과 화합하는 경험을 한 사람들에게는 선한 행동이 하나의 벼슬이나 나타내 보이고 싶은 자랑이 아니라, 인간으로서 마땅히 행해야 할 자연의 법칙, 즉 당연한 일이기 때문입니다. 이들의 행위는 구원을 받기 위해서 행해지는 업적이 아니고 구원을 받은 자들에게 나타나는 당연한 행동인 것입니다. 흰색만 있는 곳에서 흰색이 "흰색"으로 불리지 않는 것처럼 구원받은 무리들에게 선한 행위는 "행위"로서 나타나지 않는 것입니다. "사람이 나를 사랑하면 내 말을 지키리니 내 아버지께서 저를 사랑하실 것"(요 14:23)이라고 말씀하신 것은 아버지의 사랑을 얻고자 하여 보여주는 사랑이 아니라, 이미 사랑하여 나타나는 자연스러운 마음의 표현인 것입니다.

5. 공의를 이루시기 위하여 지체되는 그리스도의 재림

우리는 지금 선과 악의 대 전쟁 속에 살고 있습니다. 수십 억 사람들에게 각각 천사들이 배치되어 있으며 하늘에는 매 순간에도 수십만의 천사들이 자기들의 맡은 임무를 수행하느라 바삐 날아다니고 있습니다. 천사들이 오르락내리락 하는 사닥다리를 야곱이 보았듯이 우리가 눈을 뜨고 그 천사들을 볼 수만 있다면, 하늘의 구름보다도 더 많은 천사는 그 어떤 비행기보다도 더 빨리 지구와 하늘나라를 순식간에 왕래하며 지구의 소식을 전하고 있음을 볼 수 있을 것입니다. 하늘의 천사들은 사탄의 천사들과 맞서 싸움을 하며 인간을 죄에서 구출하기 위하여 전쟁을 벌이고 있습니다.

"그가 내게 이르되 다니엘아 두려워하지 말라. 네가 깨달으려 하여 네 하나님 앞에 스스로 겸비케 하기로 결심하던 첫날부터 네 말이 들으신 바 되었으므로 내가 네 말로 인하여 왔느니라. 그런데 바사 국군이 이십 일일 동안 나를 막았으므로 내가 거기 바사 국 왕들과 함께 머물러 있더니 군장중 하나 미가엘이 와서 나를 도와주므로 이제 내가 말일에 네 백성의 당할 일을 네게 깨닫게 하러 왔노라."(단 10:12-14)

이 싸움은 무엇을 위한 것입니까? 무엇을 얻기 위하여 온 우주의 거민이 보는 앞에서 싸움이 일어나고 있을까요? 사탄과 그의 천사들도 하나님의 능력을 알고 그들이 질 수밖에 없음을 알면서도 왜 그토록 싸움은 치열해지고만 있을까요? 피조물이 창조자와 싸울 수 없음을 알면서도 왜 싸우는 것일까요? 이 싸움이 사탄과 그의 부하들에게 무슨 의미가 있을까요?

거기에는 그 이유가 있습니다. 만약 그들이 자기들의 죄에 대한 책임을 다른 것에 전가시킬 수만 있다면 그들이 무죄가 될 수도 있기 때문입니다. 이 싸움은 최초부터 하나님의 율법에 관한 것이었습니다. 사탄은 하나님이 불공평하시며, 그분의 율법에 결함이 있고, 우주의 행복을 위하여 그것들을 변경해야 할 필요가 있다는 것을 증명하려 애써왔습니다. 율법을 공격함으로 그는 그 율법의 제정자의 권위를 뒤집어엎으려고 하였습니다. 이 싸움을 통해서 하나님의 계명에 결함이 있어서 변경해야 되는지 혹은 완전하여 변할 수 없는 것인지가 나타나게 될 것입니다.

이 고소에 대하여 하나님은 하늘의 법이 공평하며, 누구나 다 지킬 수 있으며, 사탄이 내세웠던 주장들의 결과가 어떠한 것들임을 구속의 경륜을 통하여 밝히 나타내셨습니다. 또한 수많은 약속의 말씀을 통하여 우리가 하나님의 말씀을 지킬 수 있을 것과, 언제라도 하나님의 도움을 받을 수 있음을 예수님의 생애를 통하여 증명하셨습니다.

"그의 신기한 능력으로 생명과 경건에 속한 모든 것을 우리에게 주셨으니 이는 자기의 영광과 덕으로서 우리를 부르신 자를 앎으로 말미암음이라. 이로써 그 보배롭고 지극히 큰 약속을 우리에게 주사 이 약속으로 말미암아 너희로 정욕을 인하여 세상에서 썩어질 것을 피하여 신의 성품에 참여하는 자가 되게 하려 하셨으니"(벧후 1:3,4).

"하나님은 약속을 기업으로 받는 자들에게 그 뜻이 변치 아니함을 충분히 나타내시려고 그 일에 맹세로 보증하셨으니 이는 하나님이 거짓말을 하실 수 없는 이 두 가지 변치 못할 사실을 인하여 앞에 있는 소망을 얻으려고 피하여 가는 우리로 큰 안위를 받게 하려 하심이라"(히 6:17,18).

하나님의 남은 백성은 예수님의 모본을 따라 온 우주의 거민들을 향하여 하나님의 계명은 지킬 수 있는 것이며, 선한 것이요, 축복이고, 사랑이라는 사실을 선포할 하나님의 증인들인 것입니다. 이 싸움의 마지막 증인들로서 하나님께서는 한 무리를 인도하실 것인데 그들이 곧 요한계시록 14장에 나오는 "십사만 사천인" 입니다. 이 사람들은 죄악으로 "더럽히지 아니하고 정절이 있는 자라. 어린양이 어디로 인도하든지 따라가는 자며… 그 입에 거짓말이 없고 흠이 없는 자들이더라"(계 14:4,5).

마지막 세대를 사는 이 무리는 십자가의 사랑의 힘을 온 우주 앞에 선포할 것입니다. 하나님께서는 그들을 통하여 인간이 하나님의 법을 지킬 수 있음과 죄를 짓지 않을 수 있다는 것을 증거 하실 것입니다. 사탄은 이 무리를 핍박하여 고통과 시험을 줌으로 욥에게 주어졌던 암흑의 시간을 지나가게 할 것이지만, 이것을 통하여 온 우주는 사탄이 건설하고자 했던 그 정부가 얼마나 악하고 거짓된 것인지를 분명히 알게 될 것이며, 하나님의 정부의 완전성을 온전히 이해하게 될 것입니다.

하나님의 법을 옹호하는 작업은 길고 어려운 시간을 지나야 합니다. 예수님의 재림이 지체됨으로 수많은 사람이 고통을 당하여야만 하고 하나님 자신도 고통을 겪어야만 하십니다. 하나님께서는 그의 사랑하는 독생자이신 예수님께서 그의 눈앞에서 고통 속에 죽으시는 것을 보았습니다. 또한 그의 사랑하는 모든 인류가 고통을 당하는 것을 매 순간 보시고 계십니다.

그러나 이것은 가치 있는 일입니다. 우주의 영원한 안전과 행복을 위하여 죄의 본질은 드러날 것이며, 하나님의 법의 필요성과 완전성은 입증될 것입니다. 온 우주는 죄의 결과에 대한 증인이 될 것이며, 하나님의 사랑은 모든 피조물에게 완전히 이해될 것입니다. 예수님께서 인간의 몸으로 이 땅에 오셔서 하나님의 율법의 완전성을 입증하신 그 모본을 인간이 온전히 따르게 될 때에 이 싸움의 끝은 올 것입니다.

"하나님이 우리를 위하여 더 좋은 것을 예비하셨은즉 우리가 아니면 저희로 온전함을 이루지 못하게 하려 하심이니라"(히 11:40).

"이러므로 우리에게 구름 같이 둘러싼 허다한 증인들이 있으니 모든 무거운 것과 얽매이기 쉬운 죄를 벗어버리고 인내로써 우리 앞에 당한 경주를 경주하며, 믿음의 주요 또 온전케 하시는 이인 예수를 바라보자"(히 12:1,2).

6. 저 별을 넘어 어느 곳인가에는

태양계 너머 저곳에, 지구가 속해 있는 이 우주 저 너머에, 저쪽 별 세계 너머 저편에, 은하수 사이에 펼쳐져 있는 공간 너머, 하나님의 보좌가 있습니다.

저 우주 너머 저편, 오리온성좌 너머 저편에 하늘이라 불리는 실제의 장소가 있는데, 그곳은 천사들의 삶이 있고, 그들의 희망과 기대가 넘치는 곳입니다.

슬프게도 이 곳 지구의 수십억의 인구들은 그 실제적인 장소를 무시하거나 잊어버린 채 땅만 보며 살아가고 있습니다. 지구의 모든 뉴스 미디어는 우주에서 가장 중요한 사건들이 마치 서울이나 워싱턴 D.C. 같은 곳에서 일어나는 것처럼 사람들의 눈과 귀를 그 곳으로 집중시키고 있습니다. 그러나 이 우주의 수도인 하늘에서 일어나고 있는 사건들에 비하면, 서울이나 워싱턴 D.C.에서 일어나는 사건들은 아무 것도 아닙니다.

지구에서 일어나는 매우 하잘것없는 사건들 뒤로, 이 우주의 운명을 결정하는 중요한 사건들이 무시당한 채 스쳐 지나가고 있습니다. 지구에서 일어나는 조그만 전쟁놀이들 뒤로, 이 우주의 주인을 결정하는 대 쟁투가 뉴스에 보도도 되지 않은 채 끝나가고 있습니다.

태양계와 별 세계와 지구에서 벌어지고 있는 이 대 쟁투, 하나님과 사탄 사이에서 전개되고 있는 마지막 대 쟁투가 우리가 먹고 마시고 시집가고 장가가고 잠자는 사이에 조용히 끝나가고 있습니다.

지구인 각 개인의 운명을 포함하여 우주 전체의 운명을 결정하는 마지막 대 쟁투가 조용히 진행되고 있습니다. 이 우주 전쟁은 누가 하늘의 보좌에 앉을 것인가를 결정하는 전쟁이며, 누가 이 우주를 지배하는 진정한 왕이 될 것인가를 결정하는 중요한 전쟁입니다.

우리가 이 사실을 알든지 모르던지 간에, 그리고 우리가 어느 편을 지지하기로 결정하던 간에, 우리 각자는 이 전쟁으로부터 피하여 도망갈 수 없습니다. 우리가 날마다 하는 많은 결정을 통하여 우리는 이 우주의 왕으로 누구를 섬길 것인가를 선택하게 됩니다.

이 우주를 창조하신 창조주 하나님, 모든 생명의 시여자이신 하나님, 모든 사랑의 원천이신 하나님, 모든 긍정적인 사고와 동정적인 마음의 원천이신 하나님이 계시고, 모든 기만의 시작이며, 모든 이기심의 원천이고, 모든 파괴의 조종자이며, 모든 부정적 사고와 생각과 감정의 조종자인 사탄이 있습니다.

이 두 존재는 그 성품과 행동과 계획에 있어서 극적인 대조를 이룹니다. 인생의 매 순간마다 우리가 하는 모든 의도적인 선택이나 비의도적인 결정을 통하여 우리는 하나님의 편에 서거나 사탄의 편을 지지하게 됩니다.

할리우드에서 제작한 스타워즈 영화에 의하면, 오래 오래 전에, 멀리 떨어진 곳에서, 악을 대표하는 세력이 선을 대표하는 세력을 공격하는 우주 전쟁이 시작되었다고 합니다. 여기까지는 스타워즈 영화의 이야기가 진실입니다. 그러나 우주 전쟁의 두 세력은 괴물처럼 생긴 이상한 우주인들이 아니라, 하늘의 왕자 예수 그리스도와 루시퍼라고 불리 우는 천사장입니다.

우주 전쟁이 시작된 지도 벌써 육천 년이 흘러갔습니다. 말할 수 없는 고통과 질병과 죽음이 육천 년의 지구 역사 가운데 전쟁의 자취로 깊게 남아 있습니다. 모든 사람은 고통과 질병과 상처, 그리고 긴 전쟁으로 인하여 지쳐가고 있습니다. 그러나 여기 좋은 소식이 있습니다! 마침내 이 우주 전쟁이 끝나가고 있다는 사실입니다. 지금 이 글을 읽고 있는 사람들 중의 어떤 사람들은 이 우주 전쟁의 종결을 가져오는 증인으로 부르심을 받게 될 것입니다.

바로 이것이 사랑과 이기심, 빛과 어둠, 진리와 오류, 진실과 거짓, 생명과 죽음 사이에 존재하는 우주 전쟁 이야기입니다. 바로 이것이 하나님과 사탄 사이에 존재하는 선악 간의 대 쟁투입니다. 여러분은 이 대 쟁투에서 누구의 깃발 아래 서기로 선택할 것입니까? 여러분은 이 우주 전쟁에서 누구를 지지하고, 누구를 위하여 자신의 삶 전체를 바칠 것입니까? 지금 벌어지고 있는 이 우주 전쟁에서 부디 살아남게 되기를 기원하는 마음으로 이 책자를 써 봅니다.

내가 너로 여자와 원수가 되게 하고
네 후손도 여자의 후손과 원수가 되게 하리니
여자의 후손은 네 머리를 상하게 할 것이요
너는 그의 발꿈치를 상하게 할 것이니라 하시고
창 3:15

성경공부
하늘의 전쟁
2장

하나님의 은혜가 계명을 폐하는가?

옛 언약과 새 언약의 차이를 아십니까?

제1부 하나님의 은혜가 계명을 폐하는가?

1. 서론

사탄은 죄를 통하여 세상을 거의 파멸의 지경까지 몰아 왔습니다. 오늘날 우리는 수많은 사람이 법과 제재에 대하여 반항하는 시대에 살고 있습니다. 우리가 사는 이 나라의 대도시들에서 일어나고 있는, 질서를 깨고 인권을 유린하며 심지어는 생명까지 위협하는 집단적인 폭력들을 지켜보면서 경악을 금치 못하게 됩니다. 살인, 강도, 폭행들은 이제 21세기 도시생활의 상표가 되었습니다.

날마다 신문을 읽으면서 인간의 삶의 질이 점점 밑으로 내려가고 있는 것을 실감하게 되며, 어떤 때는 너무나 악화하여 더는 내려갈 수 없을 정도로 도덕이 땅에 떨어졌다는 느낌마저 들게 됩니다. 그럼에도, 계속해서 더 난폭하고 괴이한 범죄들이 보도되는 모습을 보면서 우리는 그저 고개를 흔들 뿐입니다.

도대체 어떻게 해서, 한국은 물론, 미국같이 풍요한 전통적인 기독교의 유산이 있는 나라마저 기본적인 도덕으로부터 그토록 멀리 떠날 수 있는지 이해하기조차 어렵습니다. 오히려 어떤 비기독교 국가들이, 소위 기독교 국가라고 공언하는 국가들보다 훨씬 그 범죄율과 폭력들이 적은 모습을 보면서 의아해하게 됩니다. 워싱턴 D.C.에 하루 24시간 동안 보고되는 범죄들이 공산치하 당시의 모스크바에서 일 년 동안 보고되는 범죄보다 잦다고 합니다. 물론 보고하는 방식에 따라서 차이는 있겠지만, 이러한 사실은 여전히 우리에게 경각심을 일으키기에 충분합니다.

법을 경시하거나 무시하는 정신 자세가 종교의 영역까지 침범하여, 수많은 그리스도인에게까지 심각한 영향을 미치고 있는 사실을 깨달을 때, 문제의 심각성은 더해가는 것입니다. 오늘날 한국이나 미국의 교인들 대다수는 하나님의 법인 십계명 중에서 하나쯤이야 범하는 것이 어떠냐는 사고방식들을 가지고 사는 모습을 보게 됩니다. 하나님의 위대한 도덕적 율법의 권위를 약화시키려고 하는 은근한 가르침들이 천주교회와 개신교회의 신학을 통해서 가르쳐지게 되었습니다. 그러한 교리는 많은 사람으로 하여금 범죄를 가볍게 보게 하며 죄를 별로 탓할 것이 없다고 간주하도록 유도하였습니다. 사실 많은 사람에게 있어서 죄는 그 흉악성을 잃게 되었고, 젊은이들이나 어른들이나 할 것 없이 율법을 범하는 것을 대수롭지 않게 생각하게 되었습니다. 오늘날 사회의 흐름과 생활방식이 그러한 견해를 뒷받침해주고 있습니다.

얼마나 많은 남녀가 결혼하지 않은 채 동거하고 있습니까? 그러나 그들은 그러한 삶의 방식이 죄로 지목되어야 한다는 것을 인정하지 않습니다. 상점에서 사소한 물건을 훔치는(Shoplifters) 자들 중에 많은 사람이 그리스도인이라고 공언하는 자들인데, 그들이 속해 있는 대부분의 교회는 하나님의 율법이 폐하여졌다는 가르침을 믿고 있습니다.

성경을 높이 쳐들면서 그리스도를 사랑한다고 말하는 자 중에서 일어나고 있는 이러한 모순적인 모습을 우리는 어떻게 설명해야 합니까? 기독교가 역사적으로 십계명인 율법에 대하여 취하여 온 태도를 생각해 볼 때에 더 심각해지는 것입니다. 거의 모든 큰 교파들이 공식적으로 율법의 권위를 지지하는 태도를 밝혀 왔습니다. 그러나 아주 미묘한 오류들이 현대 교회에 조금씩 기어들어 와서 십계명에 대한 충성심을 혼돈시키는 현 상태까지 이르게 되었습니다. 우리는 진지하게 하나님의 말씀을 살피면서, 율법과 하나님의 은혜와 구원과의 관계에 대해서 공부해야 합니다. 우리의 구원과 심판의 기초인 성경의 말씀들을 연구함 없이 그저 일반적으로 인기 있는 율법과 은혜에 대한 논리들을 받아들이기는 매우 쉽습니다.

우리는 다음과 같은 질문들을 답하기 위해서 권위 있는 하나님의 성경 말씀에서 해답을 찾아야 합니다. 그리스도인들이 율법 아래 있지 않다는 것은 무슨 의미인가? 하나님의 은혜가 십계명을 무효화시키는가? 하나님의 은혜 아래 있다고 해서 십계명 중 그 어느 하나를 범해도 괜찮은 것으로 정당화될 수 있는가? 이러한 질문들에 대하여 연구하는 것은 그리스도인의 신앙과 구원을 이해하는 면에서 매우 중요한 관건이 됩니다.

2. 사형 선고를 받음

성경의 진리 가운데에 가장 중요한 구원에 관한 진리에 대해서 함께 생각해 봅시다. 많은 사람이 죄와 구원에 대한 감정적인 가르침들을 많이 듣고 있지만, 왜 죄에 대한 피의 희생제물이 반드시 요구되는가에 관한 성경적인 논리와 이유를 아직도 이해하지 못하고 있습니다. 여러분은 여러분 자신들이 판사 앞에 서서 자신에게 내려지는 사형선고를 듣는 두려운 광경을 상상하실 수 있으시겠습니까? 하나님의 말씀이 "죄의 삯은 사망이요"(롬 6:23) 라고 선고할 때에 여러분은 죄책감과 두려움을 느끼실 것입니다. 왜 두려움과 죄책감이 있습니까? 왜냐하면 "모든 사람이 죄를 범하였으며 하나님의 영광에 이르지 못"(롬 3:23)했기 때문입니다.

성경에 너무도 분명하게 말씀 되어 있으므로 아무도 그 의미를 오해할 수 없습니다. "모든 사람이"란 말은 쉽게 말해서 김씨, 박씨, 이씨, 최씨 등 여러분의 이름이 무엇이든지 간에 그 속에 포함되어 있다는 의미입니다. 놀라운 사실은 여러분이 사형선고 아래에 있다는 것입니다! 여러분은 하나님의 율법 아래서 유죄 판결을 받았는데, 이 세상에는 여러분이 받은 선고와 유죄 판결을 번복하기 위해서 항소할 법정이 없다는 것입니다. 사실에 있어서 죄 자체가 악하므로 죄를 범한 여러분은 악한 죄인입니다. 요한일서 3장 4절에는 "죄는 불법(법을 범하는 것)이라"는 죄에 대한 정의가 나옵니다. 모든 인류는 하나님의 법을 범한 죄상을 인정해야 합니다.

여러분은 누구의 법을 범하셨습니까? 사도 바울은 다음과 같이 대답합니다. "율법으로 말미암지 않고는 내가 죄를 알지 못하였으니 곧 율법이 탐내지 말라 하지 아니하였더면 내가 탐심을 알지 못하였으리라."(롬 7:7) 바로 그것입니다. 바로 모든 사람은 율법 즉 십계명을 범하였으므로, 율법이 범죄자에게 죽음을 요구하게 된 것입니다. 죄인은 필사적으로 자신이 범한 율법 앞에서 옳다고 인정(의롭다고 인정)받는 길을 찾게 됩니다. 어떻게 해야 사형 선고가 번복될 수 있을까요? 인간이 자기의 남은 생애 동안 하나님의 계명을 순종함으로 자기 죄를 속할 수 있을까요? 이 질문에 대하여 성경은 아무도 오해할 수 없는 언어로 답변하고 있습니다. "그러므로 율법의 행위로 그의 앞에 의롭다 하심을 얻을 육체가 없나니."(롬 3:20)

잘 들어보십시오! 행위가 인간을 의롭게 할 수 없다는 진리에 대한 타당한 이유가 있습니다. 만일 한 사람이 물건을 훔치다가 붙잡혀서 감옥에서 십 년 징역을 살아야 한다는 선고를 받았다면, 그는 자기의 행위로 의롭게 될 수 있습니다. 자기의 선고 받은 연한만 채우면 법의 요구를 충족할 수 있는 것입니다. 그는 선고된 형을 감옥 속에서 마침으로써 자신을 행위로 구제해 내었기 때문에, 죄 없이 의롭다는 인정함을 받을 수 있습니다. 똑같은 방법으로 어떤 살인 죄수가 50년의 선고를 받았다면 행위로 의롭게 될 수가 있습니다. 그러나 그 선고가 50년이 아니라 사형이라고 간주한다면, 그 죄인이 행위로 자신을 의롭게 만들 수 있습니까? 결코 안 됩니다! 그가 비록 100년 동안 열심히 일을 한다고 해도 법은 아직 죽음을 요구하고 있는 것입니다. 진리는 말하기를 "피 흘림이 없은 즉 사함도 없느니라... 이와 같이 그리스도도 많은 사람의 죄를 담당하시려고 단번에 드리신 바 되셨고" (히 9:22-28).

이것이 바로 죄인이 결코 행위로서는 구원받을 수 없는 이유입니다. 죄의 값은 10년 징역이나 50년의 강제 노동이 아닙니다. 선고는 죽음이요, 피를 흘리는 일 없이 법의 요구가 충족될 수가 없습니다. 하나님의 보좌가 뒤엎어질 수 없는 것처럼, 율법이 선언한 사형 선고 역시 취소될 수 없습니다. 죄를 허용하는 것은 우주를 영원히 파멸시키는 길입니다. 과거의 죄를 미래의 선한 행동으로 지워 버릴 수가 없습니다. 법이 죽음을 요구하는 한, 죄인은 자기의 생명을 영원히 잃어버리지 않고서는 그 요구를 만족하게 할 수 없습니다.

3. 율법은 아직도 구속력이 있다

앞에서 우리는 많은 그리스도인이 혼동하고 있는 질문에 답을 하였습니다. 만일 율법의 행위가 사람을 구원할 수 없다면, 과연 율법을 지킬 필요가 있을까요? 분명히 이 질문은 초대 교회 당시에도 현저했단 사실이, 바울이 로마서 6장 1절에서 똑같은 의문을 제시함으로써 나타납니다. "그런즉 우리가 무슨 말 하리요, 은혜를 더하게 하려고 죄에 거하겠느뇨" 다시 말해서 은혜는 우리에게 하나님의 율법을 불순종해도 된다는 면허증을 주는 것이 아닌가? 이 질문에 대한 그의 대답은 "그럴 수 없느니라. 죄에 대하여 죽은 우리가 어찌 그 가운데 더 살리요?"(롬 6:2)입니다.

오늘날 상대주의적 윤리를 받아들인 그리스도인들은 율법을 범하는 일을 너그럽게 봐주기 위하여 자기들 나름대로 논리와 정의들을 만들어내고 있습니다. 성경은 말하기를 죄란 오늘날 많은 신학자에 의해서 현시대에 맞지 않는 구식 법칙으로 취급당하고 있는 바로 그 십계명을 범하는 것으로 설명하고 있습니다. 기만당하지 마십시오. 십계명에 기록된 모든 도덕 율법 하나하나는 하나님께서 돌 위에 친히 기록하셨을 그때나 지금이나 불변하는 진리입니다. 하나님의 율법은 과거부터 지금까지 그리고 영원토록 불변하며 지속할 것입니다. 예수님께서 오셔서 율법의 의미를 영적으로 적용하는 길을 보여 주셨기 때문에, 율법적인 바리새인들이 생각했던 것보다 훨씬 이해하기 쉽게 만드신 사실을 우리는 알고 있습니다. 그리스도의 완전한 순종의 생애를 생각할 때에, 우리는 예수 그리스도로부터 율법을 준수하는 생활을 볼 수 있게 됩니다.

4. 하나님의 율법: 거울

먼저 율법의 기능이 아닌 것에 대해서 살펴봅시다. 율법에 죄를 지적하는 기능이 있기는 하지만, 그것이 우리를 죄에서 구원할 능력은 없습니다. 거기에는 의롭게 하고 정결케 하는 은혜가 없습니다. 인간이 모든 율법을 다 지킨다고 할지라도 단 한 명의 영혼도 구원받기에 충분치 못합니다. 왜 그렇습니까? 우리는 믿음을 통하여 은혜로 구원을 받는데, 그것은 값없는 선물로 주어지기 때문입니다. "그러므로 율법의 행위로 그 앞에 의롭다 하심을 얻을 육체가 없나니 율법으로는 죄를 깨달음이니라"(롬 3:20).

이 아주 중요한 문제에 대하여 잘못된 견해를 갖지 않게 되기를 바랍니다. 우리는 순종하려고 열심히 애쓰는 행위로 용서를 얻을 수 없습니다. 어떤 죄인도 율법을 지키기 때문에 하나님께 용납을 받고 호의를 얻을 수 없습니다. 율법은 인간을 구원하고 의롭게 하기 위한 목적으로 만들어진 것이 아닙니다. 율법은 우리에게 정결함을 받아야 할 필요를 보여주고 깨끗함을 받을 위대한 원천이신 예수 그리스도께 우리를 인도해 주기 위하여 만들어진 것입니다. 성경은 율법의 역할에 대해서 표현하기를 "거울"이라고 하였습니다. 우리 자신들이 실제로 어떠한 사람들인가를 보여주는 거울의 기능이 있다는 뜻입니다. "누구든지 도를 듣고 행하지 아니하면 그는 거울로 자기의 생긴 얼굴을 보는 사람과 같으니 제 자신을 보고 가서 그 모양이 어떠한 것을 곧 잊어버리거니와 자유하게 하는 온전한 율법을 들여다보고 있는 자는 듣고 잊어버리는 자가 아니요 실행하는 자니 이 사람이 그 행하는 일에 복을 받으리라"(약 1:23-25).

거울이 우리 얼굴에 묻어 있는 때를 지울 수 없다는 것은 너무나 분명한 사실입니다. 온종일 거울을 들여다본다거나 거울로 얼굴을 문지른다고 해서 깨끗하게 되는 것이 아닙니다. 거울이 하는 일은 얼굴에 묻어 있는 더러운 것들을 보여 주어서 더러운 사람에게 세면대에 가서 세수 하도록 지시해 주는 것입니다. 마찬가지로 율법도 죄인에게 그의 형편을 알려줌으로써 죄인을 정죄하고 참 정결함을 받기 위하여 십자가로 가도록 지시해주는 것입니다. “너희가 그 은혜를 인하여 믿음으로 말미암아 구원을 얻었나니 이것이 너희에게서 난 것이 아니요 하나님의 선물이라 행위에서 난 것이 아니니 이는 누구든지 자랑치 못하게 하려 함이니라”(엡 2:8,9). 바울은 이 점을 갈라디아서 2장 16절에서 더욱 강조하고 있습니다. “사람이 의롭게 되는 것은 율법의 행위에서 난 것이 아니요 오직 예수 그리스도를 믿음으로 말미암는 줄 아는 고로 ... 율법의 행위로서는 의롭다 함을 얻을 육체가 없느니라.”

이 시점에서 우리는 율법에 관한 문제 중에서 가장 잘못 가르쳐지고 있는 문제 가운데 하나를 생각해 보아야 합니다. 수많은 진실한 그리스도인이 구약은 행위의 시대이며, 신약은 은혜의 시대라는 관념을 받아들이고 있습니다. 이러한 관념 때문에 구약시대 사람들은 행위로 구원을 받았고, 신약시대 사람들은 은혜로 구원을 받는다고 생각하게 됩니다. 그러나 이것은 진리가 아닙니다. 성경은 누구든지 구원하기 위한 완전하고 아름다운 한 가지 계획만을 제시하고 있는데, 그것은 믿음을 통하여 은혜로 구원을 받는다는 것입니다.

하늘은 행위로 구원받은 자들과 믿음으로 구원받은 자들로 나누어지지 않을 것입니다. 구속함을 받은 모든 영혼은 은혜로 구원을 받은 죄인들일 것입니다. 구약시대에 구원을 받은 자들 역시 예수 그리스도의 피의 공로를 의지한 자들로서, 그들은 자신의 믿음을 흠 없는 양을 성소로 가져가서 죽이는 것으로 표현하였습니다. 그들은 앞으로 있을 예수 그리스도의 속죄 죽음을 바라보았습니다. 우리도 믿음으로 그리스도의 죽음을 바라보는 같은 방법으로 구원을 받는 것입니다. 구원받은 모든 자는 영원토록, 창세로부터 죽임을 당하신 어린 양을 높이는 구속의 노래를 함께 부를 것이란 사실을 잊지 마십시오.

5. 그리스도의 새 계명

어떤 사람들은 그리스도께서 소개하신 사랑의 새 계명을 근거로 해서 십계명을 폐하려고 애쓰고 있습니다. 예수님께서 요한복음 13장 34절에서 “새 계명을 너희에게 주노니 서로 사랑하라”고 하셨고, 모든 율법의 요약으로서 두 가지 큰 사랑의 율법을 말씀하신 것은 사실이나, 주께서 그것들이 십계명을 폐하는 새로운 것이라고 말씀하신 적은 없습니다. 사실 예수님께서 새 계명을 주실 때에, 전혀 새로운 법을 말씀하신 것이 아니라 구약 성경에 나왔던 말씀을 인용하면서 십계명의 근본적인 성격에 대하여 설명하셨던 것입니다. "너는 마음을 다하고 성품을 다하고 힘을 다하여 네 하나님 여호와를 사랑하라"(신 6:5). "이웃 사랑하기를 네 몸과 같이하라"(레 19:18). 이러한 통찰력 있는 영적 원칙들이 그리스도 당시의 율법주의자들에게는 잊혀진 바 되어 왔기 때문에, 그러한 가르침이 그들에게 있어서 전혀 새로운 것처럼 들렸던 것입니다. 그러나 예수님께서 십계명을 변경시키거나 대치하려고 하셨던 것은 아닙니다.

한 율법사가 예수님께 "율법 중에 어느 계명이 가장 큽니까?"라고 질문했을 때, 이렇게 대답하셨습니다. "네 마음을 다하고 목숨을 다하고 뜻을 다하여 주 너의 하나님을 사랑하라 하셨으니 이것이 크고 첫째 되는 계명이요, 둘째는 그와 같으니 네 이웃을 네 몸과 같이 사랑하라 하셨으니 이 두 계명이 온 율법과 선지자의 강령이니라"(마 22:37-40). 이 두 사랑의 계명은 단순히 "온 율법과 선지자"의 강령을 간추린 것이라는 사실을 유의하십시오. 마태복음 22장 37-40절은 모든 계명이 예수님께서 말씀하신 두 가지 사랑의 원칙에 다 포함되어 있다는 사실을 지적하는 성경 절입니다. 바울이 로마서 13장 10절에서 다시 반복하여 언급하는 것처럼, 그리스도께서는 사랑이 율법의 완성이라는 사실을 말씀하셨던 것입니다.

만일 어떤 사람이 그리스도를 혼과 마음과 뜻을 다하여 사랑한다면, 그는 십계명 중에서 하나님께 대한 우리의 의무를 기록한 처음 네 개의 계명들을 순종할 것입니다. 만일 어떤 그리스도인이 이웃을 자기 몸과 같이 사랑한다면, 나머지 여섯 개의 계명 즉, 동료 인간들에 대한 의무와 관련된 계명들을 순종할 것입니다. 그는 자기의 이웃으로부터 훔치거나 그에게 거짓말하지 못할 것입니다. 사랑은 모든 율법을 순종하고 이루도록 인도할 것입니다. 사랑은 율법을 폐하는 것이 아니라 오히려 완전케 하는 것입니다. "내가 율법이나 선지자나 폐하러 온 줄로 생각지 말라. 폐하러 온 것이 아니요 완전케 하려 함이로라. 진실로 너희에게 이르노니 천지가 없어지기 전에는 율법의 일 점 일 획 이라도 반드시 없어지지 아니하고 다 이루리라"(마 5:17,18).

6. 율법 아래 있지 않음

우리는 가끔 하나님의 법을 격하시키려고 애쓰는 다음과 같은 변론을 듣습니다. "우리는 율법 아래 있지 않고 은혜 아래 있으므로, 더는 십계명을 지킬 필요가 없습니다." 이것이 올바른 견해일까요? 성경은 우리가 율법 아래 있지 않다고 기록하고 있는데,

그것은 우리가 율법을 순종하는 의무에서 해방되었다는 말인가요? 이것에 관한 성경 절이 로마서 6장 14,15절에서 발견됩니다. "죄가 너희를 주관치 못하리니 이는 너희가 법 아래 있지 아니하고 은혜 아래 있음이니라. 그런즉 어찌 하리요. 우리가 법 아래 있지 아니하고 은혜 아래 있으니 죄를 지으리요 그럴 수 없느니라."

우리가 성경이 말하는 바를 그대로 받아들인다면 얼마나 쉽게 혼란을 방지할 수 있을까요! 바울은 자신의 말을 스스로 설명하고 있습니다. 그는 우리가 율법 아래에 있지 아니하고 은혜 아래 있다고 말을 한 다음에, "그런즉 어찌하리요?"라는 말을 덧붙이고 있습니다. 그것은 다시 말해서 "그것을 어떻게 이해하여야 합니까?"라는 말입니다. 그의 대답에 유의해 보세요. 그 당시 어떤 사람들이 율법에 대한 바울의 설명을 오해함으로써, "은혜 아래 있으니 율법을 범해도 괜찮다."라는 말을 하였는데, 바울은 이를 심히 염려하였기 때문에 덧붙여서 설명하기를 "우리가 법 아래 있지 않고 은혜 아래 있으니 죄를 지으리요(법을 범하리요)? 그럴 수 없느니라"고 하였습니다. 가장 강력한 언어로 바울은 은혜 아래에 있다는 사실이 그리스도인들에게 법을 범할 수 있는 면허증을 주지 않는다고 말하고 있습니다. 그런데 오늘날 수백만의 사람은 바울의 분명한 경고를 무시하고 있습니다.

만일 은혜 아래 있다는 사실이 율법을 지키는 일로부터 그리스도인들을 해방하는 것이 아니라면, 바울이 "율법 아래 있지 않고"라고 말한 것은 무슨 뜻일까요? 그는 로마서 3장 19절에서 다음과 같이 설명하고 있습니다. "우리가 알거니와 무릇 율법이 말하는 바는 율법 아래 있는 자들에게 말하는 것이니 이는 모든 입을 막고 온 세상으로 하나님의 심판 아래 있게 하려 함이니라." 여기에서 바울은 "율법 아래" 있는 것을 "하나님의 심판 아래" 있다는 것과 동일시하고 있습니다.

다시 말해서 율법 아래 있는 자들은 법을 범하는 자들입니다. 그래서 율법의 정죄 아래 있게 됩니다. 이것이 그리스도인이 율법 아래 있지 않은 이유입니다. 그들은 법을 범하지 않음으로써, 법에 따라 정죄 당하지 않는 상태에 있게 됩니다. 그러므로 그들은 율법 아래 있는 것이 아니요 은혜의 능력 아래 있는 것입니다. 계속되는 그의 논증에서 바울은 은혜의 능력이 죄의 세력보다 훨씬 강하다는 진리를 지적합니다. 그래서 바울은 단호한 어조로 "죄가 너희를 주관치 못하리니 이는 너희가 법 아래 있지 아니하고 은혜 아래 있음이니라." 은혜는 죄의 권세를 누르고 하나님의 법을 순종케 하는 능력을 주는 것입니다. 바로 이것이 그리스도인들이 율법이 주는 죄책감과 그 정죄 아래 있지 않은 이유이며, 또한 그리스도인들이 계속해서 죄에 거하지 않으리라고 말한 이유입니다.

한 살인자가 사형을 선고 받았다고 가정합시다. 형 집행 날을 기다리는 동안 그는 법 아래 있는 것이며, 죄책감 속에서, 정죄함 아래서, 사형 선고 아래에서 사는 것입니다. 그런데 사형이 집행되기 하루 전에, 대통령이 이 죄수의 형편을 재검토하고 난 후, 용서해 주기로 했다고 생각해 보십시다. 대통령이 그 정상을 참작하여 자기의 권한을 이용해 그 죄수를 완전히 석방해 주었습니다. 이제 그는 더는 법 아래 있지 않고 은혜 아래 있는 것입니다. 법이 다시는 그를 정죄하지 않습니다. 그는 법률의 고소에 대하여 완벽히 죄 없이 의롭게 되었습니다. 그는 감옥에서 자유로이 걸어나갈 수 있으며 어느 경찰이라도 그를 체포할 수 없습니다.

그러나 그가 은혜 아래 있고 더는 법 아래 있지 않다고 해서 마음대로 법률을 깨뜨릴 수 있다고 말할 수 있습니까? 절대로 그럴 수 없습니다! 그는 용서받은 사람으로서 대통령의 은혜를 받았기 때문에 법률을 더 잘 순종할 의무와 마음이 생기는 것입니다. 감사와 사랑의 마음으로 그는 자기에게 은혜를 베푼 그 국가의 법을 조심스럽게 존중할 것입니다. 바로 이것이 성경이 말하는 바가 아닙니까? "그런즉 우리가 믿음으로 말미암아 율법을 폐하느뇨? 그럴 수 없느니라 도리어 율법을 굳게 세우느니라"(롬 3:31). 여기에 모든 문제에 대한 정확한 답변이 있습니다. 바울은 그리스도인들이 그리스도의 구원하시는 은혜를 믿기 때문에 율법을 다시는 소용없는 것으로 폐하는가, 라고 우리에게 질문합니다. 자신의 질문에 대하여 그는 스스로 대답하고 있는데, 그것은 은혜로 구원받은 그리스도인의 생애에서는 율법이 세워지고 재강조 된다는 것입니다.

이 진리는 아주 단순하고 명확하여서 재차 설명할 필요가 없지만, 순종하기를 피하려고 교묘히 이유를 만들어 내는 사람들 때문에 조금 더 이 문제를 강조할 필요가 있다고 생각합니다. 여러분은 속도위반으로 경찰에게 붙들린 경험이 있으십니까? 여러분 자신이 잘못했다는 것을 알았을 때에 당황하게 되는 것을 경험하신 적이 있습니까? 경찰이 법규위반 보고서를 쓰고 있는 동안, 여러분이 정말 급한 사정 때문에 그렇게 되었다고 설득력 있게 경찰에게 호소했다고 가정하십시다. 그는 쓰고 있던 보고서 용지를 천천히 접더니 찢어 버렸습니다. 그리고 나서는 이렇게 말을 합니다. "좋습니다. 이번만큼은 용서해 드리지요. 그러나." 이제 경찰이 말하는 "그러나."라는 말에는 무슨 뜻이 내포되어 있을까요? 두말할 나위 없이 "그러나 다시는 속도위반을 하면 안 됩니다."라는 뜻이 내포되어 있지요. 경찰의 이러한 용서(은혜)가 여러분에게 법을 불순종해도 좋다는 길을 열어 줍니까? 그 반대로 다시는 법을 어기지 않겠다는 결심을 강하게 재 촉구하는 것입니다. 그런데 어떻게 진실한 그리스도인이 하나님의 법을 순종하지 않아도 된다고 말할 수 있습니까?

예수님께서 말씀하십니다. "너희가 나를 사랑하면 나의 계명을 지키리라"(요 14:15). 만일 여러분께서 진실로 그리스도를 사랑하신다면, 그리스도께서 말씀하신 진리대로 순종하며 살고자 할 것입니다.

7. 순종: 사랑의 시금석

어떤 사람들은 율법이 죄인을 그리스도께 인도하여 깨끗함을 받게 하는 목적을 달성한 후에는, 그리스도인들에게 이제는 법이 필요 없다는 반론을 제기할지 모릅니다. 그것이 사실일까요? 그렇지 않습니다. 그리스도인이 진리의 길에서 벗어난 사실을 나타내 보여주고, 정결케 하는 예수님의 십자가로 다시 인도해 주는 율법의 감시가 항상 필요한 것입니다. 점진적으로 성장해 가는 그리스도인 경험 가운데서 올바른 위치로 잡아주는 거울의 역할이 항상 필요로 느껴질 것입니다.

율법과 은혜는 서로 경쟁 속에서 일하는 것이 아니라 완전한 협력 안에서 역사하는 것입니다. 율법은 죄를 지적하고, 은혜는 죄로부터 구원해 줍니다. 율법은 하나님의 뜻이고, 은혜는 하나님의 뜻을 이루는 능력입니다. 우리는 구원을 얻기 위하여 율법을 순종하는 것이 아니라, 구원을 받았기 때문에 순종하는 것입니다. 그 둘의 참다운 관계를 잘 배합시킨 아름다운 성경 구절이 계시록 14장 12절입니다. "성도의 인내가 여기 있나니 저희는 하나님의 계명과 예수 믿음을 지키는 자들이니라." 믿음과 행함에 대한 얼마나 완전한 묘사입니까? 믿음과 행함의 아름다운 조화가 성도들 가운데서 발견되어야 합니다.

순종의 행위가 사랑의 참다운 테스트(시금석)입니다. 행함은 참된 그리스도인임을 증명하는 증거입니다. "행함이 없는 믿음은 죽은 것이니라"(약 2:26). 어떤 남자도 입으로 하는 말로만 가지고 순수한 여인의 마음을 얻을 수 없습니다. 꽃을 주는 일도 없고, 헌신적인 행동도 없으며, 사랑의 선물도 없다면, 순결하고 지혜로운 처녀들은 그러한 남자의 마음을 믿을 수 없습니다. 예수님께서 말씀하시기를 "나더러 주여 주여 하는 자마다 천국에 다 들어갈 것이 아니요 다만 하늘에 계신 내 아버지의 뜻대로 행하는 자라야 들어가리라" (마 7:21).

말과 공언하는 일만으로는 충분치 않습니다. 참 증거는 순종입니다. 요즈음 자동차의 범퍼에 붙어 있는 스티커들은 얄팍한 사랑에 대한 관념을 나타내고 있습니다. "당신이 예수님을 사랑한다면 미소를 지으세요.", "만일 당신이 예수님을 사랑한다면 경적을 누르세요." 등등으로. 그러나 우리 주님께서는 무엇이라고 말씀하고 계십니까? "너희가 나를 사랑하면 계명을 지키리라"(요 14:15). 그러나 이 말씀은 대부분의 사람에게 있어서 환영 받지 못하고 있습니다. 사랑이 미소나 손을 흔드는 것 이상의 것을 요구하지 않을 때는 사람들이 사랑을 환영하지만, 그것이 생활 전체를 뒤흔들고 변화를 요구할 때에는 대다수가 거절하는 것입니다.

불행하게도 오늘날 거의 모든 사람이 진리를 찾지 않습니다. 그들은 쉽고 편안하고 안락한 종교 즉, 자신들이 좋아하고 원하는 길대로 살면서도 여전히 구원의 확신을 줄 수 있는 종교를 찾고 있습니다. 그러나 그러한 종교는 참된 그리스도 교회의 신앙이 아닙니다. 이 문제에 관한 가장 강력한 성경 말씀 가운데 하나가 요한일서 2장 4절입니다. "저를 아노라 하고 그의 계명을 지키지 아니하는 자는 거짓말하는 자요 진리가 그 속에 있지 아니하되" 요한이 그러한 확신을 하고 기록할 수 있었던 것은 그것이 성경에서 가장 확고하고 깊게 수립된 진리 중의 하나이기 때문입니다.

예수님께서는 "주여 주여"하고 말하지만, 아버지의 뜻대로 살지 않는 자들에 대하여 말씀하셨습니다. 많은 사람이 그리스도의 이름으로 기적들을 행한다고 주장하면서 천국에 들어가기를 간청하리라고 말씀하셨습니다. 그러한 그리스도인들을 향하여 주께서는 슬픔 가운데서 다음과 같이 말씀하실 것입니다. "그날에 많은 사람이 나더러 이르되 주여 주여 우리가 주의 이름으로 선지자 노릇하며 주의 이름으로 귀신을 쫓아내며 주의 이름으로 많은 권능을 행치 아니하였나이까 하리니, 그때에 내가 저희에게 밝히 말하되 내가 너희를 도무지 알지 못하니 불법을 행하는 자들아 내게서 떠나가라 하리라"(마 7:22,23).

주님을 안다는 것은 그분을 사랑하는 것이요, 그분을 사랑한다는 것은 그분의 말씀을 순종하는 것입니다. 성경 저자들의 확고한 말씀은 분명하고 단순합니다. 만일 어떤 사람이 그리스도를 순종하지 않으면, 그는 그리스도를 사랑하지 않는 것입니다. 만일 그가 주를 사랑하지 않으면 그는 주님을 모르는 것이라고 요한이 우리에게 확언하여 주고 있습니다. "영생은 곧 유일하신 참 하나님과 그의 보내신 자 예수 그리스도를 아는 것이니이다"(요 17:3). 이리하여 우리는 아는 것과 사랑하는 것과 순종하는 것이 어떻게 서로 긴밀히 연결되어 있으며 하나님의 신실한 백성의 생애와는 뗄 수 없는 절대적인 관계를 맺고 있는 것을 볼 수 있습니다. 이 문제에 대해서 사랑의 사도 요한은 다음과 같이 한마디로 요약하고 있습니다. "하나님을 사랑하는 것은 이것이니 우리가 그의 계명들을 지키는 것이라"(요일 5:3).

8. 율법을 순종하는 것이 가능한가?

수많은 그리스도인이 율법은 영적이요, 우리는 육신에 속했기 때문에 어떤 인간도 완전한 율법의 요구를 충족시킬 수 없다는 가르침을 듣고 있습니다. 그런데 그러한 견해는 진리입니까? 하나님께서는 회개하고 신실한 그리스도인이라고 할지라도 결코 도달할 수 없는 불가능한 표준인 율법을 우리에게 주셨습니까? 돌 위에 열 가지 법을 기록하셔서 지키라고 명령하신 말씀 속에는 어떤 다른 숨겨진 의미가 있습니까? 십계명에 기록된 "지키라."라는 하나님의 명령 속에는 "지키지 않아도 된다."라는 의미나 "결코 지킬 수 없다."라는 의미가 숨겨져 있습니까?

많은 그리스도인은, 그리스도께서는 우리에게 없는 특별한 능력을 갖추고 계셨기 때문에 율법을 순종하실 수 있었다고 믿고 있습니다. 물론, 예수님만이 단 한 번의 죄도 범하지 않고 사셨던 유일하신 분입니다. 주께서 그러한 완전하고 승리하는 생애를 사셨던 비결이 로마서 8장 3,4절에 기록되어 있습니다. "율법이 육신으로 말미암아 연약하여 할 수 없는 그것을 하나님은 하시나니 곧 죄를 인하여 자기 아들을 죄 있는 육신의 모양으로 보내어 육신에 죄를 정하사 육신을 좇지 않고 그 영을 좇아 행하는 우리에게 율법의 요구를 이루어지게 하려 하심이니라."

이 점을 놓치지 마세요. 예수님께서는 우리 속에서 율법의 의를 이루시기 위하여 오셨으며, 육신을 취하시고도 완전하게 사심으로써 죄를 죄로 정하여 우리 속에서 율법의 의를 이루시기 위해서 오신 것입니다. 위의 성경 절에서 사용된 "의"라는 단어의 헬라어 "디카이마"는 문자적으로 율법의 "의로운 요구"라는 의미입니다. 이 말씀은 우리도 그분께서 쟁취하신 것과 같은 승리를 할 수 있게 하려고 완전한 승리를 얻으셨다는 뜻입니다. 마귀를 정복하시고 육신 가운데서도 율법을 순종할 수 있는 모본을 보여 주시면서, 그리스도께서 우리 마음 가운데 들어 오셔서 당신께서 얻으셨던 승리의 경험을 우리와 함께 나누시겠다고 제안하시는 것입니다.

오직 주님의 힘과 내재하시는 능력으로만 율법의 요구를 이룰 수가 있는 것입니다. 바울이 말하기를 "내게 능력 주시는 자 안에서 내가 모든 것을 할 수 있느니라"고 했습니다(빌 4:13). 누구도 인간의 의지와 능력만으로는 십계명을 지킬 수 없지만, 예수님의 가능케 하시는 힘을 통하여 그 모두를 지킬 수 있는 것입니다. 주께서는 당신의 의의 깨끗함을 주시기 위해서 우리에게 의의 옷을 입혀 주시고, 우리 승리의 생애를 위하여 당신의 의를 나누어 주시는 것입니다. 그리스도께서는 우리와 같은 육체를 가지고 오셔서, 당신의 생애에서 하늘 아버지만 전적으로 의존하여 사심으로서 승리하셨던 것처럼, 누구든지 하나님 아버지의 은혜만 의지하여 사는 자들은 같은 승리가 가능하다는 것을 나타내 보여주셨습니다.

9. 율법으로 심판 받음

이제 율법에 관한 마지막 질문은, "사람이 십계명 중 몇 가지를 범해야 죄를 범하게 됩니까?" 야고보는 다음과 같이 말했습니다. "누구든지 온 율법을 지키다가 그 하나에 거치면 모두 범한 자가 되나니 간음하지 말라 하신 이가 또한 살인하지 말라 하셨은즉 네가 비록 간음하지 아니하여도 살인하면 율법을 범한 자가 되느니라. 너희는 자유의 율법대로 심판 받을 자처럼 말도 하고 행하기도 하라"(약 2:10-12).

모든 사람이 결국 위대한 하나님의 율법에 따라 심판 받게 될 것입니다. 그 중 하나를 범하는 것도 죄를 짓는 것입니다. 성경은 가르치기를 십계명은 열 개의 고리를 가진 사슬 같은 것이라고 말합니다. 하나의 고리가 깨어질 때에 그 사슬이 망가지는 것입니다. 율법이 꼭 그와 같습니다. 심판대 앞에 서는 자들은 십계명으로 판단을 받아야 합니다. 도둑질하는 자가 천국에 들어가려고 하면 거절될 것입니다. 그래서 바울은 도적질하는 자는 하늘을 유업으로 얻지 못하리라고 하였습니다.

더 나아가서 성경은 분명하게 선언하기를 거짓말하는 자들, 간음하는 자들, 우상숭배하는 자들, 탐하는 자들은 천국에 들어가지 못하리라고 말하고 있습니다. 왜 그렇습니까? 그 이유는 십계명이 그러한 일들을 금지하고 있는데, 모든 인간은 결국 율법으로 심판 당할 것이기 때문입니다. 단 한 사람도 십계명 중 어느 하나라도 고의로 범하면서 하늘에 들어가지 못할 것인데, 왜냐하면 계명 중 하나를 범하는 것은 모두를 범하는 정신이 있는 것이기 때문입니다.

어떤 이는, 그것은 행위를 천국에 들어가는 기준으로 삼는 것이 아니냐고 항의할지 모릅니다. 아닙니다. 그것은 사실상에서 사랑을 자격요인으로 삼는 것입니다. 예수님께서 가장 큰 계명은 하나님을 첫째로 사랑하는 것이라고 말씀하셨습니다. 또한, "너희가 나를 사랑하면 나의 계명을 지키라"고 말씀하셨습니다(요 14:15).

알고 있는 죄를 계속 범하는 것은 저들이 온 마음과 뜻과 정성을 다하여 하나님을 사랑하지 않는다는 것을 고백하는 것입니다. 그러므로 그들에게 사랑이 없다는 사실이 그들을 내어 쫓는 것이지, 불순종의 행위 자체가 그들을 막는 것은 아닙니다. 십계명은 불순종의 동기를 심판합니다. 순종의 동기가 사랑일 때에만, 그것이 하나님께 받아 드려지는 것입니다. 구원을 얻으려고 애쓰는 어떠한 행위도 헛된 것이요, 그리스도의 구속하시는 희생의 효험을 거부하는 것입니다.

10. 무엇으로 구속함을 받았는가?

율법과 은혜에 관한 훌륭한 예화를 오래전에 뉴올리언스 노예시장에서 있었던 이야기에서 발견할 수 있습니다. 두 명의 목화밭 주인들이 반항적인 음성으로 소리 지르고 있는 한 늙은 흑인을 노예시장에서 경매하고 있었습니다. 마침내 한 농장 주인이 경매에 이겨서 그 노예를 자기 마차에 태우고 농장으로 갔습니다. 집으로 가는 동안 그 흑인 노예는 반항적인 말투로 새 주인을 위하여 일하지 않겠다고 선언하였습니다.

농장에 도착하자, 그 주인은 새로 산 노예의 손에서 사슬을 풀어주면서 이렇게 말했습니다. "당신은 이제 자유요, 당신은 다시는 노예가 아니오. 나는 당신에게 자유를 주기 위해서 당신을 사온 것이요." 전해져 내려오는 이야기에 의하면, 그 늙은 흑인이 농장 주인의 발 밑에 엎드려서 이렇게 말했다는 것입니다. "주인님! 나는 당신을 영원토록 섬기겠습니다."

그와 같이 우리도 죄의 속박과 정죄와 죽음 가운데 붙잡혀 있었습니다. 그때에 예수님께서 희망 없는 노예 상태로 있는 우리 모두에게 자유를 주시기 위하여 엄청난 대가를 치르셨습니다. 주님께서 큰 희생을 치르신 것은 우리를 해방하기 위한 것이었다고 말씀하고 계십니다. 그렇다면 우리의 응답은 어떤 것이 되어야 하겠습니까? 모든 하나님의 구속 받은 자녀는 그분의 발 앞에 엎드려 이렇게 말할 것입니다. "주님, 당신께서 나를 위하여 이렇게 하셨으니 내가 당신을 사랑합니다. 이제부터 내 평생 당신을 섬기겠습니다."

다음과 같은 문제를 함께 생각해 보십시다. 인간이 율법을 범했을 때, 즉시로 죄는 인간에게 죽음을 요구했습니다. 예수님께서는 인간에게 선고된 죄의 요구를 대신 감당하기 위해서 십자가의 죽음을 선택하셨던 것입니다. 죄는 죽음을 요구하기 때문입니다. 만일 율법이 폐하여질 수 있었다면, 죄의 형벌도 없애버릴 수 있었을 것입니다. "율법이 없는 곳에는 범함도 없느니라"(롬 4:15). 불변하는 율법의 권위가 너무도 강하기 때문에 하나님 자신도 그것을 폐하실 수 없었으며, 당신의 아들까지도 죽음으로부터 구하실 수 없었습니다.

두 형제에 대한 오래된 이야기가 있는데, 그 이야기는 율법과 은혜에 대한 아주 좋은 예화가 됩니다. 형은 판사였습니다. 그의 동생이 법을 범한 죄수로 판사인 형님 앞에 끌려 왔습니다. 모든 증거를 보아서 자기 동생은 분명히 유죄였습니다. 법정 안에 긴장감이 돌았습니다. 판사가 이러한 경우에도 의로운 판단을 할 수 있을까? 판사가 자기 동생을 똑바로 바라보고 엄숙하게 유죄를 선고했습니다. 그리고는 최고의 벌금형을 부과했을 때에 법정 안은 깜짝 놀랐습니다. 그러나 판사는 즉시로 내려와서 동생을 끌어안으면서 말했습니다. "네가 죄를 범하였기 때문에 내가 너에게 유죄를 선고해야만 했단다! 그러나 나는 네가 그 벌금을 낼만한 돈이 없는 줄 안다. 걱정하지 말아라. 내가 너를 대신하여 벌금을 갚아 줄게!"

이 이야기의 핵심은 우리에게 감동과 교훈을 줍니다. 그 동생은 형으로부터 용서를 받았지만, 형벌은 면제받지 못했습니다. 판사인 형은 벌금형을 물어줌으로써, 율법을 폐하지 않았을 뿐만 아니라 그 법을 더욱더 높인 것입니다. 그는 법률의 요구는 결코 피할 수 없다는 사실을 보여주었습니다. 그와 같은 의미에서 하나님께서도 자기의 아들을 살리기 위하여 율법을 폐하지 않으셨으며, 또 할 수도 없습니다. 법은 높여져야만 했고, 최고형은 선고되었으며, 형벌에 대한 값은 치러져야 했습니다. 어떤 누구도 예수님께서 얼마만 한 대가를 치르셨는지 이해하지 못할 것입니다. 주님의 사랑이 당신의 공의만큼이나 완전하신 것에 어떻게 감사해야 할지 모르겠습니다. 당신의 몸으로 죄의 형벌을 지심으로써 율법을 만족하게 하셨고 죄인을 의롭게 하셨습니다.

폐하여질 수 없는 십계명의 영속성을 입증하기 위하여 취하셨던 하나님의 결정을 이해하시겠습니까? 온 우주 앞에서, 하나님께서는 당신

의 법을 옹호하시기 위해 이보다 더 확신 있고 반박할 수 없는 논증을 제시할 수 없었습니다. 그럼에도 이러한 놀라운 전시 앞에서, 잘못 오도된 수많은 사람이 하나님의 율법을 격하시킴으로써 하나님 정부의 권위를 격하시키고 있는 것입니다. 그들은 율법이 하나님의 거룩하심과 의로우심의 반영인 것을 이해하지 못하는 듯 싶습니다. 율법을 폐한다고 하는 것은 하늘의 하나님의 정부를 대적하는 음모에 가담하는 것입니다.

지금 하나님의 율법을 들여다보십시오. 율법은 하나님 정부의 기초이며, 그분의 성품을 반사하는 것입니다. 하나님께서 여러분의 생활이 어떻게 되기를 원하시는지를 알기 원한다면, 율법을 보면서 하나님의 성품에 여러분의 생활과 양심을 반사시켜 보십시오. 여러분 자신의 힘으로는 그 완전한 표준에 의하여 살 수 없다는 사실을 고백하십시오. 그리고 여러분의 눈을 그 법을 완벽히 지키신 유일하신 분, 그리고 바로 지금 여러분의 마음에 들어오셔서 그렇게 살 수 있는 힘을 주시기를 원하시는 그분을 바라보십시오. 그분께서는 율법의 의를 이루셨고, 여러분 안에서 율법의 의로운 요구를 이루실 것이므로 여러분은 사도 바울과 함께 다음과 같이 말할 수 있을 것입니다.

"내가 그리스도와 함께 십자가에 못 박혔나니
그런즉 이제는 내가 산 것이 아니요
오직 내 안에 그리스도께서 사신 것이라.
이제 내가 육체 가운데 사는 것은
나를 사랑하사 나를 위하여 자기 몸을 버리신
하나님의 아들의 믿음 안에서 사는 것이라"
(갈 2:20).

제2부 왜 옛 언약은 계속될 수 없었는가?

1. 서론

얼마 전에 저는 전도 집회의 설교를 마치고 집회에 참석한 사람들에게 인사를 하기 위해 급히 입구로 가고 있었습니다. 그런데 갑자기 앞을 가로막는 세 명의 젊은이가 나타났습니다. 그 중 한 명이 저에게 큰 소리로 묻기를 "목사님, 저희는 오늘 저녁 목사님께서 계명에 대한 순종을 강조하시면서 동시에 마치 우리가 옛 언약 하에 사는 것처럼 주장하는 설교에 크게 실망했습니다. 목사님께서는 우리가 새 언약 시대에 살고 있으므로 은혜로만 구원을 받는다는 사실을 모르십니까?"

그 젊은이는, 십계명은 옛 언약이며 십자가에서 폐하여졌으므로, 은혜로 구원받은 현대 그리스도인들에게는 옛 언약인 십계명이 이제는 적용되지 않는다고 믿고 있었습니다. 그 젊은이의 그러한 믿음은 오늘날의 수많은 그리스도인의 확신을 그대로 반영하는 것이었습니다. 그런데 그러한 확신을 성경의 말씀으로 증명할 수 있을까요? 만일 그렇다면, 우리는 무서운 율법주의의 함정에 빠지지 않기 위해서 이 가르침을 확실히 배워둘 필요가 있습니다. 반면에 십계명이 아직도 유효하다면, 과거에 하나님께서 주신 도덕적 교훈 중에 어느 하나라도 무시하는 것은 치명적인 실수가 될 것입니다.

물론 십계명을 언약으로 말한 곳이 구약 성경에 여러 번 나오지만, 여기서 저는 십계명이 과연 폐지되었는가를 여러분과 함께 연구해보고자 합니다. 그러나 우리는 이 흥미 있는 주제를 다루기에 앞서, 언약이란 무엇인가를 알아볼 필요가 있습니다. 언약에는 여러 형태와 유형들이 있지만, 기본적으로 그것은 서로의 약속에 기초한 쌍방의 합의를 말합니다. 각 시대를 통하여 하나님께서는 이러한 언약에 기초하여 당신의 백성을 취급하셨습니다. 그분께서는 이성적이고 논리적인 분이시기 때문에 "오라 우리가 서로 변론하자"(사 1:18)고 우리를 초청하십니다.

하나님께서 어떤 때는 모세나 아브라함 혹은 다윗과 같은 개인과 조약을 맺으셨고, 어떤 경우에는 이스라엘 국가와 맺으셨습니다. 그 모든 언약 중에서 가장 중요한 언약은 이 세상이 존재하기 오래전에 이미 세워졌습니다. 그것은 아버지 하나님과 아들 하나님과의 언약인데, 궁극적으로 죄의 문제를 해결하기 위한 것이었습니다. 지구를 창조하기도 전에 이미 그리스도께서는 당신 자신을 "창세 이후로 죽임을 당한 어린양"(계 13:8, KJV역)

으로 내주셨습니다. 그분께서는, 만약 아담과 하와가 죄를 짓게 되면 인간을 구속하기 위한 대속제물이 되시기로 합의하셨습니다.

이 영원한 언약의 조건은 결코 변하거나 다른 것으로 대치되지 않았습니다. 세월이 흐르는 동안 수많은 언약이 세워졌지만, 믿음을 통하여 구원받게 되는 이 단순한 예비책은 모든 시대, 모든 사람에게 아직도 유효한 것으로 남아 있습니다. 많은 그리스도인이 언약에 대하여 잘못 이해하고 있는데, 다음과 같은 말씀은 언약에 대한 우리의 이해를 도와줍니다. 히브리서의 기자는 "옛 언약(첫 언약)"과, 그 옛 언약에 비해서 몇 가지 매우 중요한 차이점을 가지고 있는 "새 언약"에 대해서 말하고 있습니다. 그가 어떻게 이 두 언약을 묘사하고 있는지 살펴보십시다.

"그러나 이제 그가 더 아름다운 직분을 얻으셨으니 이는 더 좋은 약속으로 세우신 더 좋은 언약의 중보시라. 저 첫 언약(옛 언약)이 무흠하였더면 둘째 것을 요구할 일이 없었으려니와 저희를 허물하여 일렀으되 주께서 가라사대 볼찌어다 날이 이르리니 내가 이스라엘 집과 유다 집으로 새 언약을 세우리라. 또 주께서 가라사대 내가 저희 열조들의 손을 잡고 애굽 땅에서 인도하여 내던 날에 저희와 세운 언약과 같지 아니하도다 저희는 내 언약 안에 머물러 있지 아니하므로 내가 저희를 돌아보지 아니하였노라 또 주께서 가라사대 그날 후에 내가 이스라엘 집으로 세울 언약이 이것이니 내 법을 저희 생각에 두고 저희 마음에 이것을 기록하리라 나는 저희에게 하나님이 되고 저희는 내게 백성이 되리라. 또 각각 자기 나라 사람과 각각 자기 형제를 가르쳐 이르기를 주를 알라 하지 아니할 것은 저희가 작은 자로부터 큰 자까지 다 나를 앎이니라. 내가 저희 불의를 긍휼히 여기고 저희 죄를 다시 기억하지 아니하리라 하셨느니라 새 언약이라 말씀하셨으매 첫 것은 낡아지게 하신 것이니 낡아지고 쇠하는 것은 없어져 가는 것이니라"(히 8:6-13).

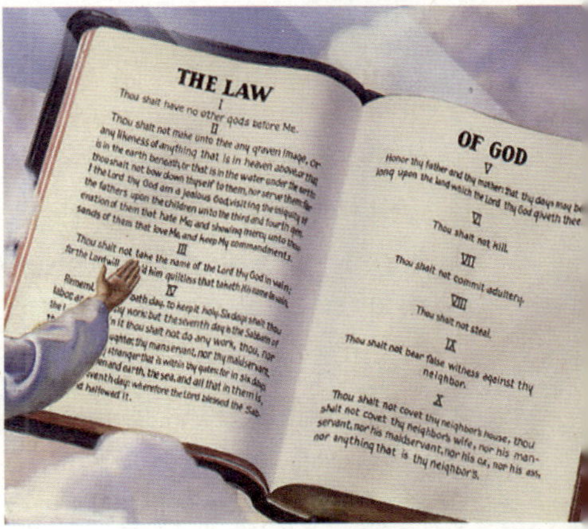

이 말씀은 옛 언약이 어떠한 것인지를 잘 말해줍니다. 그것은 더 좋은 약속들을 가진 새 언약 때문에 버려진 바 되었습니다. 이제 우리는 하나님의 율법을 마음과 생각에 두는 새 언약의 전모에 관하여 관심을 두게 됩니다. 그러나 우리는 또한 없어져 간 율법이 어떠한 것인지에 대해서도 알아야 할 필요가 있습니다.

2. 십계명이 아니라 옛 언약

옛 언약이 무엇인가를 이해하는 것 못지않게 중요한 것은 옛 언약이 무엇이 아닌가를 이해하는 것입니다. 성경에는 폐하여진 언약이 기록되어 있는데, 십계명이 폐하여진 언약입니까? 이제 폐하여진 언약에는 십계명 자체가 포함되지 않는다는 사실을 잘 증명해 주는 세 가지를 살펴보십시다. 그다음에, 옛 언약이 정말 무엇이었는지를 알기 위해서 성경 절과 성경 절을 대조하여 살펴보겠습니다.

우선 첫째로, 우리는 옛 언약 속에 무엇인가 빈약한 언약이 있었음을 볼 수 있습니다. 위에서 우리가 읽은 대로 새 언약은 "더 좋은 약속으로" 세워졌습니다. 자! 그러면 십계명 속에서 어떤 빈약한 약속들을 찾아낼 수 있을까요? 천만에요! 오히려 히브리서의 저자인 바울은 그것들이 매우 좋은 것임을 에베소서에서 말하고 있습니다. "자녀들아 너희 부모를 주 안에서 순종하라 이것이 옳으니라. 네 아버지와 어머니를 공경하라. 이것이 약속 있는 첫 계명이니 이는 네가 잘되고 땅에서 장수하리라"(엡 6:1-3). "옛 언약이 무흠하지" 않다고 기록한 히브리서 저자가 도덕률인 십계명을 필요 없어 폐하는 약속이나 언약으로써 설명하지 않고, 오히려 "약속이 있는" 좋은 계명으로 권장하고 있는 모습을 보게 됩니다. 이로써 십계명에는 어떠한 결함도 없다는 사실이 증명되었습니다.

옛 언약에 대한 그릇된 이해 중 두 번째는, "옛 언약이 결함이 있었다"는 말에 대한 잘못된 해석입니다. 성경은 말합니다. "저 첫 언약이 무흠 하였더면 둘째 것을 요구할 일이 없었으려니와"(히 8:7). 질문을 하나 하겠습니다. 하나님의 친필(십계명)에서 어떤 결함이나 잘못을 찾아낸 사람이 있습니까? 시편 기자의 말을 기억하십니까? "여호와의 율법은 완전하여 영혼을 소성케 하고"(시 19:7). 바울은 기록하기를, "이로 보건대 율법도 거룩하며 계명도 거룩하며 의로우며 선하도다."(롬 7:12)라고 하였습니다.

십계명에 대한 이러한 성경 절들이 무엇인가 연약하고 불완전함을 의미하는 것으로 보입니까? 어떤 법이 완전하다면, 그 법에는 어떠한 결함도 있을 수 없습니다. 이제 옛 언약은 십계명 자체를 말하는 것이 아니라는 사실이 점점 더 분명해지지 않습니까? 마지막으로, 우리는 옛 언약에 대한 가장 극적인 것을 하나님의 말씀에서 읽게 됩니다. 그것은 옛 언약이 폐지되었다는 것입니다! "새 언약이라 말씀하셨으매 첫 것은 낡아지게 하신 것이니 낡아지고 상하는 것은 없어져 가는 것이니라"(히 8:13). 이제 우리는 이 문제를 종결짓는 심각한 질문 하나를 생각해 보십시다. 위대한 도덕률인 십계명이 "없어져" 갔습니까? 절대 그렇지 않다는 사실을 바울은 증명하고 있습니다. "그런즉 우리가 믿음으로 말미암아 율법을 폐하느뇨 그럴 수 없느니라. 도리어 율법을 굳게 세우느니라"(롬 3:31).

그렇다면 성경 자체에 모순이 있는 것입니까? 없어져 가면서 동시에 굳게 세워질 수 있는 것이 있습니까? 같은 저자가 같은 율법에 대해서 상반되는 말을 기록했을까요? 한 가지 분명한 것은 바울이 옛 언약을 율법이라고 말하지 않았다는 점입니다. 로마서 3장 31절의 "율법"대신에 "옛 언약"이란 말을 넣어 보십시오. "그런즉 우리가 믿음으로 말미암아 (옛 언약)을 폐하느뇨 그럴 수 없느니라, 도리어(옛 언약)을 굳게 세우느니라." 이것은 바울이 히브리서에서 말한 바와는 전혀 맞지 않게 들립니다. 그렇지 않습니까? 바울은 옛 언약이 "없어져 간"다고 말했지, 십계명이 없어져 버렸다고 말하지 않았습니다. 그렇다면 우리는 그 없어져 버린 옛 언약은 십계명 자체를 말하는 것이 아니라는 사실을 너무도 분명히 알 수 있지 않습니까?

3. 그러면 옛 언약은 무엇이었는가?

무엇이 옛 언약이 아닌지를 알았으므로, 이제 우리는 무엇이 옛 언약이었는가를 성경에서 찾아보십시다. 그러기 위해서 우리는 성경의 출애굽기로 거슬러 올라가야 합니다. 시내산에서 이루어졌던 언약이 한 가지 이상이었음을 알지 못하는 사람들이 많이 있습니다. 하나님께서는 당신께서 율법을 주시기 전에 모세를 산 위로 부르셔서 당신과 백성 사이에 맺을 언약을 제안하셨습니다. "모세가 하나님 앞에 올라가니 여호와께서 산에서 그를 불러 가라사대 너는 이같이 야곱 족속에게 이르고 이스라엘 자손에게 고하라…. 너희가 내 말을 잘 듣고 내 언약을 지키면 너희는 열국 중에서 내 소유가 되겠고 너희가 내게 대하여 제사장 나라가 되며 거룩한 백성이 되리라. 너는 이 말을 이스라엘 자손에게 고할지니라"(출 19:3-6).

어떻게 하나님께서 모세로 하여금 당신의 제안을 백성에게 전하게 하셨는지 주의해 보십시오. 여기에 참 언약의 요소들이 모두 있습니다. 쌍방을 위한 조건들과 약속들이 제시되어 있습니다. 이스라엘 백성이 하나님의 이 제안을 받아들이면, 언약은 맺어지게 됩니다. 하나님께서 제시하신 것에 대해서 그들은 어떻게 반응했습니까? "모세가 와서 백성의 장로들을 불러 여호와께서 자기에게 명하신 그 모든 말씀을 그 앞에 진술하니 백성이 일제히 응답하여 가로되 여호와의 명하신 대로 우리가 다 행하리이다. 그때 모세가 백성의 말로 여호와께 회보하"(출 19:7,8)였습니다.

그 백성의 대답이 하나님께 올려지자, 곧 옛 언약의 기초가 놓였습니다. 그러나 그 언약이 공식적으로 시행에 들어가기 전에, 먼저 그 조약을 봉인하고 인준하는 일이 있어야 했습니다. 백성 위에 수소의 피를 뿌림으로써 언약을 인준하는 의식이 거행되었습니다. "모세가 여호와의 모든 말씀을 기록하고 이른 아침에 일어나 산 아래 단을 쌓고 이스라엘 십이 지파대로 열두 기둥을 세우고 이스라엘 자손의 청년들을 보내어 번제와 소로 화목제를 여호와께 드리게 하고 모세가 피를 취하여 반은 여러 양푼에 담고 반은 단에 뿌리고 언약서를 가져 백성에게 낭독하여 들리매 그들이 가로되 여호와의 모든 말씀을 우리가 준행 하리이다. 모세가 그 피를 취하여 백성에게 뿌려 가로되 이는 여호와께서 이 모든 말씀에 대하여 너희와 세우신 언약의 피니라"(출 24:4-8).

여기서 이 언약은 십계명 자체를 말하는 것이 아니라, "이 모든 말씀에 대하여" 만들어진 상호 간의 언약임을 다시 확인하게 됩니다. 십계명은 하나님께서 지키라고 명령하신 도덕률이었지, 하나님과 이스라엘 백성 사이에서 이루어지는 상호 간의 언약(약속)이 아니었습니다. "네 부모를 공경하라."라는 계명이 어떻게 약속(언약)이 될 수 있을까요? 옛 언약은, 십계명을 반드시 지키겠다고 공언한 이스라엘 백성의 맹세와 하나님의 축복 약속이 서로 교환된 것이었습니다. 백성은 그 법을 지키기로 약속하였고 하나님께서는 그 답례로서 그들을 복 주시기로 약속하셨습니다.

그러나 그 조약 체결의 과정에 결정적인 잘못이 하나 있었는데, 그것은 약속하는 백성 편에서 보인 태도였습니다. 그들은 하나님의 모든 요구 사항을 승인하였습니다. 또한, 하나님의 협조와 도움을 요구하지도 않았습니다. "우리는 할 수 있습니다."라고 그들은 공언했습니다. 그들이 취한 태도는 자신들의 힘을 의지하고 있는 좋은 예가 아닐 수 없습니다. 그들의 말은 자신감으로 가득 차 있었습니다. "여호와의 모든 말씀을 우리가 준행하리이다."

그런데 그들이 그 약속을 지킬 수 있었습니까? 그들이 여러 번 장담하긴 했지만, 모세가 십계명 돌비를 가지고 산에서 내려가기도 전에 슬프게도 그들은 자신들의 말을 어기고 말았습니다. 이제, 빈약한 약속이 옛 언약의 어디에 있었는지를 조금 이해하시겠지요? 문제는 언약을 맹세한 이스라엘 백성의 태도에 있었지 언약의 내용인 십계명 자체에 있지 않았다는 사실을 주지하시기 바랍니다.

어째서 새 언약의 약속이 더 좋은 것일까요? 그 까닭은 하나님께서 그 약속들을 창안하셨으며, 백성은 오직 그분의 능력을 힘(도움)입어 순종을 잘할 수 있을 것을 보장받았기 때문입니다. "내 법을 저희 생각에 두고…. 나는 저희에게 하나님이 되고…. 내가 저희 불의를 긍휼히 여기고 저희 죄를 다시 기억하지 아니하리라"(히 8:10-12).

어떻게 새 언약이 인준되었습니까? 그것은 옛 언약과 꼭 같은 방법인 피를 흘림으로써 이루어졌습니다. 그러나 수소가 피를 흘리는 대신에, 죄 없으신 하나님 아들의 피가 흘려졌습니다. "양의 큰 목자이신 우리 주 예수를 영원한 언약의 피로 죽은 자 가운데서 이끌어 내신 평강의 하나님이 모든 선한 일에 너희를 온전케 하사 자기 뜻을 행하게 하시고 그 앞에 즐거운 것을 예수 그리스도로 말미암아 우리 속에 이루시기를 원하노라"(히 13:20,21).

시내산에서 이스라엘 백성이 했던 인간의 연약한 약속과는 얼마나 대조적입니까? "우리가 준행하리이다"라는 인간들의 말 대신에, 하나님의 새 언약의 약속이 "모든 선한 일에 너희를 온전케 하사…. 우리 속에 이루어"지게 되었습니다. 더는 인간의 노력으로 언약을 지키는 것이 아닙니다. 우리가 이루는 것이 아니고, 우리의 마음속에 거하시는 그분께서 이루시는 것입니다. 그러면 이 능력이 어떻게 적용되는 것일까요? 수소의 피가 아닌 "영원한 언약의 피로" 됩니다. 예수님께서 십자가에서 이루신 희생과 공로 때문에 되는 것입니다.

결론적으로 옛 언약과 새 언약의 차이점을 비교하여 봅시다. 옛 언약은 짐승의 피로 인준된 것으로서 하나님의 율법을 지키겠다고 공언한 백성의 약속에 기초하였습니다.(출 24:5-8, 히 9:19-20) 새 언약은 우리의 마음에 당신의 율법을 기록하시겠다는 하나님의 약속에 기초하였으며, 그리스도의 십자가의 피로 인준되었습니다. "그날 후에 내가 이스라엘 집으로 세울 언약이 이것이니 내 법을 저희 생각에 두고 저희 마음에 이것을 기록하리라. 나는 저희에게 하나님이 되고 저희는 내게 백성이 되리라."(히 8:10)

구 분	옛 언약	새 언약
율법의 기록 장소	두 돌비	육비(마음)
약속의 근거	이스라엘 백성의 약속	하나님의 약속
언약의 인준 방법	짐승의 피	예수 그리스도의 피

5. 참된 회개에 기초한 새 개념 “언약”

이런 사실들은 우리를 새 언약의 중심부로 인도합니다. 순종은 표면적인 행위만으로 되는 것이 아니라, 하나님의 율법이 마음에 새겨짐으로서 가능케 됩니다. 율법이 마음에 새겨진다는 것이 무슨 뜻일까요? 그것은 참된 거듭남의 경험을 통하여 마음과 생각이 변화되는 것을 말합니다. 거듭남의 경험은 예수님께서 우리 마음에 들어오심으로서 우리의 생각과 동기와 심령이 변화되는 것을 말합니다. “너희 안에 이 마음을 품으라 이는 곧 그리스도 예수의 마음이니”(빌 2:5).

그리스도께서는 실제로 신자의 생활 속에 임하셔서 순종에 필요한 당신의 능력을 필요에 따라서 나누어 주십니다. “신의 성품”에 참여함으로써 연약한 인간이 예수 그리스도의 생애를 살게 되며, 그분의 승리가 거듭난 그리스도인의 생활에 나타나게 되고, 자신의 육체적인 정욕과 이기심을 십자가에 못 박게 됩니다.

바울은 그 변화를 다음과 같은 말로 묘사했습니다. “율법이 육신으로 말미암아 연약하여 할 수 없는 그것을 하나님은 하시나니 곧 죄를 인하여 자기 아들을 죄 있는 육신의 모양으로 보내어 육신에 죄를 정하사 육신을 좇지 않고 그 영을 좇아 행하는 우리에게 율법의 의를 이루어지게 하려 하심이니라”(롬 8:3-4, KJV). 예수님께서는 죄 있는 육신의 모양을 취하셨지만, 육신에 따라서 생애 하지 않고 성령을 쫓아서 생애 하심으로써 율법의 의를 이루셨습니다. 여기서 “의”라는 말은 원어로 “디카이마”인데, 이것은 율법의 “정당한 요구”를 뜻합니다. 다른 말로 하면, 육체를 취하신 예수님의 죄 없으신 생애 때문에 율법의 요구가 우리 속에서도 이루어질 수 있다는 말입니다.

그분은 우리와 똑같은 종류의 육체를 취하신 채 죄를 극복하셨는데, 그것은 죄에 대한 당신의 승리를 우리에게 나누어 주실 수 있기 위함이었습니다. 예수님께서 우리 마음속에 거하시도록 허락하기만 하면, 그분께서는 실제로 죄와 분리된 당신의 거룩한 생애를 우리의 육체 속에서 이루실 수 있는 것입니다. 이것이 바로 당신을 신뢰하고 따르는 모든 자녀를 위한 새 언약의 약속입니다. 또한, 이것은 누구든지 율법의 요구를 충족시킬 수 있는 절대적이고도 유일한 방법이며, “너희 안에 계신 그리스도시니 곧 영광의 소망.”(골 1:27) 입니다. “이제 내가 육체 가운데 사는 것은 나를 사랑하사 나를 위하여 자기 몸을 버리신 하나님의 아들을 믿는 믿음 안에서 사는 것이라."(갈 2:20 하단)는 바울의 간증은 우리를 감동케 합니다.

마음에 기록된 새 언약의 율법이 시내산에서 돌비에 새겨진 율법과 똑같은 것임을 이해하는 것은, 우리에게 있어서 매우 중요합니다. 그 위대한 영적 원칙들은 바로 하나님의 품성을 반영하며 하나님 정부의 기초를 이룹니다. 둘 사이에 존재하는 차이점은 율법 자체에 있는 것이 아니라, 율법의 직무에 있는 것입니다. 돌비에 새겨진 율법은 우리를 단지 정죄하며 죽음에 이르게 할 뿐인데, 왜냐하면 "육신의 생각은…. 하나님의 법에 굴복치 아니"(롬 8:7)하기 때문입니다. 변화되지 않은 육신의 생각으로는 결코 하나님의 말씀을 순종할 수 없습니다.

그러나 똑같은 율법이 그리스도의 회개케 하는 은혜로 변화된 마음에 받아들여질 때에, 율법은 우리를 구속하는 얽매임이 아니라 즐거움이 됩니다. 사랑의 사도 요한은 말하기를, "하나님을 사랑하는 것은 이것이니 우리가 그의 계명들을 지키는 것이라 그의 계명들은 무거운 것이 아니로다"(요일 5:3). 성령 충만한 자녀에게는 율법이 결코 무거운 것이 될 수 없습니다. 그들에게 있어서는 하나님의 말씀에 순종하는 것이 자연스러운 것이 되며, 기쁘고 즐거운 일이 됩니다. 시편 기자는 기록하기를, "나의 하나님이여 내가 주의 뜻 행하기를 즐기오니 주의 법이 나의 심중에 있나이다."(시 40:8)하였습니다. 이것이 하나님의 법을 그들의 생각에 두고 그들의 마음에 기록함을 받는 그리스도인들의 고백입니다.

6. 아무런 변동 사항도 없는 새 언약

새 언약은 그리스도의 피로 인준되었기 때문에, 그리스도께서 십자가에 달려 돌아가실 때까지는 효력을 발휘할 수 없었습니다. 이 중대한 사실을 결코 간과해서는 안 됩니다. 우리의 영원한 생명과 죽음은 바로 이 핵심적인 진리를 얼마나 잘 이해하느냐에 달렸습니다. 바울은 기록하기를 "유언은 유언한 자가 죽어야 되나니 유언은 그 사람이 죽은 후에야 견고한즉 유언한 자가 살아 있을 때에는 언제든지 효력이 없느니라."(히 9:16,17)고 하였습니다. 여기서 "유언"이란 말은 "언약"을 가리키는 것입니다. 사람의 마지막 유언은 자신의 죽음에 의해서 인준된 후에야, 그 유언의 조항들이 실행될 수 있습니다. 마찬가지로 그리스도의 유언이나 언약도 갈보리의 십자가 이후에야 비로소 효력을 발생할 수 있었습니다.

또 다른 성경 구절에서도, 이 문제를 정확하고 분명하게 설명하고 있습니다. "형제들아 사람의 예대로 말하노니 사람의 언약이라도 정한 후에는 아무나 폐하거나 더하거나 하지 못하느니라"(갈 3:15). 여기서 바울이 말하고자 하는 것은, 사람이 죽은 후에는 그의 뜻과 유언이 바뀔 수 없다는 것입니다. 언약은 유언자가 죽은 후에도 영원히 계속되는 것입니다. 그리스도께서 돌아가신 후에도, 인류를 구원하시기 위하여 그분께서 제공하신 방법과 수단들은 어느 것도 변경될 수 없었습니다. 모든 요구 사항들이 그분의 죄 없으신 생애의 완전하신 모본에 의해서 분명히 나타났으며, 성령을 통하여 각 신자의 마음속에 당신의 율법을 기록하시겠다는 방법이 세워졌습니다.

새 언약의 조건에서는, 단 한 영혼도 타락한 본성의 강한 충동을 스스로의 힘으로 싸우도록 내버려지지 않을 것입니다. "죄가 더 한 곳에 은혜가 더욱 넘쳤나니"(롬 5:20) 하나님의 변함없으신 성품에 기초한 영원한 약속들은 선천적 혹은 후천적인 모든 결함을 극복하기 위하여 초인간적인 능력을 제공해 줄 것입니다. 죄와 유혹에 부딪힐 때마다, 그분의 능력을 구하는 모든 그리스도인은 성령을 통하여 놀라운 능력을 체험하게 될 것입니다. 그리하여 성령의 능력을 받아들이는 자마다 마음이 변화되고 부드러워져서, 모든 고집과 강퍅함과 이기심과 교만을 버리게 될 것입니다. 성경이 이 영광스러운 새 협정의 "더 좋은 약속"을 강조하고 있는 것은 너무도 당연한 것이 아닙니까?

여러분은 더 좋은 언약인 새 언약을 경험하고 계십니까?

성경공부
넘치는 은혜

3장

사탄이 만들어 놓은 구원의 위조지폐

교회 안에 들어온 구원에 대한 오해

제1부 기독교회에 들어온 구원에 대한 오해

1. 한 가지 조건을 전제로 주어진 특권

만일 성경 전체에 나오는 말씀을 두 단어로 요약한다면, 여러분은 어떤 단어를 선택하겠습니까? 죄와 구원이라는 단어야말로 성경 전체의 내용을 가장 정확하게 요약하는 단어일 것입니다. 하나님께서는 인간에게 순종을 전제 조건으로 놀라운 특권들을 주셨습니다. 그들이 에덴동산에서 순종의 생애를 사는 한, 놀라운 선물들이 그들에게 영원히 약속되어 있었습니다. 생명, 의로운 성품, 지구의 모든 생물을 지배함, 그리고 에덴동산의 아름다운 집 등이 모두 그들의 것이었습니다.

하나님께서는 단 한 가지의 조건 하에서 이 모든 축복을 허락하셨는데, 그것은 순종하면 살고, 불순종하면 죽는다는 것입니다. 그러나 이 사실을 알고 있는 사탄은 아담과 하와로 하여금 하나님께서 금하신 선악과를 따서 먹는 불순종, 즉 죄를 범하게 함으로써 영생과 구원을 빼앗아 갔습니다. 사탄이 아담과 하와로 하여금 죄를 범하도록 유혹한 사건은 인류의 운명에 있어서 매우 치명적인 전환점이 되었습니다.

인류의 시조가 죄를 범한 이후부터 그리스도와 사탄, 진리와 오류, 순종과 불순종 사이의 대쟁투가 시작되었습니다. 성경의 모든 장마다 인류를 원래의 위치로 회복시키고자 하는 하나님의 위대한 계획이 담겨져 있습니다. "아들을 낳으리니 이름을 예수라 하라 이는 그가 자기 백성을 저희 죄에서 구원할 자이심이라"(마 1:21). 물론, 여기서 죄는 하나님의 법을 범하는 것을 말합니다.

2. 구원의 조건

가끔씩 사람들이 다음과 같은 질문을 하는 것을 들을 수 있습니다. "왜 율법에 대한 행함과 외부로 나타나는 행위에 대해서 염려해야 하나요? 하나님께서는 우리 마음의 중심과 동기를 더욱 중요하게 보십니다!" 옳은 생각입니다. 그러나 우리의 내적인 마음과 외적으로 나타나는 행위는 서로 연결되어 있다는 사실을 잊지 말아야 합니다. 태초부터 하나님께서는 사랑과 충성을 시험하기 위한 목적으로 "순종"이라는 방편을 사용하셨습니다.

어떤 사람도 하나님께서는 아담과 하와의 외부적 행위에 대해서는 상관하지 않으셨다고 말할 수 없습니다. 왜냐하면 행위는 마음 상태를 나타내는 거울이기 때문입니다. 바로 이러한 이유 때문에 예수님은 다음과 같은 말씀을 하셨던 것입니다. "너희가 나를 사랑하면 나의 계명을 지키리라"(요 14:15). 그리스도를 사랑하는 자는 순종의 삶을 살게 되고, 사랑하지 않는 자는 순종의 삶을 살지 못합니다.

하나님의 구속의 계획은, 십자가의 죽음과 희생을 바라보는 그리스도인들의 마음 속에 새겨지는 감사와 사랑의 정신을 통하여 그들의 생애 전체가 하나님의 법과 일치되도록 하심으로써 구원하는 것입니다. 그들은 믿음을 통하여 어떤 고난과 어려움 속에서도 하나님의 진리에 일치하는 생애를 살아가게 됩니다.

성경의 마지막 책인 요한계시록에도 순종에 관한 동일한 이슈가 펼쳐져 있습니다. 모든 사람은 하나님의 인 또는 짐승의 표 중에서 어느 하나를 받게 됩니다. 시험은 하나님의 법에 대한 순종을 전제 조건으로 해서 각 영혼들에게 다가올 것입니다. 요한계시록에 기록된 말씀을 근거로 해서 볼 때, 마지막 시대에 구원 받는 성도들의 특징은 하나님의 계명을 지키는 것으로 집약됩니다. 하나님께서 인간의 시조를 에덴동산에서 살도록 허락하셨던 조건이 인간이 하늘 낙원에 들어갈 수 있는 조건이 됩니다.

구원의 조건은 시대를 통하여 언제나 불변하는 것이었습니다. "성도들의 인내가 여기 있나니 저희는 하나님의 계명과 예수 믿음을 지키는 자니라"(계 14:12). "용이 여자에게 분노하여 돌아가서 그 여자의 남은 자손 곧 하나님의 계명을 지키며 예수의 증거를 가진 자들로 더불어 싸우려고 바다 모래 위에 섰더라"(계 12:17). "그의 계명을 지키는 자들은 복이 있나니 이는 저희가 생명나무에 나아가며 문들을 통하여 성에 들어갈 권세를 얻으려 함이로다"(계 22:14, KJV 역).

3. 하늘에서 죄와 반역이 반복되지 않게 되는 이유

하나님의 입장에서는 영원한 생명을 주실 수 있을 만큼 영적으로 안전한 사람들에게만 영생을 주실 수 있다는 사실을 기억해야 합니다. 에덴동산에 선악과가 있어서 아담과 하와의 선택 여하에 따라서 불순종을 범할 수 있었던 것처럼, 예수님께서 재림하셔서 성도들을 하늘에 데려간 후에도, 그들에게 여전히 선택의 권리가 있다는 사실을 생각해 본적이 있습니까? 물론, 성경은, 하늘에서는 다시는 반역이나 죄가 없을 것이라고 말합니다. 다시는 6천년 동안 있었던 것과 같은 죄와 반역이 반복되지 않을 것입니다.

그러나 그것은 그들에게 선택권이 없기 때문에 죄와 반역이 없는 것이 아니라, 하나님께서는 죄를 범하기 보다는 차라리 죽기를 원하는 거룩한 성도들을 하늘로 데려갈 것이기 때문에 다시는 죄와 반역이 없게 되는 것입니다. 천사들은 하늘이 안전할 것을 압니다. 왜냐하면 그들은 성도들이 불멸의 몸을 받기 이전에 세상에서 어떤 경험을 했는지를 알기 때문입니다.

죄에 대한 악몽이 구원 받아서 하늘에 올라간 성도들에 의해서 다시 재현될 위험은 전혀 없습니다. 성도들은 하늘에서 자신들의 경험을 간증하면서, 죄와 배도의 위험천만함을 온 우주계에 증거 하게 될 것입니다. 그들의 그러한 체험적인 간증이 온 우주를 죄로부터 보호하게 될 것입니다.

4. 사탄의 기본 전략

사탄이 구상하는 기본 전략은 사람들로 하여금 죄를 범하게 만드는 것입니다. 그는 더러운 것은 결코 하늘 왕국에 들어갈 수 없다는 사실을 알고 있으며, 하나님께서는 죄를 품고 있는 자를 결코 하늘로 받아들이지 않을 것이라는 사실을 알고 있습니다.

다음과 같은 사도 바울의 말씀처럼 우리가 누구에게 순종을 하는가가 우리의 주인을 결정합니다. 바로 그 자가 우리의 주인이 됩니다. "너희 자신을 종으로 드려 누구에게 순종하든지 그 순종함을 받는 자의 종이 되는 줄을 너희가 알지 못하느냐 혹은 죄의 종으로 사망에 이르고 혹은 순종의 종으로 의에 이르느니라"(롬 6:16). 우리는 우리가 순종하는 자의 종이 된다는 사실을 기억해야 합니다. 만일 우리가 하나님께 순종한다면, 우리는 하나님의 종입니다.

그러나 우리가 하나님께 순종하기를 중단하면, 하나님의 종이 되기를 그치는 것입니다. 사탄의 계획은 우리로 하여금 사탄 자신을 순종하도록 함으로써 우리를 사탄 자신의 종으로 삼는 것입니다.

우리가 하나님께 불순종하는 한, 우리가 무엇을 할지라도 사탄은 상관하지 않습니다. 우리가 그리스도 교회의 이름으로 무엇을 할지라도, 우리 개인의 마음과 생활에서 하나님께 대한 불순종이 있다면, 사탄은 상관하지 않을 것입니다. 지나간 역사를 통해서 볼 때, 수많은 그리스도인이 종교적 의식과 활동에 생애를 바쳤지만, 하나님과 그분의 말씀에 불순종함으로써 사탄의 종이 된 예가 너무나 많이 있습니다.

사실상, 그들도 자신들의 불순종에 대한 이유를 말할 때, 매우 종교적으로 설명할 수 있었습니다. 그러나 예수님께서는 그러한 사람들에게 다음과 같은 경고의 말씀을 주었습니다. “그 날에 많은 사람이 나더러 이르되 주여 주여 우리가 주의 이름으로 선지자 노릇하며 주의 이름으로 귀신을 쫓아내며 주의 이름으로 많은 권능을 행치 아니하였나이까 하리니 그때에 내가 저희에게 밝히 말하되 내가 너희를 도무지 알지 못하니 불법을 행하는 자들아 내게서 떠나가라 하리라”(마 7:22,23).

예수 그리스도의 이 말씀은, 주말마다 빠지지 않고 교회에 다니면서 교회 활동에도 열심히 참여하지만, 하나님의 법을 범하는 불법한 생애를 살아감으로써 영생을 잃어버리게 되는 비극에 대한 경고의 말씀입니다. 주의 이름으로 모든 것을 행하였지만, 하늘에 들어가기 직전인 세상 끝에 예수님께로부터 “내가 너희를 도무지 알지 못”한다는 선언을 듣게 되는 장면을 생각해 보셨습니까? 왜 이런 비극이 생기게 되었을까요? 무엇이 그들로 하여금 그와 같은 비극의 주인공이 되도록 만들었을까요?

예수님께서는 이 성경절의 바로 앞에서 그 이유를 정확하게 설명해 두셨습니다. 그들이 주의 이름을 매우 많이 불렀지만, 그들은 “하늘에 계신 내 아버지의 뜻대로 행”하지 않았기 때문입니다. 주의 이름을 크게 부르면서 열심을 내어 일했지만, 그들의 열심과 행위가 하나님의 뜻대로 이루어지는 것이 아니었던 것입니다.

이 문제에 대해서, 예수님께서는 마태복음 15장 9절에서 더욱 구체적으로 말씀하셨습니다. “사람의 계명으로 교훈을 삼아 가르치니 나를 헛되이 경배하는 도다.” 그분을 열심히 경배하였던 많은 사람이 예수님께서 재림하시는 때에 가서야 비로소 자신들이 잃어버림을 당했다는 사실을 처음으로 알았을 때 얼마나 심한 충격을 받겠는가! 어떻게 하는 것이 하나님을 잘못 경배하는 것이며, 그들의 경배가 무가치하고 헛되게 되는 이유가 무엇일까요?

예수님께서 그들의 경배를 받으실 수 없는 이유를 설명하기를, 그들은 하나님의 계명을 옆으로 제쳐놓고, 인간이 만든 계명과 교리 즉, "사람의 계명으로 교훈"하였기 때문이라고 말씀하셨습니다. 예수님께서는 순종을 가장 높은 경배 형태로 말씀하셨다는 사실을 주지해야 합니다.

5. 불순종에 이유가 있을 수 있습니까?

하나님께 불순종하는 것에 대한 타당한 이유가 있습니까? 어떤 사람들은 사람들의 귀에 그럴 듯하게 들리는 이유를 만들려고 노력합니다. 사울의 경우를 살펴봅시다. 하나님께서는 사울을 이스라엘의 첫 번째 왕으로 승인하셨습니다. 그는 여러 가지 면에서 매우 훌륭한 사람이었습니다.

그러나 하나님께서 그를 아말렉 사람들과의 전쟁을 위하여 보냈을 때, 그가 어떻게 했는지 알고 있습니까? 하나님께서 사울에게 아말렉 사람들을 완전히 파멸시키라고 명령했을 때, 이스라엘 사람들은 그 명령이 너무 지나치다고 생각하였습니다. 이스라엘 진영으로 어떤 전리품도 가지고 돌아오지 말고 파괴하라는 하나님의 명령이 내려졌습니다. 하나님의 명령은 매우 구체적이고 분명하였습니다.

그런데 사울은 살찌고 건강한 얼마의 가축을 남겨 두었습니다. 그가 왜 그렇게 했을까요? 전쟁터로부터 고향으로 돌아오는 길에 선지자 사무엘을 만났을 때, 그가 자신의 불순종을 매우 그럴듯하게 설명하는 말을 들어보겠습니다.

"사무엘이 가로되 그러면 내 귀에 들어오는 이 양의 소리와 내게 들리는 소의 소리는 어찜이니이까? 사울이 가로되 그것은 무리가 아말렉 사람에게서 끌어 온 것인데 백성이 당신의 하나님 여호와께 제사하려 하여 양과 소의 가장 좋은 것을 남김이요 그 외의 것은 우리가 진멸하였나이다"(삼상 15:14,15).

사울의 그러한 대답이 아무리 논리적으로 들릴지라도, 그들의 마음속에는 사악하고 위선적인 계획이 도사리고 있었습니다. 우선, 사울의 대답 속에는 가축들을 모두 죽이지 않고 남겨서 가져온 것에 대한 책임을 "백성"에게 전가하고자 하는 의도가 다분히 포함되어 있습니다. 사울은 불순종에 대한 책임을 회피하고자 하였습니다. 사울은 왕으로서 책임을 맡은 자였습니다. 그는 하나님께로부터 명령을 받은 자였습니다.

그는 "그 이외의 것은 우리가 진멸하였나이다"라고 말함으로써 자신이 하나님의 명령을 수행했다는 사실을 부각시키려고 하였습니다. 오직 적은 불순종이 있었을 뿐인데, 그것이 그렇게 대단한 일이란 말일까요? 더구나 그들이 남겨 가지고 온 가축들은 그들 자신의 부의 축적을 위한 것도 아니지 않습니까? 그들은 하나님께 제사 드리려고 질 좋은 가축들을 골라서 가지고 온 것이 아닙니까? 무엇이 잘못되었단 말입니까!

이 문제의 핵심을 잘 이해해야 합니다. 사울은 하나님을 경배하기 위해서 하나님의 명령에 불순종하였던 것입니다. 하나님께서 사울의 그러한 논리를 받아주실 수 있겠습니까? 사무엘 선지자의 칼날같이 예리한 말을 들어보십시오. "사무엘이 가로되 여호와께서 번제와 다른 제사를 그 목소리 순종하는 것을 좋아하심 같이 좋아하시겠나이까? 순종이 제사보다 낫고 듣는 것이 수양의 기름보다 나으니"(삼상 15:22).

사울의 이야기로부터 우리는 다시 한 번 교훈을 얻게 되는데, 그것은 하나님께서는 순종을 가장 높은 경배의 형태로 간주하신다는 것입니다. 비록 사울 왕이 불순종에 대하여 매우 종교적이고 설득력 있는 이유를 말하였다고 할지라도, 하나님께서는 그것을 분명하게 거절하셨으며, 더 이상 사울을 이스라엘의 왕으로 취급하지 않으셨습니다.

6. 사람들이 순종하지 않는 이유

오늘날에도 마찬가지입니다. 여러분 자신과 주변을 살펴보십시오. 사람들은 자신이 이해하고 납득할 만한 것들만 골라서 순종하려고 하는 경향이 있습니다. 자신이 이해할 수 없는 계명과 자신이 받아들이기 힘든 진리는 여러 가지 그럴듯한 구실을 붙여서 거절하거나 무시합니다. 그러한 사람들은 사울 왕이 범한 잘못을 뒤쫓는 그리스도인들입니다.

우리는 우리 자신의 부족을 깊이 인정해야 합니다. 자신이 부족하다는 사실을 인정하는 그리스도인은 비록 자신이 하나님의 어떤 말씀을 잘 납득할 수 없고 동의할 수 없다고 해서, 그 말씀에 불순종하지 않을 것입니다.

비록 하나님의 말씀은 어린 아이라도 이해할 수 있게 분명한 요구를 하고 있음에도 불구하고, 왜 하나님께서 그러한 계명을 그리스도인들에게 주었는지를 분명하게 이해할 수 없는 경우에 대부분의 사람은 하나님의 계명을 무시하려고 합니다. 이러한 사람들은 자신의 이해력을 하나님의 지혜보다 높다고 생각하는 사람들입니다. 성경이 주의 날인 안식일을 거룩하게 지키라고 명하고 있음에도 불구하고, 수많은 그리스도인이 시장에 가서 물건을 사고 있으며, 심지어는 장사를 함으로써 하나님의 분명한 명령을 범하고 있습니다.

창조주께서 오해할 수 없을 정도로 분명하게 기록한 명령을 감히 거역하는 사람들은 누구입니까? 교회에 가서 하나님을 경배하기 위해서 찬송을 부르고, 기도하며, 헌금을 드리는 그리스도인들이 아닙니까! 물론, 그들 중에는 하나님의 말씀을 잘 모르기 때문에 그러한 잘못을 범하는 자들도 있을 것입니다. 그러나 대부분의 사람은 자신들이 하나님의 영원불변의 법에 불순종하고 있다는 사실을 분명히 알고 있습니다. 예수 그리스도의 다음과 같은 경고를 다시 한 번 들어보십시오. "사람의 계명으로 교훈을 삼아 가르치니 나를 헛되이 경배하는도다."

목사로서 나는 지난 수 년 동안 사람들로 하여금 하나님의 십계명을 범하도록 가르치는 설교들을 들어왔습니다. 그러한 설교자들 중의 많은 이들이 하나님의 위대한 사랑을 이야기 하였으며, 진지한 설교를 하였습니다. 그러나 그들이 진실로 하나님을 사랑한다고 말할 수 있습니까? 요즘, 자동차 뒤 범퍼에 붙이는 스티커 중에서 다음과 같은 말들이 유행하고 있습니다. "당신이 예수님을 사랑하면 웃어보세요!", "당신이 예수님을 사랑한다면, 손을 흔드세요!" 사람들은 사랑이 희생을 요구하지 않을 때에는 사랑을 좋아합니다.

그러나 사랑이 희생과 손해를 요구할 때에는 사랑을 거절하는 것이 보통입니다. 그러나 성경이 말하는 사랑은 희생과 헌신이 따르는 사랑입니다. 그 사랑은 우리를 좁은 길로 인도하는 사랑입니다. 그러므로 예수님께서는 "너희가 나를 사랑하면, 나의 계명을 지키리라"(요 14:15)고 말씀하셨던 것입니다. 바로 이것이 사랑에 대한 예수 그리스도의 설명입니다. 예수님께서 말씀하신 사랑은 값싼 사랑이 아닙니다. 그분께서 말씀하신 사랑은 거품과 같이 있다가 사라지는 감정적 사랑을 말하는 것이 아닙니다.

제2부 구원의 위조지폐

사탄은 어떻게 하나님을 따르고자 하는 사람들에게 죄를 범하도록 유도할까요? 그가 사용하는 가장 효과적인 전략을 살펴보기 전에, 우리는 지금 가장 뛰어난 위조범을 상대하고 있다는 사실을 이해해야만 합니다. 매우 교활한 기만자인 사탄은 종종 선과 악이 혼합된 형태의 수단을 사용하여 자신의 목적을 성취하고자 합니다. 목적을 달성하기 위해서는, 심지어 성경 말씀을 이용하기조차 합니다.

물론 사탄이 성경을 기록하지는 않았지만, 성경을 연구함으로써 하나님의 말씀을 악용합니다. 예수님께서 광야에서 시험 받으셨을 때에 그러했듯이, 사탄 역시 성경 말씀을 인용합니다. 사탄이 그리스도인들을 궁극적으로 하나님의 법에 불순종 하도록 이끌기 위해서, 다음과 같은 두 가지 속임수, 즉 율법주의와 값싼 은혜에 대한 가르침을 기독교회 속에 밀어 넣고 있습니다.

1. 첫 번째 위조지폐 - 율법주의

사탄의 첫 번째 위조지폐는 다음과 같은 성경절을 이용하여 조작되었습니다. "그의 계명을 지키는 자들은 복이 있나니 저희가 생명나무에 나아가며"(계 22:14, KJV 번역). 사탄은 이 성경절을 언급하면서 "인간이 구원 받기 위해서 가장 중요한 것은 계명에 순종하는 것입니다. 만일 우리가 계명에 잘 순종하기만 하면, 우리는 영원한 생명을 받게 될 것입니다."라고 주장하고 있습니다. 우리 주변에서 많이 들을 수 있는 말이 아닌가요? 어떤 면에 있어서 이러한 주장은 진리입니다.

사실상, 계명을 지키는 것은 매우 중요한 일입니다. 그러나 그러한 주장 속에 매우 치명적인 오류가 섞여 있다는 사실을 알아야 합니다. 왜냐하면 어떤 사람도 구원을 얻기 위하여 스스로 계명을 지킬 만큼 선하지는 않기 때문입니다. 대개 이러한 주장을 하는 사람들을 율법주의자라고 부르지만, 그리스도인들 중에도 적지 않은 사람들이 이러한 사탄의 기만적인 함정에 빠져 있습니다. 이것은 하나님께서 세워 놓으신 구원의 계획과는 매우 상반된 것입니다. 자신의 힘으로 한 순종과 희생의 대가로 구원을 얻으려고 애쓰는 것은 매우 위험한 사상입니다. 이러한 율법주의는 모든 이방 종교 가르침의 밑바탕을 이루고 있습니다.

어떤 사람들은, "율법주의는 사람들로 하여금 구원 받기 위한 방법으로 계명에 대한 순종을 강조하기 때문에 오히려 사람들이 하나님의 법에 대해서 더욱 많은 주의를 기울이게 되지 않습니까?"라고 질문합니다. 그럴듯하지만, 실제로는 그렇지 않습니다. 우리가 아는 바와 같이, 에덴동산에서 인류의 시조가 죄를 범한 이후에 인간의 본성에는 매우 중대한 변화가 일어났습니다.

아담은 오늘날의 우리보다 훨씬 순종하기 쉬운 상태의 본성을 가지고 창조되었습니다. 그는 순결하였으며, 타락하지 않았고, 죄로 기울어지는 경향이 없는 본성을 가지고 있었습니다. 그가 받은 모든 유혹은 밖으로부터 오는 유혹뿐이었습니다. 그러나 우리가 물려받은 본성은 타락한 본성이며, 우리 안에 가장 큰 유혹의 샘이 있는 본성입니다.

그럼에도 불구하고 사탄은 하나님께 순종하기 위해서 좀 더 열심히 노력함으로써 아담과 하와처럼 죄를 피할 수 있다고 수백만의 사람을 설득시키고 있습니다. 그리하여 사탄의 기만적 주장을 믿는 사람들은 스스로의 힘으로 죄 된 성향을 조절하기 위해서 애쓰지만 실패에 실패를 거듭할 뿐입니다.

이러한 율법주의적 신앙을 가진 사람들은 결국 스스로 좌절하여 다음과 같은 엉뚱한 결론에 이르게 됩니다. "나도 열심히 해보았지만 결국 실패하고 말았다. 사람이 죄를 승리한다는 것은 불가능한 일이다. 하나님께서는 인간이 할 수 없는 어떤 것을 하라고 결코 요구하지 않으신다. 그러므로 하나님의 계명에 대한 순종은 구원과 전혀 관계가 없음이 틀림없다." 결과적으로, 율법주의를 받아들인 사람들은 하나님의 법을 담대하게 더욱 더 많이 범하는 타락한 생애를 살아가게 됩니다.

이러한 율법주의에 대해서 좀 더 생각해봅시다. 만일 여러분이 지금 이 순간부터 남은 일생 동안 하나님의 모든 계명을 지킬 수 있다고 가정해 보겠습니다. 즉, 남은 생애 동안에 단 한 번의 실수나 죄를 범하지 않는다고 가정해 보겠습니다. 그러한 생애가 여러분을 구원할 수 있다고 생각하십니까? 물론, 아닙니다. 왜냐하면 여러분이 이미 지은 죄가 있기 때문입니다. 과거에 범한 죄로 인하여 여러분에게는 이미 죽음이 선언되어 있습니다. 어떠한 종류의 선한 행위로도 여러분이 과거에 범했던 죄의 기록을 변경시킬 수 없습니다. 사람을 죽인 사람이 이웃을 많이 도와주었다고 해서 그의 죄가 사라질 수 없는 것과 마찬가지 이치입니다.

지금까지 오직 한 사람만이 단 하나의 죄도 범하지 않은 완전한 생애를 살았는데,

그분이 바로 그리스도 예수님입니다. 그러나 우리의 이전 기록에는 반복되는 더러움과 추함만이 있을 뿐입니다. 어떤 사람도 자신이 과거에 행한 기록에 근거하여 하나님 앞에 설 수 없습니다. 성경은 하나님께서는 오직 완전한 의만을 인정하시며, 의로운 행위만을 가납하신다고 기록하고 있습니다.

그러나 우리 중의 어떤 사람도 그러한 생애의 기록을 가지고 있지 못합니다. 어쨌든지 간에 우리가 예수 그리스도와 같은 거룩함을 얻지 못한다면, 그리고 그러한 의로움이 실제적으로 우리의 것이 되지 못한다면, 우리는 구원 받을 가능성이 전혀 없다는 사실을 인정해야만 합니다. 그러나 감사해야 할 사실은, 하나님의 은혜를 통하여 우리 모두에게 놀라운 배려가 베풀어져 있다는 것입니다.

성경에서 가장 놀라운 말씀 가운데 하나가 로마서 5장 10절에서 발견됩니다. "곧 우리가 원수 되었을 때에 그 아들의 죽으심으로 말미암아 하나님으로 더불어 화목되었은즉..." 여기서 잠깐 멈춰서 이 성경절의 전반부를 검토해봅시다. 왜냐하면 이 말씀은 성경에서 가장 중요한 복음을 우리에게 전하고 있기 때문입니다. 이 성경절은 말하기를, 우리가 죄를 범하였을 때, 우리는 하나님의 원수가 되었다고 말하고 있습니다.

우리에게 희망이 있다면, 그것은 하나님과의 화해입니다. 하나님과 우리를 분리시키는 죄를 제거하기 위해서는 죄를 속하는 대속이 완성되어야 합니다. 성경 말씀은 오직 예수 그리스도의 죽음만이 이와 같은 화해를 이룩할 수 있다고 말하고 있습니다.

어떻게 십자가가 원수 관계를 없애고 인간과 하나님과의 관계를 회복시켰습니까? 예수님께서는 십자가 위에 무엇을 지시고 가셨습니까? 하나님의 법은 죄의 대가로 죽음을 요구하기 때문에, 그리스도께서는 십자가에서 당신의 육체로 아담과 하와의 모든 자손이 범한 죄의 책임을 지셨던 것입니다.

사실상, 예수님께서는 우리 각자의 죄에 대한 책임과 그분의 죽음을 교환하셨던 것입니다. 그분께서는 우리 위에 내려져 있는 정죄와 사형 명령을 취하셔서, 그것을 십자가로 지시고 가신 후, 우리에게 내려져 있던 죄의 값인 형벌을 대신 당하셨던 것입니다. 그렇게 함으로써, 그분께서는 우리가 과거에 범죄한 죄들에 관한 추한 기록들을 덮어주십니다. 또한, 그분께서는 당신 자신이 완전한 의로운 생애를 사심으로서 우리에게 그분의 의를 전가 시켜 주시는데, 이로서 하나님과의 화목이 가능하게 된 것입니다.

그렇다면 예수 그리스도의 십자가를 통해서 마련된 구원과 영생을 어떻게 우리 자신의 것으로 받을 수 있습니까? 우리가 그분의 생명을 받기 위해서는 자아가 죽어야 합니다. 그 결과로, 하나님께서는 우리를 과거에 전혀 죄를 범한 적이 없는 것처럼 취급하시며, 예수님께서 우리 죄의 책임을 십자가 위에서 담당하신 것으로 취급하십니다.

로마서 5장 10절의 후반부를 살펴봅시다. 예수 그리스도의 죽음을 통하여 하나님과 화목하게 되는 것을 설명한 후, 바울은 계속해서 다음과 같이 말하고 있습니다. "화목 된 자로서는 더욱 그의 살으심(생애, Life)을 인하여 구원을 얻을 것이니라." 여기서 완전한 구원을 얻기 위해서는 예수 그리스도의 죽음과 생명 즉, 둘 모두가 필요하다는 사실을 인식해야 합니다. 과거의 죄들은 예수님께서 이루신 대속의 죽음에 의해서 덮어짐을 당하게 되며, 미래의 승리는 인간의 육체를 쓰시고 죄 없는 삶을 사신 그분의 생애로부터 나오는 공로와 모본을 보면서 확신할 수 있습니다.

우리는 하늘 기록 책에 이미 기록된 행위들을 변경할 수 없습니다. 그것들은 오직 그리스도의 죽음으로 종결되는 완전한 순종의 생애를 우리의 것으로 주장함으로써만 지워질 수 있습니다. 그리고 장래의 행위들은 예수님께서 우리와 같은 육체를 취하시고 사시면서 경험하셨던 승리를 나누어 받음으로써 변화될 수 있습니다. 이러한 진리를 사탄이 공격함으로써, 그는 사람들을 죄짓게 만드는데 놀라운 성공을 거두고 있습니다.

2. 두 번째 위조지폐 - 값싼 은혜의 복음

사탄은 이 문제에 대해서 매우 교묘한 공격을 감행해 왔습니다. 놀랄 만큼 설득력 있는 위조물을 만듦으로써 많은 사람들을 혼돈 가운데로 몰아가고 있습니다. 사탄은 이렇게 주장합니다: "어떤 사람도 하나님의 율법을 지킴으로써 구원 받을 수 없습니다. 우리는 행함에 의해서 의롭다고 인정받는 것이 아니라, 믿음을 통한 은혜로 말미암아 의롭다 하심을 받는 것입니다. 우리는 율법 아래에 있는 것이 아니라, 은혜 아래에 있습니다. 계명을 지키는 것은 우리가 그리스도를 사랑하는 한 불필요한 것입니다."

사탄의 이러한 논리 중에서 어떤 부분은 진리입니다. 그러나 그 속에 무서운 오류와 기만이 숨어 있다는 모습을 직시해야 합니다. 물론, 우리가 행함에 의해서 의롭다

하심을 받지 않는다는 말은 진리입니다. 그러나 그렇다고 해서 그 말이 우리가 순종의 의무로부터 면제 받았다는 뜻은 아닙니다.

셀 수도 없이 많은 사람이 사탄의 교묘한 논리에 이끌려서 그의 먹이가 되고 있습니다. 나는 나의 복음 전도 사역 중에서 그러한 그리스도인을 수많이 보아왔습니다. 불신자들뿐만 아니라, 여러 교파와 교단에 속한 그리스도인을 대상으로 전도회를 개최했을 때, 첫 며칠 동안은 하나님의 진리에 열렬하게 동의하다가도, 하나님의 법과 은혜에 관한 문제에 들어가면 즉시로 다음과 같은 반응이 나옵니다. "목사님, 우리에게 옛날 구약시대에 있었던 법을 강요하지 마십시오. 우리는 행함에 의해서 구원 받는 것이 아니지 않습니까? 우리는 지금 은혜 아래에서 살고 있습니다. 계명을 지키는 것이 우리에게 구원을 가져다 줄 수 없다는 사실을 아시잖아요?"

여기서, 우리는 문제에 부닥치게 됩니다. 하나님의 법에 대해서 강력한 반응을 나타내는 분들 역시 신실한 그리스도인들이었습니다. 그들은 자신들이 율법주의 속으로 들어가는 것을 두려워했습니다. 그러나 율법주의에 대한 그들의 그러한 태도는 그들을 반대편에 도사리고 있는 또 다른 기만인 값싼 은혜 속으로 끌고 들어갔으며, 결국에는 하나님의 법이 폐지되었다는 주장을 받아들이도록 유도하였습니다.

믿음과 행함, 그리고 순종과 은혜에 대한 문제에 있어서 성서적인 균형을 잃어버리기란 얼마나 쉬운 일입니까! 오늘날, 두 가지 극단이 있는데, 사탄은 우리 모두를 이 두 가지 극단으로 몰고 가기 위해서 온갖 이론을 만들어 내고 있습니다. 믿음과 행함에 관한 균형은 믿음과 행함이라는 글자를 양쪽 끝에 새긴 노를 젓는 것과 같습니다. 만일 두 가지를 균형 있게 움직이지 않는다면, 배는 제자리에서 원을 그리면서 맴돌게 될 것입니다.

많은 사람의 신앙생활이 전진하지 못하고 제자리에서 맴돌고 있는데, 그 이유는 구원에 관한 두 가지 중요한 면들이 올바르고 균형 있게 활용되지 못하고 있기 때문입니다. 믿음과 행함은 서로가 부딪치거나 투쟁하는 것이 아니며, 서로가 분리될 수 없는 것으로 협력하는 것입니다. 그러므로 참된 믿음은 항상 순종이라는 선한 행위를 생산해 냅니다. 성경은 "행함이 없는 믿음은 죽은 것"(약 2:26)이라고 선언하고 있습니다.

우리 모두의 가장 큰 원수인 사탄은 믿음으로 말미암아 의롭게 된다는 가르침을 교활하게 위조해 놓았습니다. 그는"의로움"위에 율법주의라는 보자기를 뒤집어 씌어 놓았으며, "믿음"은 순종을 생산해 내지 못하는 값싼 것으로 만들어 놓았습니다. 수많은 그리스도인이 진짜 "의로움"과 진짜 "믿음"을 보지 못한 채, 가짜 의와 가짜 믿음을 받아들이고 있습니다. 수많은 교회 안에서 예수 그리스도의 의가 더럽고 추한 것으로 둔갑 되어 있으며, 믿음이 값싼 감정에 불과한 것으로 추락되었습니다.

성경에서, 우리는 세 가지 믿음을 발견할 수 있습니다. 하나는 사탄이 가지고 있는 믿음인데, 사도 야고보는 그러한 믿음은 행함이 전혀 없는 믿음이라고 분명하게 말하였습니다. "네가 하나님은 한 분이신 줄을 믿느냐 잘 하는 도다. 귀신들도 믿고 떠느니라. 아아, 허탄한 사람아 행함이 없는 믿음이 헛것인 줄 알고자 하느냐?"(약 2:19,20). 야고보가 지적인 동의나 정신적인 동의에 불과한 믿음을 귀신의 믿음으로 묘사하였던 사실을 유의해야 합니다.

두 번째 종류의 믿음은 행함이 있지만, 잘못된 동기와 목적을 근거로 이루어지는 것을 말합니다. 신호등이 있는 네거리에서 정지 신호를 보고 있는 운전사의 예를 통하여 두 번째 부류의 믿음을 설명할 수 있습니다. 한 사람이 자동차를 정지시켰습니다. 그가 왜 자동차를 정지시켰을까요? 다른 편에서 달려오고 있는 자동차와 충돌하여 죽는 것이 무서워서 정지하였을까요? 아니면, 교통 경찰관이 자신에게 법규 위반 티켓을 줄 것에 대한 두려움 때문에 정지하였을까요? 이러한 종류의 믿음은 하나님께 가납될 수 없는데, 왜냐하면 그러한 행위들은 두려움에 근거해서 나오기 때문입니다.

불행하게도, 오늘날 수많은 그리스도인이 두려움에 근거한 신앙생활을 하고 있습니다. 그들의 신앙은 마치 불을 피해 도망가는 것과 같습니다. 그들은 자신들이 걷고 있는 길의 끝에 불이 있다는 사실을 알고 있습니다. 그들은 그 불 속으로 들어가지 않으려고 애를 씁니다. 그들은 일반적으로 선한 사람이 하는 선한 행위를 하기 위해서 애를 씁니다. 그러나 이러한 부류의 믿음은 율법주의가 가지고 있는 또 하나의 모습에 지나지 않습니다.

이제, 세 번째 믿음에 대해서 살펴봅시다. 세 번째 믿음이야말로 하나님께서 인정하시는 유일한 믿음인데, 그 믿음은 갈라디아서 5장 6절에 기록되어 있습니다. "그리스도 예수 안에서는 할례나 무 할례가 효력이 없되 사랑으로써 역사하는 믿음뿐이니라." 바로 이것입니다. 하나님의 율법에 일치하는 모든 순종의 행위가 사랑에 그 근거와 동기를 두고 이루어질 때에 그것은 참된 믿음이 되는 것입니다.

제3부 죄와 구원

사랑이 어떻게 해서 하나님께서 인정하시는 유일한 동기가 되는지에 대해서 설명하기에 앞서, 매우 결정적으로 표현된 몇몇 성경절들에 대해서 생각해 보겠습니다. 사도 요한은 사도 중에서도 사랑의 사도로 불릴 만큼 사랑스러운 성품을 가지고 있지만, 여기에 소개하는 이 성경절은 매우 단호하고도 분명하게 기록하였음을 알 수 있습니다. 그는 열 두 제자 가운데서 가장 부드럽고 따뜻한 마음을 가진 사도로서 널리 알려져 있지만, 사랑의 사도인 요한 이야말로 다른 어떤 사도보다 하나님의 계명에 대해서 많이 언급했던 사도입니다.

우선, 우리는 죄의 정의에 대해서 기록한 성경절 중에서 가장 분명하고 단순한 성경절을 요한의 기록에서 발견할 수 있습니다. "죄를 짓는 자마다 불법을 행하나니 죄는 불법이라"(요일 3:4). 부디 이 성경절을 여러분들의 마음속에 간직하기를 바랍니다. 왜냐하면 앞으로 계속해서 죄의 본성과 성격에 대해서 이야기할 때, 사도 요한이 제시한 죄의 정의를 언급할 것이기 때문입니다.

이 성경절이 의미하는 바는 매우 명백하지만, 여기서"법"이라는 말에 대해서 좀 더 자세히 이해할 필요가 있습니다. 요한은 여기서 "법"을 무슨 법으로 말하고 있습니까? 사도 바울 역시 로마서 7장 7절에서 죄에 대하여 기록하고 있는데, 그는 거기서"법"에 대하여 다음과 같은 답변을 준비해 두었습니다. "그런즉 우리가 무슨 말 하리요? 율법이 죄냐 그럴 수 없느니라. 율법으로 말미암지 않고는 내가 죄를 알지 못하였으니 곧 율법이 탐내지 말라 하지 아니하였더면 내가 탐심을 알지 못하였으리라." 바울은 질문에 대한 답을 하면서, 직접적으로 십계명의 열째 계명(탐심)을 언급하면서, 죄는 십계명을 범하는 것이라는 사실을 의심할 여지없이 분명하게 말하였습니다. 죄는 법을 범하는 것으로서, 특히 십계명을 범하는 것을 말합니다.

요한일서 3장을 계속해서 읽어나갈 때, 4절에서 기록된 죄의 정의를 기억하기를 바랍니다. 즉, 죄의 정의는 도덕률인 십계명을 범하는 것입니다. 5절에 전개되는 요한의 기록을 보겠습니다. "그가 우리 죄를 없이 하려고 나타내신바 된 것을 너희가 아나니" 예수님께서 우리로부터 가져가신 것은 무엇일까요? "우리 죄입니다." 무슨 죄인가요? 십계명을 범한 죄입니다. 그러므로 그분께서는 우리가 십계명을 범하는 일로부터 우리를 구원하시기 위해서 이 땅에 오신 것입니다. 그분께서는 우리로 하여금 죄를 범하지 않도록 하기 위해서 오신 것입니다.

계속해서 요한은 놀라운 기록을 남기고 있는데, 6절에 나오는 성경절이야말로 오늘날 수많은 그리스도인에게 엄청난 충격을 가져다 주기에 충분한 말씀입니다. "그 안에 거하는 자마다 범죄하지 아니하나니 범죄하는 자마다 그를 보지도 못하였고 그를 알지도 못하였느니라."

굉장한 말씀이 아닙니까? 나는 지금까지 굉장히 강력한 설교를 많이 들어 왔는데, 어떤 목사나 설교자도 이처럼 강력한 설교를 하는 것을 듣지 못했습니다. 사랑의 사도 요한이 6절에서 말하고자 하는 바는 "십계명에 대해서 불순종하는 생애를 사는 사람들은 예수 그리스도를 만나지 못한 사람들이며, 그분께서 베푸신 구원에 대하여 알지도 못하는 사람들입니다."라는 것입니다. 충격적인 이야기 아닙니까? 정말 그렇습니다.

그러나 여기서 멈추어서는 안 됩니다. 좀 더 읽어 봅시다. 좀 더 강력한 기록이 나옵니다. "자녀들아, 아무도 너희를 미혹하지 못하게 하라. 의를 행하는 자는 그의 의로우심과 같이 의롭고 죄를 짓는 자는 마귀에게 속하나니 마귀는 처음부터 범죄함이니라. 하나님의 아들이 나타나신 것은 마귀의 일을 멸하려 하심이니라."(7,8절). 여기서, 요한은 진리를 입으로 공언하는 자들과 진리를 진짜로 믿는 사람들 사이에 존재하는 차이점을 분명하게 드러내었습니다.

사도 요한은 죄와 구원의 문제를 설명하면서 "아무도 너희를 미혹하지 못하게 하라"는 경고를 우리에게 주고 있습니다. 이 말씀은 그리스도를 따른다고 주장하는 모든 그리스도인 앞에 펼쳐져 있는 놀라운 기만과 속임수에 대한 경고입니다.

마태복음 24장 3절에서, 제자들은 예수님께 재림에 관한 징조를 질문 하는데, 예수님께서는 4절에서 다음과 같은 답변을 주셨습니다.

"너희가 사람의 미혹을 받지 않도록 주의하라."

그런 다음, 마지막 때에 "휴거"에 대한 가르침에 대하여 놀라운 혼돈이 있을 것을 말씀하셨습니다.

그러므로 우리는 마지막 시대에 믿음으로 말미암는 의에 대한 가르침도 이와 유사한 혼돈 속에 빠질 것이라는 사실을 예견할 수 있습니다. 죄의 문제가 혼돈될 것입니다. 순종과 법에 관한 진리가 혼동되고 왜곡될 것입니다.

요한은 어떤 사람도 십계명에 의도적으로 불순종하고 있으면서, 하나님께로부터 의롭다 하심(칭의)을 받았다고 말할 수 없다는 사실을 못 박아서 말하고 있습니다. 그리고 더 나아가서, 이러한 사람은 사실상 마귀에게 속한 자이며, 그리스도인이 전혀 아니라고 말하고 있습니다! 그런 다음, 요한은 신학자들 뿐 아니라 일반 평신도 사이에서도 논란의 대상이 되고 있는 말씀을 기록하였습니다.

"하나님께로서 난 자마다 죄를 짓지 아니하나니 이는 하나님의 씨(Seed)가 그의 속에 거함이요 저도 범죄치 못하는 것은 하나님께로서 났음이라"(요일 3:9). 성경에서 여자의 자손(The seed of the woman)은 누구를 말합니까? 예수 그리스도께서 참된 씨(후손)이시며, 하나님의 개심한 참된 자녀는 그리스도를 자신의 마음에 모시고 있습니다.

그리스도께서는 죄와 함께 거하실 수 없습니다. 그러므로 하나님의 십계명에 대해서 고의적으로 불순종 하는 사람의 마음속에는 예수님께서 거하실 수 없는 것입니다. 여기서 요한은 그리스도인들이 자신이 스스로 선택할 수 있는 능력을 상실하게 됨을 말하고 있는 것이 아니라, 그는 그리스도께서는 의도적으로 불순종하는 죄인의 마음속에 그분께서 거하실 수 있는 보좌를 마련하시지 않는다는 사실을 말하고 있는 것입니다.

죄의 문제를 분명하게 이해하도록 하십시오. 어거스틴과 요한 칼빈의 가르침을 통하여 이상한 가르침이 그리스도 교회로 잠입하여 들어왔습니다. 그 이상한 가르침은 고의적인 불순종의 생애를 걸어가면서도, 구원에 대한 확신을 가질 수 있도록 만들었습니다. 그 무서운 가르침을 경계하십시오! 수백만의 사람이 칭의가 우리의 마음 상태를 변화시키는 일없이 하나님 앞에서의 우리의 입장을 변화시킨다는 가르침을 아무런 의심 없이 받아 마시고 있습니다.

칼빈의 사상은 비록 우리가 의도적으로 계속해서 죄를 범하고 있다고 할지라도, 덮어주시는 의인 칭의가 하나님 존전에서 우리를 가납 받을 수 있게 만들어 준다고 믿는 것입니다. 또한, 속죄(Atonement)는 우리를 죄의 결과인 형벌로부터 구원하는 것이지, 죄 그 자체로부터 우리를 구원하지는 못한다는 가르침이 칼빈의 사상 가운데 포함되어 있습니다. 그리고 우리를 위한 그리스도의 속죄는 죄에 대한 그리스도인의 본질을 변화시키는 것이 아니라, 죄가 어떠한 것이냐 하는 그 죄의 본질을 바꾸는 것이라고 가르치는 것이 칼빈의 사상입니다.

이러한 칼빈의 사상을 받아들인 사람들에게는, 사람이 일단 예수 그리스도를 받아들이기만 하면, 어쨌든 간에 죄는 그것이 이전에 그러했던 것처럼 치명적인 것이 되지 않게 됩니다. 개심하지 않은 사람이 죄를 범하게 되면, 영원한 멸망 가운데로 들어가게 되지만, "구원 받은" 후에 범한 동일한 죄는 그 그리스도인을 지옥으로 보낼 수 없게 됩니다.

죄인의 마음을 변화시키는 대신에 죄의 성격(본질)을 변화시킨다는 말의 의미를 이제 이해할 수 있습니까? 종교는 장난이 아니지 않습니까? 칭의는 우리가 계속적으로 범하고 있는 죄를 덮어주는 것이 아닙니다. 칭의는 새롭고 영적인 삶을 가져다주는 개심(거듭남)을 통하여 전혀 새로운 마음과 생명을 우리에게 공급해 줍니다. 칭의는 죄를 고의적으로 범하는 동안에는 결코 유지될 수 없습니다. 칭의는 계속적으로 범해지는 죄를 가려 주는 망토와 같은 것이 아닙니다. 칭의는 죄책감과 죄의 권세를 벗기어 주는 것으로서, 그리스도인이 영적인 상태로 변화되는 것을 의미합니다.

이것을 잘 이해하십시오! 진짜 믿음은 항상 순종이라는 선한 행위를 생산해 냅니다. 행함이 없는 믿음은 죽은 것입니다. 예수님께서는 당신의 백성을 그들의 죄로부터(From sins) 구원해 내기 위해서 오신 것이지, 죄 안(In sins)에서 구원을 주기 위해서 오신 것이 아닙니다. "아들을 낳으리니 이름을 예수라 하라. 이는 그가 자기 백성을 저희 죄에서(From their sins) 구원할 자이심이라"(마 1:21).

성경은 죄에 대해서 수없이 많이 말하고 있지만, 단 한 번도 죄를 어떤 좋은 것으로 말하고 있지 않습니다. 예를 들면, 성경에는 우리들이 범하는 죄의 양을 줄이라는 식의 표현을 결코 말하고 있지 않습니다. 성경의 어떤 곳에도 불순종의 횟수를 줄이거나 감소시키라는 말씀이 기록되어 있지 않습니다. 죄는 하나님의 안목에서는 결코 타협할 수 없는 것입니다.

우리는 모든 알고 있는 죄들을 단호하게 버려야 하며, 거절해야 합니다. 예수님께서는 간음한 여인에게 말씀하시기를, "가서 죄를 범하지 말라"고 하셨습니다. 그분께서는 "가서 그 죄를 줄여라"고 말씀하신 것이 아닙니다! 사도 요한은 "자녀들아, 내가 이것을 너희에게 쓰노니 죄를 점점 더 줄여가라"고 기록하지 않았습니다. 그는 "내가 너희에게 쓰노니 너희는 죄를 범하지 말라"고 말하였습니다.

사랑의 사도 요한은 죄에 대하여 그의 편지서를 기록할 때에 전혀 망설이지 않은 태도로 분명하게 말하였습니다. 어떤 목사나 설교자도 그가 했던 것처럼 강력하게 죄에 대하여 말하지 못했습니다. 요한의 다음과 같은 선언을 들어보십시오. "죄를 짓는 자는 마귀에게 속하나니"(요일 3:8). 하나님께 불순종하기로 의도적으로 선택하는 동안에도 그분께서 우리를 의롭다고 여겨주신다고 믿는 어리석음은 전혀 성경에 의해서 뒷받침 할 수 없는 가르침입니다.

복음은 구원을 위한 하나님의 능력인데, 그분의 능력은 우리를 어떤 특정한 죄 뿐만 아니라, 모든 죄로부터 구원해 주기에 충분한 것입니다. 하나님께서는 우리의 죄를 용서해 주신 다음, 우리를 계속되는 죄의 세력 아래에 그대로 남겨두기를 원하신다고 믿고 계십니까? 만일 여러분이 그렇게 믿는다면, 여러분은 하나님을 죄에 대하여 우리의 공범자로 만드는 것이 됩니다. 하나님께서는 그분의 전능하신 능력으로 우리를 도우시고 건져주시며 구원하실 수 있습니다.

제4부 하나님의 심판

이제, 심판은 우리의 행함을 기초로 하여 이루어진다는 사실에 대해서 공부해 보겠습니다. 물론, 이러한 말이 어떤 사람들에게는 율법주의적으로 들릴 수 있다는 사실을 나도 잘 알고 있습니다. 그러나 성경은 이 점에 있어서 너무나 분명하게 말하고 있습니다. 요한은 "내가 보니 죽은 자들이 무론 대소하고 그 보좌 앞에 섰는데 책들이 펴 있고 또 다른 책이 펴졌으니 곧 생명책이라 죽은 자들이 자기 행위를 따라 책들에 기록된 대로 심판을 받으니... 각 사람이 자기의 행위대로 심판을 받고"(계 20:12,13).

어떻게 우리가 이 말씀을 이미 우리가 알고 있는 하나님의 사랑과 자비에 조화를 이루게 할 수 있을까요? 행위가 심판의 기초가 된다는 말은 성경적 칭의와 상반되는 말일까요? 전혀 그렇지 않습니다. 만일 우리가 어떻게 해서 행위가 심판 받게 되는지를 이해하게 된다면, 우리는 행위로 심판 받는다는 말의 의미를 진정으로 깨닫게 될 것입니다. 하나님께서 각 사람의 행위를 어떻게 시험하시고, 어떻게 측정하실 것을 정확하게 이해하는 일은 매우 중요한 것입니다. 무엇이 사람들로 하여금 거절되거나 가납 받도록 만들까요? 사람들이 행한 행위의 양입니까? 만일 우리가 우리 자신의 몫을 위해서 충분하게 옳은 일을 한다면, 우리는 하늘 진주 성문을 들어갈 수 있을까요? 그리고 행함이 부족한 자들은 성 밖에 남겨짐을 당하게 될까요?

산상수훈에서, 예수님께서는 하늘 왕국으로 들어가는 입구를 찾는 일단의 무리들에게 다음과 같은 말씀을 하셨습니다. "그 날에 많은 사람이 나더러 이르되 주여 주여 우리가 주의 이름으로 선지자 노릇하며 주의 이름으로 귀신을 쫓아내며 주의 이름으로 많은 권능을 행치 아니하였나이까 하리니 그때에 내가 저희에게 밝히 말하되 내가 너희를 도무지 알지 못하니 불법을 행하는 자들아 내게서 떠나가라 하리라"(마 7:22,23).

이 말씀 중에서 마지막에 나오는 말씀을 주의 깊게 생각해 보십시오. 예수님께서는 그들 자신들이 행했던 행적의 진실성 여부에 대해서 부인하거나 책망하는 말씀을 하지 않으셨습니다. 그들은 자신들이 했던 수많은 행위에 대해서 길게 늘어 놓았습니다. 행위의 양에 있어서는 조금의 부족도 없었습니다. 행위의 양은 인정되었지만, 분명한 사실은 행위의 양에 근거하여 심판 받지 않았다는 것입니다. 결국, 그들은 하늘에 들어가도록 허락 받지 못했던 사실이 기록되어 있습니다.

그러나 우리는 그 사람들이 행하였던 행위의 종류들을 볼 때에 더욱 혼돈하게 됩니다. 그들은 많은 행위를 하였을 뿐 아니라 매우 놀라운 행위들을 하였기 때문입니다. 행위의 양뿐만 아니라 질에 있어서도 충분한 것처럼 보입니다. 아마, 그들 중의 어떤 사람들은 새로운 교회를 짓는 데에 수백만 달러를 헌금하였을지도 모릅니다. 그렇지만 그런 사람도 하늘 문에 들어가도록 허락되지 않았습니다. 이 성경절은 풀리지 않는 미스터리처럼 보입니다. 다음과 같은 예수 그리스도의 엄숙한 명령이 그들에게 내려지는 것을 어떻게 이해해야 할까요? "불법을 행하는 자들아 내게서 떠나가라."

이 문제에 대한 대답을 성경의 마지막 책에서 발견할 수 있습니다. 이 성경절을 읽으면, 모든 수수께끼가 한꺼번에 풀려나가서 한 곳에 집중되는 것을 깨닫게 될 것입니다. 요한계시록 3장 15절에서, 하나님께서 말씀하시기를 "내가 네 행위를 아노니"라고 하셨습니다. 물론, 그분께서는 우리의 모든 행위를 기록하시며, 그것에 의해서 최후의 심판을 베푸실 것입니다. 그러나 다음에 계속되는 말씀을 읽어봅시다. "내가 네 행위를 아노니 네가 차지도 아니하고 더웁지도 아니하도다 네가 차든지 더웁든지 하기를 원하노라. 네가 이같이 미지근하여 더웁지도 아니하고 차지도 아니하니 내 입에서 너를 토하여 내치리라"(계 3:15,16).

여기에 이 문제를 전체적으로 풀어 펼치는 비밀이 있습니다. 우리의 모든 행위는 최후의 심판 날에 심판 받게 될 것이지만, 우리의 행위의 무게나 높이에 의해서 심판 받는 것이 아니라, 그 열에 의해서 받게 될 것입니다. 다른 말로 하자면, 우리의 모든 순종은 하나님을 향하여 헌신과 사랑으로 불타는 마음으로부터 솟구쳐 나오는 것이어야 합니다. 모든 것을 꿰뚫어 보시는 하나님의 눈에 의해서 모든 동기가 벗겨질 것이며, 검토될 것입니다. 인간의 행위가 예수 그리스도와의 불타는 사랑의 관계에 의해서 이루어지지 않는 한, 어떤 종류의 행위도 가치가 없는 것으로 판명될 것입니다.

이제, 우리는 서로 어울리지 못하는 것처럼 보이는 믿음과 행함의 문제에 있어서, 가장 중요한 열쇠를 찾을 수 있습니다. 행위 전체가 가치 있는 것으로 판명되든지, 아니면 전혀 가치가 없는 것으로 판명될 것입니다. 우리의 행위가 하나님 앞으로 향기로운 향이 되어서 가납되든지, 아니면 하나님께서 토해 내치실 만큼 혐오스러운 것이 됩니다. 모든 것은 동기에 달렸으며, 누가 그러한 행위를 하도록 힘을 주었는가에 달려있습니다. 그러한 행위의 원동력은 하늘로부터 와야 합니다. 육체의 행위는 자신을 구원하려는 인간의 노력이지만, 마음속에 내재하시는 성령으로부터 나오는 사랑의 행위는 그와 정반대입니다. 이러한 행위는 진짜 믿음과 사랑의 신임장을 가지고 있는 행위들로 판명될 것입니다.

하나님께서는 에덴동산 이후부터 지금까지 시험 기준을 변경시키지 않으셨습니다. 그분께서는 그 때와 마찬가지로 동일한 종류의 순종을 요구하십니다. 그 당시, 우리의 시조인 아담은 타락하지 않은 거룩한 본성에 의해서 순종할 능력을 가지고 있었습니다. 불행하게도, 아담과 하와가 타락한 이후의 후손들인 우리는 하나님의 법과 조화되지 못하는 타락한 본성을 유전으로 이어받았습니다.

그러나 마음을 변화시키는 하나님의 능력 있는 기적과 "너희 안에 계신 그리스도"를 통하여 우리는 새로운 마음을 가진 거듭난 피조물로 변화될 수 있는 것입니다. 바로 이것이 그리스도께서 "사람이 거듭나지 않으면 하나님의 나라를 볼 수 없느니라"고 말씀하신 이유입니다. 또한, 한번은 부자 청년이 예수님께 찾아와서 "내가 무슨 선한 일을 하여야 영생을 얻으리이까?"라고 물었을 때, 예수님께서 대답하시길 "계명들을 지키라"(마 19:17)고 말씀하셨습니다.

이 두 개의 성경절 사이에는 서로 상충되는 어떠한 것도 없습니다. 이 두 개의 성경절은 새로 태어나는 거듭남의 경험 없이 어떤 사람도 구원 받을 수 없으며, 고의적으로 계명을 어기어 불순종의 길을 걷는 어떤 사람도 구원 받을 수 없다는 사실을 말하고 있을 뿐입니다. 이 두 개의 성경절은 동일한 구원을 두 개의 부분으로 나누어 설명하고 있는 것입니다. 거듭난 그리스도인만이 구원을 받을 수 있으며, 또한 거듭난 그리스도인은 자원하고 즐거운 마음으로 계명을 순종하게 된다는 사실을 깨달아야 합니다.

여기서, 가장 중심이 되는 진리는 개심하여 거듭난 경험이 없는 어떤 사람도 하나님께 순종할 수 없을 뿐 아니라, 고의적으로 순종하기를 거절하게 된다는 사실입니다. 행위가 중요하지 않거나 필요하지 않다는 거짓말에 대해서 귀를 막으십시오. 또한 계명을 지키는 것은 율법주의라는 기만을 경계하십시오.

그러나 여러분의 그리스도인 삶에 열매를 맺게 하는 숨겨져 있는 뿌리인 마음과 동기를 주의 깊게 살펴보십시오. 만일 여러분이 하나님의 법에 일치하는 삶을 산다면, 여러분의 마음에는 놀라운 즐거움과 만족함으로 채워질 것이며, 그리스도와의 계속적인 연결이 지속될 것입니다. 누가 여러분을 율법주의자라고 정죄할 지라도, 마지막 심판 날에는 여러분을 정죄한 그 사람이 스스로의 말에 의해서 정죄 받게 될 것입니다. 사랑에서 기인한 우리의 행위는 율법주의와는 철저하게 반대되는 것으로 나타나게 될 것입니다. "우리는 그의 만드신 바라 그리스도 예수 안에서 선한 일을 위하여 지으심을 받은 자니 이 일은 하나님이 전에 예비하사 우리로 그 가운데서 행하게 하려 하심이니라"(엡 2:10).

제5부 믿음과 순종에 대한 성경의 한 예증

1. 베데스다 연못가의 환자

"예루살렘에 있는 양 문 곁에 히브리말로 베데스다라 하는 못이 있는데 거기 행각 다섯이 있고 그 안에 많은 병자, 소경, 절뚝발이, 혈기 마른 자들이 누워 물의 동함을 기다리니"(요 5:2,3).

이 연못의 물은 때때로 움직였는데, 일반적으로 이러한 현상은 초자연적 능력의 결과로 받아들여졌으며, 누구든지 물이 요동한 직후에 이 물 속에 제일 먼저 들어가는 자는 그가 어떤 불치의 병을 가지고 있든지 간에 나음을 받는다고 믿었습니다. 수백 명의 환자가 그 곳을 방문했으나 물이 요동할 때에는 무리가 너무 많아서 자신들보다 약한 남자, 여자, 아이들을 발로 짓밟으면서 서로 앞을 다퉈 밀려들어 갔습니다. 수많은 사람이 일시에 모여 들었기 때문에 그 못에 가깝게 접근하기도 여간 어려운 일이 아니었습니다. 비록 못 가까이에 갔을지라도 못 안으로 들어가지 못한 채 연못 바로 옆에서 죽어가는 사람들도 허다하였습니다. 그 곳에는 오두막이 세워져서 환자들이 낮의 뜨거움과 밤의 냉기에서 보호 받을 수 있도록 돼 있었습니다. 거기에는 날마다 고침을 받겠다는 헛된 소망을 안고 연못가에 기어와서 이 행각에서 밤을 새우는 사람들이 있었습니다.

하루는 예수님께서 홀로 걸으시다가 그 못에 이르셨습니다. 그는 불치의 환자들이 비참한 모습으로 연못이 요동치기를 기다리는 모습을 보셨습니다. 예수님께서는 당신의 치유력을 행사하셔서 그곳에 있는 모든 고통 당하는 자를 건강하게 하시기를 갈망하셨습니다. 그러나 그날은 안식일이었습니다. 사람들이 예배 드리기 위하여 성전에 가고 있었습니다. 예수님께서는 당신의 치료의 행위가 유대인들의 편견을 자극시켜서 당신의 사역에 장애를 일으킬 것을 아셨습니다.

그러나 구주께서는 한 사람의 가장 처참한 형편을 보았습니다. 그는 38년간을 속절없는 앉은뱅이로 지내온 사람이었습니다. 그 당시에 불치의 질병은 일반적으로 자신이 범한 죄의 결과이고, 또한 하나님께서 내리신 심판으로 간주되었습니다. 그 환자는 홀로 쓸쓸하게 누워서 자기는 하나님의 자비에서 끊겼다고 생각하면서 오랫동안 불행의 세월을 보내 왔습니다. 물이 요동할 것이라고 생각되는 때에는 그의 무력함을 측은히 여기는 사람들이 그를 행각에까지 실어다 주곤 하였습니다.

그러나 그가 꼭 혜택을 입어야 할 순간에 그를 도와서 물속에 들어갈 수 있도록 도와주는 사람이 없었습니다. 그는 물결이 일어나는 것을 보았지만 못 안으로 결코 들어갈 수 없었습니다. 그보다 힘센 다른 사람들이 자기보다 앞서 뛰어 들어가곤 하였습니다. 그는 이기적이며 광분하는 무리와 경쟁할 수 없었습니다. 그 한 가지 목적을 위한 그의 집요한 노력과 근심과 계속적인 실망은 그의 남은 기력을 신속히 빼앗아가고 있었습니다.

그 병자는 자리에 누워서 때때로 그 못을 바라보려고 머리를 들곤 하였습니다. 바로 그 때에 한 부드럽고 연민 가득한 얼굴이 그를 굽어보면서 "네가 낫고자 하느냐"고 묻는 말에 그의 온 주의가 끌렸습니다. 그의 마음속에는 희망이 솟아났습니다. 어떤 방법으로든 자기는 도움을 받을 수 있으리라고 느꼈습니다.

그러나 타오르던 용기는 곧 시들어졌습니다. 그는 자기가 얼마나 자주 그 못에 들어가려고 애썼던 가를 상기했습니다. 이제 그는 물이 다시 동할 때까지 살아 있을 가망조차도 거의 없었습니다. 그는 지쳐서 얼굴을 돌리고 "주여 물이 동할 때에 나를 못에 넣어 줄 사람이 없어 내가 가는 동안에 다른 사람이 먼저 내려가나이다" 라고 말하였습니다.

예수님께서는 이 환자에게 당신을 믿는 믿음을 활용하도록 말씀하지 않으셨습니다. 그는 단순히 "일어나 네 자리를 들고 걸어가라"고만 말씀하셨습니다. 그러나 그 사람은 온 믿음을 다하여 그 말씀을 굳게 붙잡았습니다. 모든 신경과 근육이 새로운 생명으로 전율하고, 절던 그의 다리는 건강하게 움직이기 시작하였습니다. 그가 의심하지 않고 그리스도의 명령에 순종하기로 자기의 뜻을 정하자 그의 모든 근육이 그의 의지에 응답하였습니다. 자기의 다리로 일어서면서 그는 자기가 활동적인 사람이 되었음을 느꼈습니다.

예수님께서는 하나님의 도움에 대한 아무런 보증도 그에게 미리 주지 않으셨습니다. 그 사람은 멈추어 의심하여 그가 나을 수 있는 유일한 기회를 놓칠 수도 있었습니다. 그러나 그는 그리스도의 말씀을 믿었으며 그 말씀에 입각하여 행동하자 힘을 얻었습니다.

우리도 이와 같은 믿음을 통하여 영적인 치유를 받을 수 있습니다. 우리는 죄로 말미암아 하나님의 생명에서 단절되어왔습니다. 우리의 영혼은 마비되어 있습니다. 그 쇠잔한 사람이 걸을 수 없었던 것과 같이 우리도 우리 스스로의 힘으로는 죄와 유혹을 이기는 거룩한 생애를 살 수 없습니다.

많은 사람이 그들의 무력함을 깨닫고 그들을 하나님과 조화되게 만들 영적 생명을 갈급합니다. 그것을 얻기 위해 그들은 헛되이 분투합니다. 그들은 절망 가운데서 "오호라 나는 곤고한 사람이로다 이 사망의 몸에서 누가 나를 건져 내랴."(롬 7:24)고 부르짖습니다. 이러한 낙심하고 몸부림치는 자들은 위를 쳐다보십시오.

구주께서는 자기의 피로 사신 자들을 굽어보시고 말할 수 없는 연민과 긍휼로 "네가 낫고자 하느냐?"라고 말씀하십니다. 예수님께서는 우리에게 건강과 평안 가운데서 일어서라고 명하십니다. 여러분이 완쾌됐다고 느껴질 때까지 기다리지 마십시오. 단순히 그분의 말씀을 믿으십시오. 그리하면 그 말씀이 이루어질 것입니다. 여러분의 의지를 그리스도의 편에 두십시오. 그분을 섬기고자 뜻을 세우고 그 말씀에 의지하여 행동할 때에 여러분은 힘을 얻을 것입니다.

오랜 방종을 통하여 영육을 속박한 악한 행습과 강력한 정욕일지라도 그리스도께서는 능히 거기에서 구출하실 수 있으며 또한 구출하시기를 원하십니다. 예수님께서는 "죄로 죽었던"(엡 2:1) 영혼에게 생명을 나누어 주실 것입니다. 그는 연약과 불행과 죄의 사슬에 매인 포로들을 해방시켜 주실 것입니다.

2. 갈등하는 그리스도인의 질문

"저는 요즘에 매우 깊은 늪에 빠져 있습니다. 마음은 하나님의 말씀대로 살고 싶은데, 육신이 약해서 자꾸만 세상의 유혹에 빠져서 죄를 짓게 됩니다. 결심하고 또 결심하지만, 나를 붙잡고 있는 죄를 벗어날 수 없습니다. 나의 신앙 생애에 있어서 무엇이 문제인가요?"

모든 사람은 이기적인 본성을 가지고 태어납니다. 우리가 유전적으로 물려받은 죄되고 이기적인 본성으로는 도무지 하나님의 말씀에 순종하는 생애를 살 수 없습니다. 그래서 예수님께서는 니고데모에게 "네가 거듭나지 않으면 천국을 볼 수도 없느니라"고 말씀하셨던 것입니다.

십자가의 사랑을 이해한 사람은 자신을 위해서 살지 않고 하나님과 이웃을 위하여 살고자 하는 소원으로 마음이 가득 채워지게 되는데, 이것이 거듭남입니다. 그리스도의 사랑과 희생을 아는 사람은 자연스럽게 그 마음의 동기와 목적과 품성이 변화되게 됩니다. 악을 좋아하던 내가 선한 것을 사모하는 사람으로 변화되게 됩니다. 모든 동기와 목적이 악에서 선으로 돌아서게 됩니다. 이러한 변화가 마음의 중심에 생긴 사람에게만 비로소 하나님의 말씀에 순종하는 생애가 가능해 지는 것입니다.

그러나 안타깝게도 많은 그리스도인이 참된 거듭남의 경험 없이 신앙 생애를 하고 있는 것이 현실입니다. 육에 속한 사람은 영의 일을 감당할 수 없습니다. 거듭남이 없이는 선을 행하고자 하는 소원은 있어도 선을 행할 수 없는 것입니다. 이것은 마치 늑대가 양의 흉내를 내려고 애쓰는 것과 마찬가지인 것입니다.

늑대가 양의 생활을 할 수 없는 것처럼, 사람도 그리스도인으로 다시 태어나지 않는 한 그리스도인으로 살아갈 수 없습니다. "그런즉 누구든지 그리스도 안에 있으면 새로운 피조물이라 이전 것은 지나갔으니 보라 새 것이 되었도다"(고후 5:17). 그리스도 안에서 새롭게 태어난 사람만이 새로운 피조물이 되어 새로운 삶을 살 수 있는 것입니다. 참된 그리스도인 생활은 인간적인 노력과 결심으로 되는 것이 아니라, 거듭남으로 시작되고 유지되는 것입니다. 십자가를 바라보십시오. 그리고 그분의 사랑에 여러분의 마음과 삶 전체를 바치면 그리스도께서 성령을 통하여 여러분의 마음과 삶을 지배하시고 인도하시게 될 것입니다.

성경공부
넘치는 은혜

4장

구원의 과정을 보여주는 성막

성소, 구원의 비밀을 여는 열쇠

제1부 성소, 구속의 청사진

성소가 주어진 이유와 그 중요성

마음을 정하고 성경 통독을 시작하면 많은 그리스도인이 창세기는 잘 읽어 나가는데 출애굽기와 레위기를 읽으면서 어렵고 지루함을 느껴 대충 읽어 나가거나 그 부분을 읽지 않고 넘어가는 경우가 있습니다. 그 이유를 생각해 보면 출애굽기 중반을 지나면서부터 레위기 전체가 이해하기가 어려워 보이는 성소의 기물들과 각종 제사에 대한 설명들이 계속해서 나오기 때문일 것입니다. 그런데 성경은 "모든 성경은 하나님의 감동으로 된 것으로 교훈과 책망과 바르게 함과 의로 교육하기에 유익하니 이는 하나님의 사람으로 온전케 하며 모든 선한 일을 행하기에 온전케 하려 함이니라"(딤후 3:16,17) 고 말하고 있습니다. 모든 성경 말씀은 분명 하나님의 감동으로 쓰인 것이고 한 말씀 한 말씀이 우리를 교육하여 온전케 만들도록 쓰인 것임을 부인할 수 없습니다. 그렇다면 성경의 첫 부분의 책인 출애굽기와 레위기에 자세히 반복하여 설명된 성소에 대한 기록을 무시하거나 구약에 쓰인 것이니 이미 지나간 것이라고 덮어 둘 수 있을까요? 그럴 수는 없습니다. 성소 제도에는 우리가 생각할 수 있는 이상의 놀라운 구속의 섭리가 있습니다. 성소는 하나님께서 인류를 구원하시는 과정이 세밀하게 그려져 있는 청사진입니다.

사실 성소 제도의 시작은 창세기에 기록되어 있습니다. 아담과 하와가 죄를 짓고 난 뒤 하나님께서 지어주신 가죽옷을 통해 희생이 필요한 제사 제도를 보여 주셨습니다. 그러므로 성소 제도는 하나님께서 죄의 문제를 어떻게 해결하시는지, 어떻게 범죄한 죄인이 다시 죄의 문제에서 회복하여 하나님 앞에 설 수 있는지를 보여줍니다.

아담과 하와의 범죄 때문에 희생된 동물은 예수님을 상징합니다. 그리고 모세시대 당시 죄로 인해 희생당한 동물들도 또한 예수님을 상징합니다. 여기서 알 수 있는 것은 성소의 의식 하나하나는 예수님의 봉사의 생애와 사역을 의미하는 동시에 하나님을 믿는 자들의 구원의 경험과 단계가 어떠해야 하는지를 설명해 주고 있습니다.

이 책자는 성소 제도가 시작된 이유와 성소의 중요성, 성소의 모형이 주는 의미, 성소 기구들이 갖고 있는 의미, 성소에서 이루어진 제사 제도들이 우리에게 주는 의미, 그리고 성소를 통해 예수님의 과거 현재 미래의 사역, 그리고 우리가 현재 서 있는 곳과 서 있어야 할 곳 등을 자세하고 쉽게 설명해 놓았습니다. 앞으로 읽어 나갈 글들을 통해 하나님께서 성소를 통해 보여주신 놀라운 구원의 길을 찾고 하나님께 나아가는 길을 찾고 그 길에 들어서서 마음에 참된 평안을 찾기를 바랍니다.

1. 성소 제도가 주어진 이유

인류의 타락

인류의 구원은 인류의 타락에서 연유되었습니다. 사람이 죄를 짓지 않았다면 영원히 에덴동산에서 하나님과 함께 살았을 것입니다. 사망, 질병, 슬픔, 고통, 늙음과 같은 죄의 결과들도 물론 이 지구상에 전혀 없었을 것입니다. 거기에는 사랑과 화평과 행복과, 영원토록 전진 되는 기쁨과 발전만이 존재했을 것입니다. 그러나 인류의 시조인 아담과 하와가 죄를 범하므로 그 모든 조화는 깨어지고 엄청난 어둠과 재난의 그림자가 이 세상에 드리우기 시작하였습니다. "죄의 삯은 사망"입니다(롬 6:23).

그런데 성경은 인류의 조상 아담뿐만 아니라 모든 인간이 다 죄를 범하였다고 선고하고 있습니다. "모든 사람이 죄를 범하였으매 하나님의 영광에 이르지 못하더니"라고 사도 바울은 말하였습니다(롬 3:23). 물론 죄를 시작하고 그 결과로 죄에 대하여 약하여진 본성을 유전하여 준 총체적인 책임은 아담과 하와에게 있다고 하겠지마는 그러나 그들의 모든 후손도 한결같이 자기들의 선택을 통하여서 죄들을 짓게 되었고 그리하여 사망이 모든 사람에게 똑같이 임하는 것입니다.

그러면 왜 인류가 타락하게 되었습니까? 그 이유는 간단합니다. 사람이 죄를 지었기 때문입니다. 그렇다면 죄는 어떻게 성립되는 것입니까? 성경은 죄에 대한 정의를 다음과 같이 내려 주고 있습니다. "죄를 짓는 자마다 불법을 행하나니 죄는 불법이라"(요일 3:4). 다시 말해서 죄란 하나님의 율법인 계명을 범하는 것입니다. 이 우주에는 법칙이 있습니다. 하나님의 창조물들이 존재하는 데는 원칙이 있습니다. 별들이 회전하는 궤도가 있고 생물들이 호흡하는 생성 원리가 있는 것입니다. 이 법칙을 깨어 버리면 질서와 평화와 행복이, 아니 더 나아가서 그 생명의 존재 자체가 파괴되어 버리게 되는 것입니다.

천연계와 마찬가지로 도덕적 그리고 영적인 세계에도 법칙이 존재합니다. 그 법칙은 어떠한 면에서 천연계의 법칙보다 더 중요한 것입니다. 도덕적이고 영적인 법칙이 또한 천연계를 지배하기 때문입니다. 예를 들어 인간이 잘못된 도덕적인 법칙을 세우고 원자 폭탄을 만들면 천연계에 엄청난 파멸을 초래할 수 있기 때문입니다. 또한 그 도덕적인 법칙을 어기게 되면 이웃들에게 내지는 온 세상 사람에게, 아니 더 나아가서는 온 우주에 큰 슬픔과 고통을 불러오게 되는 것입니다. 우리는 이 세상에서 하나님의 계명을 어기는 일들인 사기, 절도, 강간, 살인, 불효, 시기, 질투 등의 두려운 결과들을 주목하고 살지 않습니까! 사람들은 하나님의 정부, 곧 우주의 헌법인 계명을 무시하는 죄를 범하였기 때문에 타락하게 된 것이고, 그 결과로 무서운 사망에 이르게 된 것입니다.

하나님의 선택과 계획

하나님께서 선악과만은 먹지 말라고 하신 분부는 에덴동산의 눈에 보이는 계명이었습니다. 창조주이신 하나님을 전적으로 신뢰하며 그분의 지배를 받는 데에만 안정과 평화와 행복이 있는 것입니다. 그러나 인류의 시조는 그 계명을 어기고 사탄의 꾀임을 더 신뢰하였습니다. 마귀는 하나님을 이기적이고 불공평한 분으로 고소하였습니다. 이 과실을 먹으면 하나님 자신처럼 눈이 밝아질 것이기 때문에 먹지 말라고 하신 것이라고 말하며, 하나님의 계명을 어겨도 괜찮은 것이며 결코 죽지 않을 테니까 염려하지 말라고 기만하였습니다. 인류의 시조는 마귀의 말을 하나님의 말보다 더 신뢰하고서 우주의 하나님 정부의 기초인 계명을 어기고 반역하기로 선택한 것입니다.

인간의 타락은 하나님의 가슴에 너무나 커다란 슬픔과 고통을 안겨 주었습니다. 사랑의 하나님께서 이제 선택을 하셔야만 하게 된 것입니다. 범죄한 인간을 그저 대수롭지 않은 듯 용서해 주어 버리면, 온 우주에 거하는 피조물들이 하나님의 율법을 대수롭지 않게 여기게 될 것이고, 그 결과로 엄청난 반역과 파괴가 우주를 휩싸게 될 것이기 때문에 그렇게 하실 수가 없으셨습니다. 그렇다고 인류를 그저 영원히 소망 없이 죽어 가도록 내버려 두실 수는 도저히 없으셨습니다. 그러한 갈림길에서 사랑의 하나님께서는 인류의 죗 값을 대신 치러 주시고 두 번째의 은혜의 기간을 가지고 다시 살 기회를 마련하여 주시기로 선택하신 것입니다.

하나님께서는 인간을 창조하시면서 자유 의지와 자유 선택권을 주셨습니다. 자유 의지와 선택이 없는 인간은 로보트요 사람이라 할 수 없는 것이요, 또한 자유 의지와 선택이 없이는 성품의 발전이 있을 수 없는 것입니다. 그러나 아울러서 인간에게 자유 의지와 선택권을 주셨을 때에는 인간이 반역과 불순종할 수도 있는 위험을 무릅쓰신 일이었습니다.

그러므로 하나님의 창조 계획 속에는 인류 타락의 가능성과 그 사후 대책에 대한 계획이 이미 마련되어 있었는데, 그것은 다름 아닌 하나님의 아들 예수 그리스도께서 범죄한 인간들을 위하여 인간이 되어 오셔서 그들의 죄를 대신하여 돌아가시고 또한 그들에게 의로운 삶의 모본을 보여 주시는 일이었습니다. 그 일은 엄청난 고통을 수반하는 일이요, 하나님의 생명의 대가를 치르는 어마어마한 값을 지불해야 하는 일이었습니다.

인간이 타락한 이후에 하나님께서는 그 사랑의 선택을 하신 것입니다. 하나님께서 당신의 생명을 바치기로 선택하신 것입니다. 그것은 쇼(Show)가 아니었습니다. 성소 제도의 속죄제를 공부해 보면 알게 될 것이지만 예수 그리스도의 희생은 참으로 우리의 두뇌로는 도저히 이해할 수 없는 놀라운 사랑이었습니다.

하나님의 아들 예수 그리스도의 희생을 통하여 인류는 두 번째의 기회를 얻게 되었습니다. 하나님께서 아담을 통하여 태어나게 될 수많은 자손을 보시고 차마 인류를 그냥 죽도록 내버려 두실 수가 없으셨습니다. 바로 이 글을 읽는 독자 여러분을 하나님께서는 내어다 보신 것입니다. 우리가 구원을 받아 영원히 살게 된다면 현재 우리가 가지고 태어난 이 생명의 가치야말로 이루 형용할 수 없을 정도로 무한한 가치가 있는 것이 됩니다. 우리의 지식과 성품이 계속적으로 영원토록 발전하여 나가게 될 것이기 때문입니다. 그래서 하나님께서는 앞으로 태어날 아담의 후손들에게, 구원을 선택하는 사람들의 그 적당한 숫자가 차기까지, 또한 죄악의 역사를 용납하실 수 있는 기간까지 이 땅에 태어나도록 허용하신 것입니다.

그러나 인류에게 두 번째 기회를 주시면서 하나님께서 허용하셔야 할 일이 있었는데, 그것은 이 지구상에 죄의 결과가 그대로 임하도록 허용하시는 일이었습니다. 그것은 공평한 처사였고 또한 사탄과의 전쟁에서도 하나님의 공의로우심이 온 천하에 드러날 때까지 그 공정성을 지키셔야만 하시기 때문이었습니다. 또한, 죄와 반역은 악한 것이라는 사실을 그 결과를 보여 주심으로 공개하실 필요가 있으셨던 것입니다. 그러므로 인간이 이 세상에 태어나기는 하지만 잠깐 살다가 죽게 되어 있고 또한 죄의 결과인 슬픔과 질병과 늙음의 영향 속에서 살아야 하는 것입니다.

그러므로 인간이 이 세상에 태어나는 유일한 이유와 목적은, 사는 동안 더듬어서 진리와 하나님을 찾아 발견하여 구원의 영원한 생명을 얻도록 기회를 주시는데 있는 것입니다(행 17:25-28 참조). 우리가 가지는 이 생명은 얼마나 고귀한 것인지 모릅니다. 우리가 하나님을 찾아 발견하고 구원의 선물을 받으면 우리는 영원한 삶을 얻게 되는 것입니다. 그렇기에 우리는 현재 우리의 환경이 어떠하든지, 아무리 어려운 시련들을 당하게 되든지 간에 불문하고 하나님께서 주신 이 놀라운 기회에 대하여 영원토록 감사와 찬송을 돌려야 합니다. 왜냐하면 우리가 지금 가지고 있는 이 은혜의 기회는 놀라운 것이기 때문입니다.

2. 아담과 하와로부터 시작된 성소 제도

인간을 다시 살게 해 주신 후에 하나님께서 제일 먼저 아담과 하와에게 주신 계시가 바로 성소에 대한 계시였습니다. 그것은 창세기 3장에 나타나는데, 에덴동산에서 내어 쫓기는 인류에게 하나님께서는 가죽 옷을 입히셨다고 기록되어 있습니다. 가죽 옷을 지어 입히시기 위해서는 동물을 죽이셔야만 했습니다. 그래서 성소의 의식 속에는 반드시 소나 양이나 염소 등 제사에 바치는 동물의 희생이 수반되어야만 하는데, 그 동물의 죽음은 바로 장래에 십자가에서 돌아가실 속죄제 어린 양 예수 그리스도를 상징하는 것이었습니다. 그러므로 성소 제도야말로 하나님께서 인류를 어떻게 구원하실까에 대하여 자세하게 설명하여 주신 하나님의 구속에 대한 유일한 계시였습니다.

그러므로 죽음의 선고를 들은 아담이 이러한 하나님의 구속에 대한 설명을 듣고 성소 제도의 제사에 대하여 알고 난 후에 감격하여 자기 아내의 이름을 "하와" 라고 지었는데, 그 뜻은 "산 자의 어미"라는 의미였습니다. 지금 방금 사망의 선고를 받은 아담에게 하나님의 구원의 청사진인 성소 제도에 대한 계시는 그에게 커다란 소망을 안겨다 준 것입니다. 그래서 그는 자기 아내를 산 자의 어미라고 불렀습니다. 시편 77장 13절은 다음과 같이 선포하고 있습니다. "오 하나님이여, 주의 길(도-필자 주)이 성소에 있으니 누가 우리 하나님처럼 그렇게 위대한 하나님이리이까?"(KJV 번역)

아담과 하와가 범죄한 직후의 에덴동산으로 돌아가 봅시다. 그리고 인류의 시조와 하나님 사이에 있었을 법한 다음과 같은 대화를 상상하여 보도록 합시다. 이 이야기는 필자가 만든 것이지만 분명히 그러한 내용의 말들이 오갔을 가능성이 매우 큽니다.

범죄한 후 떨고 서 있는 아담과 하와에게 하나님께서 말씀하십니다. "아담아! 네 뒤에 있는 동물들을 보느냐?" "예! 하나님! 두 마리의 어린 양들이 뛰놀고 있군요! 우리가 가장 사랑했던 동물 중 하나입니다." "그 양들을 불러보렴!" 아담과 하와가 휘파람을 불자 그 두 마리의 어린 양들은 껑충껑충 뛰어와 한 마리는 아담의 품으로 또 다른 한 마리는 하와의 품속으로 안깁니다. 그때 하나님의 아들께서 다시 명령하십니다.

"아담아! 저기에 있는 돌 두 개를 집어 오너라!" 영문도 모르고 돌들을 집어오는 아담에게 다시 말씀하십니다. "아담아! 그 돌들을 서로 부딪쳐서 깨뜨려라!" 아담이 돌들을 깨뜨리자 하나는 칼처럼 날카롭게 되었습니다. 하나님께서 다시 명령하십니다.

"아담아! 이제 그 돌로 그 어린 양의 머리를 힘 있게 내리 치거라!" "하나님! 저보고 이 양을 죽이라는 겁니까?" 놀라서 쳐다보는 아담을 향하여 하나님께서 더 엄숙하게 말씀하십니다. "그렇다!" 어떻게 하나님의 명령에 불순종 할 수 있었겠습니까! 아담은 명령에 따라 돌을 들어 양의 머리를 내리쳤습니다. "더 세게!" 더 세게 내려친 돌을 맞은 죄 없는 양이 바르르 떨면서 눈을 크게 뜨며 피를 흘리며 죽어 갑니다.

죽음의 장면을 처음으로 목격한 아담은 두려움에 질려서 양의 시체를 땅바닥에 떨어뜨리며 이렇게 묻습니다. "하나님! 우리가 죄를 지었기 때문에 이렇게 비참하게 죽어야 하는 겁니까?" 그때 하나님께서 아담을 향하여 이렇게 말씀하셨습니다. "아담아! 아니다. 너희가 죄를 지었기 때문에 앞으로 너희를 위하여 내가 저렇게 비참하게 죽게 될 것이야!" 구속의 계획을 한 눈으로 알아차린 아담과 하와는 하나님 앞에 무릎을 꿇고 이렇게 외칩니다. "하나님! 오, 하나님! 그렇게 하시지 마십시오! 우리는 그러한 사랑을 감당치 못하겠나이다. 오, 주님! 우리 죄 때문에 하나님께서 그렇게 무참한 죽음을 당하셔야 속죄가 가능하게 되는 것이라면, 우리는 이제부터 죄를 정말로 미워합니다. 어떻게 주님의 마음에 고통을 다시 가져다 드릴 수가 있겠습니까! 오, 하나님! 우리는 우리가 지은 죄를 정말로 미워합니다! 다시는 그러한 일을 반복할 마음이 없습니다!"

성소의 의식 속에는 하나님께서 어떻게 인간의 죄의 문제를 해결하시는지에 대한 자세한 설명이 들어있습니다. 성소 제도는 인간들이 직접 그 의식에 참가하여 하나님께서 인류를 구속하시는 방법에 대하여 생생하게 보고 느끼도록 계획하셨습니다. 그러므로 성소에 대한 연구의 중요성은 우리들의 구원의 문제만큼이나 중요한 것이라 할 수 있는 것입니다.

3. 모세가 지은 지상 성소는 하늘 성소의 모형

하나님께서 모세에게 성소를 지으라고 명령 하실 때에 다음과 같이 말씀하셨습니다. "내가 그들 중에 거할 성소를 그들을 시켜 나를 위하여 짓되 무릇 내가 네게 보이는 식양대로 장막의 식양과 그 기구의 양식을 따라 지을지니라."(출 25:8,9) 이 성소는 하나님께서 인류와 다시 같이 사실 수 있는 계획을 보여 주시기 위하여 고안 되었습니다.

이 성소 제도 전체는 예수 그리스도의 성육신과 지상 생애와 그 분의 사역 그리고 하늘로 승천하여 올라 가셔서 하실 봉사 사역까지를 상징하는 기구들과 예식으로 가득 차 있습니다. 그 속의 기구들 하나하나, 의식 하나하나, 그리고 색깔 하나하나 마다에 인간을 구속하시는 예수 그리스도의 사역에 대한 가르침과, 또한 예수님을 따르는 그리스도인들이 경험해야 할 구원의 단계들을 상징하는 표상들이 알알이 맺혀져 있습니다. 이 성소의 모형은 하나님의 지혜에서 나온 것입니다.

그래서 사도 바울은 하나님께서 하늘에 있는 성소의 모양을 계시 가운데 보여 주시고 그 모형대로 짓도록 모세에게 지시하셨다고 설명하고 있는 것입니다. "저희가 섬기는 것은 하늘에 있는 것의 모형과 그림자라 모세가 장막을 지으려 할 때에 지시하심을 얻음과 같으니 가라사대 삼가 모든 것을 산에서 네게 보이던 본을 좇아 지으라 하셨느니라."(히 8:5)

그러므로 우리는 하늘에도 모세가 지었던 성소 모양과 같은 참 성소가 있다고 보아야 합니다. 이 성소 제도야말로 하늘이 내어 주신 우리 인류들을 위한 하나님 구원의 청사진이 아닐 수가 없습니다. 하나님께서는 성소를 통하여 당신의 구원을 인간들이 눈으로 보고, 손으로 만질 수 있도록 계획하심으로써, 인류가 하나님께서 구원하시는 방법을 보다 정확하게 이해하기를 원하셨던 것입니다. 이제, 몇 가지 기사에 걸쳐서 이 중요한 문제에 대하여 함께 연구해 보도록 합시다!

4. 성소의 세 부분과 구속 사역의 세 국면

성소를 통하여 볼 수 있는
예수님의 지상 봉사와 하늘 봉사 사역

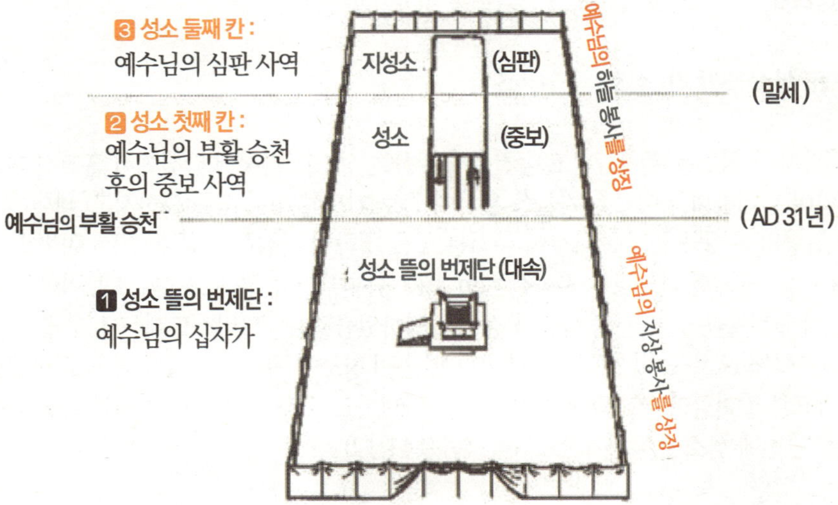

성소는 세 부분으로 나누어져 있습니다. 그것은 예수 그리스도께서 인류의 구원을 세 단계의 사역을 통하여서 이루신다는 뜻입니다. 바울은 예수님께서 우리의 대제사장이시라는 사실을 다음과 같이 설명합니다. "우리가 이 소망이 있는 것은 영혼의 닻 같아서 튼튼하고 견고하여 휘장 안에 들어가나니 그리로 앞서 가신 예수께서 멜기세덱의 반차를 좇아 영원히 대제사장이 되어 우리를 위하여 들어가셨느니라 … 예수는 영원히 계시므로 그 제사 직분도 갈리지 아니하나니 그러므로 자기를 힘입어 하나님께 나아가는 자들을 온전히 구원하실 수 있으니 이는 그가 항상 살아서 저희를 위하여 간구하심이라 … 이제 하는 말의 중요한 것은 이러한 대제사장이 우리에게 있는 것이라. 그가 하늘에서 위엄의 보좌 우편에 앉으셨으니 성소와 참 장막에 부리는 자라. 이 장막은 주께서 베푸신 것이요 사람이 한 것이 아니니라."(히 6:19,20, 7:24,25, 8:1,2)

예수님께서는 우리의 대제사장으로서 성소 뜰에서, 첫째 칸인 성소에서 그리고 둘째 칸인 지성소에서 죄인들을 위하여 속죄 사역을 이루시는 것으로 표상되어 있습니다.

A. 성소 뜰

성소 뜰에서 죄인이 끌고 온 희생 제물을 죽이고 번제단 위에 태우는 것은, 예수님께서 이 땅에 내려오셔서 인류를 위하여 세상 죄를 지고 가는 어린양이 되시어 십자가에 대속제물로 돌아가실 것을 상징한 것이요, "우리의 유월절 양 곧 그리스도께서 희생이 되셨느니라."(고전 5:7) "오직 그리스도는 죄를 위하여 한 영원한 제사를 드리시고."(히 10:12)

B. 성소 첫째 칸 (성소)

첫째 칸 성소는 부활하시고 승천하셔서 하늘 성소로 가시어 당신께서 흘리신 피를 힘입어 회개하며 나아오는 자들을 위하여 중보 기도하시며, 죄를 사하시고, 나아가서는 성령의 은혜와 능력을 나누어 주시는 일을 행하신 사실을 나타내 주는 것인데, 그 일은 예수님께서 하늘로 승천하신 해인 A.D. 31년부터 진행해 오셨다고 보아야 합니다. 사도 바울은 그 사건을 다음과 같이 설명하였습니다. "그리스도께서 장래 좋은 일의 대제사장으로 오사 손으로 짓지 아니한 곧 이 창조에 속하지 아니한 더 크고 온전한 장막으로 말미암아 염소와 송아지의 피로 아니하고 오직 자기 피로 영원한 속죄를 이루사 단번에 성소에 들어가셨느니라."(히 9:11,12)

C. 성소 둘째 칸 (지성소)

둘째 칸 지성소는 예수님께서 결국 하나님 아버지의 보좌 앞에서 인간을 심판하시는 마지막 시대의 구속의 국면을 상징해 준 것입니다. 그러므로 성소의 세 부분은 예수 그리스도의 우리를 위한 구속 사역의 세 가지 국면들을 상징하고 있습니다.

제2부 성소로 나아가는 길

1. 성소 밖에서의 경험

죄책감

제일 먼저 성소로 나아가는 첫 단계는 죄인의 마음 가운데 죄책감을 느끼는 것입니다. 우리가 죄를 범하였을 때에 즉 하나님의 계명을 어겼을 때에 죄책감을 느끼는 것은 하나님의 성령의 역사의 결과입니다. 죄를 지은 사람은 심판과 멸망에 대한 두려움을 느끼게 됩니다. 그때에 죄인은 마음속의 평화를 갈망하게 되는 것입니다. 죄의 용서와 기쁨을 갈망하게 되는 것입니다. 그래서 죄인은 죄를 용서받기 위해서 성소로 가져갈 흠 없는 동물을 고르게 되는데, 그것은 죄 없으신 흠 없는 하나님의 어린양 예수 그리스도를 상징하는 동시에 흠 없이 순전한 우리의 전적인 헌신을 상징하는 것입니다. 인간이 하나님께 용서를 구하려고 나아갈 때에는 온 마음을 다하여서 진실된 회개의 심정을 가지고 나아가야 합니다. 하나님께서는 나누어진 반쪽 마음을 받으실 수가 없으십니다.

성소 밖에서 보이는 세 가지

이제, 죄를 진 자는 제사 드릴 제물을 가지고 성소로 향하여 걸어가게 되는 데, 그때에 그는 성소를 바라보며 희망을 돋워 주는 세 가지 물체를 보게 됩니다.

❶ 하나는 **흰 세마포로 만들어진 성소 바깥벽**인데, 그 흰 색깔은 죄인이 성소 안에 머물러 있는 한 하나님의 의로 가리움을 받는다는 사실을 상기시켜 줌으로써 큰 위로를 안겨다 주게 됩니다.

❷ 또 한 가지는 **번제단에서 타오르고 있는 연기**인데, 그것은 죄인이 죄를 자복하기만 하면 자기의 죄가 연기처럼 올라가 버리고 말 것이라는 소망을 갖게 하는 것입니다.

❸ 또 다른 한 가지 눈에 들어오는 것은 **성소 지붕 위에 머물러 있는 하나님의 임재를 상징하는 구름**이었습니다. 그것은 성소 안에 하나님께서 임재해 계시다는 엄숙한 마음을 갖게 하지만, 동시에 하나님은 두렵기만 한 분이 아니라 인간의 죄를 사하여 주시기 위하여 인간들 가운데 머물기를 즐거워하시는 사랑의 하나님인 사실을 일깨워 줍니다.

성소 문의 색깔이 주는 의미

성소에 도착하게 되면 성소의 문을 통과하게 되는데, 그것은 문이라기보다 휘장이었습니다. 그 휘장은 붉은 색, 청색, 자주색으로 짜여 있었습니다.

❶ **붉은색**은 앞으로 오실 메시아 곧 구세주의 흘리실 피를 상징하는 것이었고,

❷ **청색**은 그분께서 아버지의 계명을 온전하게 지키시는 충성스러운 순종의 삶을 상징하는 것이었습니다. 유대인들에게 청색은 언제나 율법에 대한 순종을 상징하였습니다.

❸ **자주색**은 왕족들만 입는 색깔로서 만왕의 왕이신 예수 그리스도의 신분을 상징합니다.

아울러 이 색깔들은 우리 그리스도인들이 예수 그리스도의 피로 죄를 씻고 그의 말씀과 계명을 순종하는 사람이 되어서 하늘 왕국의 자녀가 된다는 진리를 가르치는 것이었습니다. 양을 끌고 온 죄인은 벌써 이러한 자세한 교훈들과 배려를 통하여서 깊은 감동을 받으며 성소 뜰로 들어가게 되는데, 그를 맞아들이는 제사장은 그를 친절하게 안내하여 들이며 가져온 제물이 흠이 없는지를 먼저 확인한 후에 성소 의식 절차를 설명하여 주게 됩니다.

2. 여러 제사를 통한 성소 뜰의 경험

성소 뜰에 들어간 죄인은 제사장의 안내에 따라서 가져간 희생 동물 앞에 무릎을 꿇고 손을 그 머리에 얹고 자기가 지은 죄를 고백하게 되어 있었습니다. 그것은 우리가 죄를 고백할 때에 우리의 죄가 구세주이신 예수 그리스도께로 옮겨지는 것을 상징하는 것입니다. 그리고 나서 그 죄인은 칼을 꺼내어 양의 목을 따서 죽이는 것입니다. 바로 우리의 죄가 예수님을 십자가에서 죽게 만든 것처럼….

제사 제도에 있어서 크게 네 가지 종류로 나누어지게 되는데 성경 레위기서에 기록된 순서대로 첫 번째는 번제, 두 번째는 화목제, 세 번째는 속죄제, 그다음으로는 속건제로 나누어집니다.

❶ **번제**는 헌신과 희생을 목적으로 드리는 제사요,
❷ **화목제**는 회개한 죄인이 감사와 서약의 의미로 드리는 제사이고,
❸ **속죄제**는 말 그대로 죄를 속하기 위하여 드리는 희생의 제사요,
❹ **속건제**는 속죄제와 같은 종류의 제사로서 손해 배상의 의미가 포함되어 있는 제사입니다.

죄를 속죄하는 네 가지 제사 중 가장 중요한 번제와 속죄제를 살펴보겠습니다.

번제를 통한 성소 뜰의 경험

그 첫 번째인 번제는 개인적으로도 드리는 것이었지만 특히 아침 저녁으로 온 이스라엘 백성을 위하여 드리게 되어 있었는데, 이 번제는 그리스도인들이 매일 경험해야 하는 거듭남의 경험이 무엇인지를 상세하게 가르쳐 주는 제사입니다.

"그 예물이 소의 번제이면 흠 없는 수컷으로 회막 문에서 여호와 앞에 열납 하시도록 드릴지니라. 그가 번제물의 머리에 안수할지니 그리하면 열납되어 그를 위하여 속죄가 될 것이라. 그는 여호와 앞에서 그 수송아지를 잡을 것이요 아론의 자손 제사장들은 그 피를 가져다가 회막 문 앞 단 사면에 뿌릴 것이며 그는 그 번제 희생의 가죽을 벗기고 각을 뜰 것이요 제사장 아론의 자손들은 단 위에 불을 두고 불 위에 나무를 벌여 놓고 그 뜬 각과 머리와 기름을 단 윗불 위에 있는 나무에 벌여 놓을 것이며 그 내장과 정갱이를 물로 씻을 것이요 제사장은 그 전부를 단 위에 불살라 번제를 삼을지니 이는 화제라 여호와께 향기로운 냄새니라."(레 1:3-9)

성소에 있어서의 의식 하나하나는 예수 그리스도의 생애와 사역을 의미하는 동시에 하나님을 믿는 자들의 구원의 경험과 단계가 어떠해야 하는지를 설명해 주는 것입니다. 번제는 회개와 거듭남의 경험을 실물교훈으로 보여주신 제사제도입니다. 죄를 고백한 죄인은 그것으로 끝나는 것이 아닙니다. 위에 있는 번제에 대한 하나님의 지시대로 희생 동물의 가죽을 벗기는 일이 있게 됩니다. 왜 그렇게 지시하셨을까요? 그것은 회개하는 인간이 자기 자신의 선이나 의에 대하여 무가치함을 깨닫고 자기의 의의 옷을 벗고 예수 그리스도의 의의 옷을 입어야겠다는 소원을 상징하는 것입니다. 자기 자신의 추함과 속절없음을 뼈저리게 느끼는 겸비의 표현입니다. 그리고는 배를 가르고 그 속에 있는 모든 내장을 꺼내어 내는 것입니다. 그리고 그것들을 물로 깨끗하게 씻는 것이었습니다. 그것은 또 무엇을 의미하는 것이었을까요?

죄를 고백하였지만, 혹시 또 마음속에 아직도 숨어 있을지 모르는 죄를 살피기 위하여 자기의 마음을 활짝 열어 젖히고 "하나님! 혹시 내 속에 무슨 다른 죄가 있는지 살펴 주세요. 저는 하나님께 전적인 마음을 드리고 싶습니다. 저의 생각과 묵상이 주님께 열납되기를 바랍니다."라고 기도하는 것을 상징하는 것입니다. 그리고는 속의 내장들과 창자들까지도 다 물로 깨끗하게 씻는 것입니다. 성경에서 물은 성령과 하나님의 말씀을 상징합니다. 그래서 회개한 죄인은 죄만 고백하고 끝나는 것이 아니라 죄를 낱낱이 고백한 뒤 포기하여 내어버리고 또한 하나님의 말씀 속에 있는 진리의 말씀을 따라 잘못된 부분들을 시정하고 개혁하는 일이 반드시 뒤따라야 하는 것입니다.

형식적인 회개와 쉽게 넘어가는 표면적인 회개가 아니라, 정말 자신의 마음을 살피고 죄를 포기하여 버리며 잘못된 생활을 진리를 따라 바꾸고 개혁하는 철저한 회개를 가르치시기 위한 제사가 곧 번제였습니다. 이러한 하나님 구원의 청사진을 비추어 볼 때에 오늘날 많은 그리스도인의 회개가 얼마나 피상적입니까! 좀 더 직접적으로 말하자면 얼마나 엉터리입니까! 오늘날 기독교회의 진정한 문제점은 대부분의 교인에게 진정한 거듭남의 경험이 없는 데에 있습니다. 우리는 하나님께 열납받는 회개를 드려야 합니다.

속죄제를 통한 성소 뜰의 경험

속죄제는 죄인이 자기의 죄를 용서함 받기 위하여 드리는 제사로서 가장 중요한 제사라고 해도 과언이 아닐 것입니다. 죄 없으신 예수님의 피가 우리의 죄를 대신하여 속죄하는 사실을 실물교훈을 통하여 분명하게 죄인에게 실감시키는 제사입니다. 구속이란 영어로 "Redemption"인데, 그 낱말은 "값을 치르고 도로 사옴" 혹은, "값을 치르고 도로 물러 줌"이란 뜻이 있는 것입니다. 피는 그 생애에 따라서 가치가 생기는 법입니다. 죄를 지은 우리들의 피는 죄를 속하는 힘이 있을 수가 없습니다. 그러나 죄를 한 번도 지은 적이 없는 예수 그리스도의 피는 보혈이 되어 우리의 모든 죄를 씻는 샘물이 되는 것입니다. 율법을 제정하신 창조주의 죄 없으신 피가 우리들의 죄를 대신하여 흘려짐으로 우리가 다시 새로운 생명 가운데 살게 된 것입니다.

왜 하나님께서는 성소 뜰에서 동물을 죽여서 피를 흘리는 제사를 드려야만 죄를 용서받을 수 있도록 계획하셨을까요? 피 흘리는 장면을 보기 좋아하시기 때문이었을까요? 그럴 리가 없습니다. 하나님께서 피 흘리는 제사의 법칙을 주셨던 이유는 인간의 마음에 하나님의 용서가 무슨 대가를 치름으로 가능하게 되었는지에 대하여 깊은 인상 갖도록 하시기 위함이었습니다. 그렇습니다! 회개하는 죄인을 하나님께서는 언제나 너그럽게 용서하십니다. 그러나 그 용서를 위하여서 갈보리의 십자가의 대가를 지불하셔야만 하였습니다. 하나님께서는 동물이 피를 흘리는 장면을 직접 목도하도록 성소 제도를 고안하셔서 죄인이 구세주의 사랑과 희생에 대하여 뼈저린 감사의 마음을 느끼게 됨으로, 그 결과로, 인간들이 죄를 미워하고 의를 사랑하도록 하시기 위하여 제사제도를 주셨던 것입니다.

그러나 불행하게도 유대인들은 성소를, 동물을 잡는 도살장처럼 만들어 버렸습니다. 제사제도를 마치 죄를 용서받는 면허증처럼 사용하게 되어 버린 것이었습니다. 하나님께서는 그들이 죄를 그치게 되기를 바라셔서 제사제도를 주셨음에도, 그들은 다시 죄를 지으면 양을 한 마리 또 끌고 오면 된다는 식으로 죄를 짓기에 과감하여 졌던 것입니다. 오늘날 그리스도인들이 십자가의 용서를 마치 죄를 짓는 면허증인양 생각하고 죄짓는 일을 두려워하지 않는 것처럼….

속죄제에서는 희생 동물 전체를 번제단에서 태우는 것이 아니라 그 기름만 잘라내어서 태우게 되어 있었는데, 그 이유는 기름은 죄를 상징하는 것이었기 때문입니다. 성경은 "악인은 멸망하고 여호와의 원수는 어린 양의 기름 같이 타서 연기되어 없어지리로다."라고 말씀하고 있습니다(시 37:20). 그 나머지 시체는 이스라엘 진영 밖에 지정된 장소에 내다가 불로 소각해 버렸는데, 그것은 죄와 분리되지 아니한 죄인들은 결국 새 예루살렘 성문 밖에서 유황불로 타서 멸망 받게 될 것을 상징한 것이었습니다(계 20장 참조).

속죄제에 있어서, 기름 부음 받은 제사장이 죄를 범했을 경우와 이스라엘 백성 전체가 죄를 범했을 경우에는 그 둘을 동일한 크기의 죄로 다루었는데, 그러한 경우에는 제물의 피를 성소 안으로 가져가서 지성소 앞에 있는 휘장 앞 바닥에다가 일곱 번 뿌리게 하였습니다. 그 피를 통하여 죄인이 고백한 죄는 상징적으로 성소로 옮겨지게 되는데, 제사장이 그 죄를 위하여 하나님 앞에서 중보의 기도를 올려야 죄를 용서 받게 되는 것을 표상하는 것이었습니다. 레위기는 이렇게 기록하고 있습니다. "기름 부음을 받은 제사장은 그 수송아지 피를 가지고 회막에 들어가서 그 제사장의 손가락으로 그 피를 찍어 여호와 앞, 장 앞에 일곱 번 뿌릴 것이며 또 그 피로 회막 안 여호와 앞에 있는 단 뿔에 바르고 그 피 전부는 회막문 앞 번제단 밑에 쏟을 것이며 그 기름은 다 취하여 단 위에 불사르되 그 송아지를 속죄제의 수송아지에게 한 것 같이 할지며 제사장이 그것으로 회중을 위하여 속죄한즉 그들이 사함을 얻으리라."(레 4:16-20)

성경은 제사장이 성소에서 속죄한즉, 다시 말해서 중보기도를 드려야 죄가 사함 받는다고 말하고 있습니다. 그것은 상징적으로 성소 안에 뿌려진 피는 죄인의 죄가 성소 안으로 옮겨진 것을 말하는 것이었습니다. 그러므로 그것은 궁극적으로 죄인이 고백한 죄가 하늘 성소에 있는 죄의 기록 책으로 옮기어 져서 하늘 성소에 계시는 대제사장이신 예수 그리스도께서 하나님 아버지 앞에서 죄인을 위하여 중보기도 하셔서 죄를 사하여 주시는 일련의 과정을 표상하고 있는 것입니다. 그러므로 인간들의 죄를 용서하는 일이 십자가의 죽음에서 다 끝나버렸다고 생각해서는 안 됩니다. 주님께서 십자가에서 돌아가심으로 인류의 죄를 위한 용서를 마련하신 것이요 또한 구속을 시작하신 것입니다. 성소의 번제단으로 표상된 십자가에서 당신 자신의 죽음으로 용서할 수 있는 권한을 마련하신 이후, 당신 자신의 피를 가지고 승천하셔서 하늘 성소에 들어가 우리들을 위하여 대제사장이 되셔서 우리 죄를 위하여 중보 하시며 당신의 보혈의 은혜와 능력을 제공하고 계신 것입니다.

성소 제도에 있어서 희생 제물의 피가 어떻게 처리되는지를 자세히 살펴보아야 하는데, 그 이유는 그 피 속에 상징적으로 전가된 죄가 들어있기 때문입니다. 기름 부음을 받은 제사장이 죄를 범했을 경우나 이스라엘 백성 전체가 죄를 범했을 경우는 피가 휘장 안으로 옮겨져 뿌려지는데, 평민인 개인이 죄를 범했을 경우에는 피가 성소 안으로 들어가지 않고 뜰에 있는 번제단 주위에 뿌려졌으며 죄는 다른 방법으로 옮겨져 중보의 기도를 드리게 되어 있었습니다. 왜 그랬을까요? 거기에는 참으로 감동적인 속죄의 이야기가 내포되어 있습니다.

속죄제물을 가지고 성소 뜰에 들어와 제사를 드린 사람은, 제사장이 그 제물의 피를 가지고 성소 안으로 들어가 휘장 앞에 뿌리고 대신하여 중보기도를 해 줄 것을 기대하

고 있는데, 오히려 제사장은 그 속죄제의 피를 성소 뜰에 있는 번제단 뿔에만 바르고 그 주위에 피를 뿌린 후 나머지를 땅에 쏟아 버리는 것을 보면서 깜짝 놀라게 되는 것이었습니다. 그때에 속죄제물을 가져온 사람은 이렇게 말하게 될 것입니다. "아니, 제사장님! 어떻게 된 일입니까? 그 피를 그냥 성소 뜰에 쏟아 버리다니요! 성소 안에 들어가 휘장 앞에 뿌린 후 저를 위하여 기도해 주셔야 제 죄가 사함 받는 것이 아닙니까? 이제 저는 어떻게 되는 겁니까?" 놀란 죄인에게 제사장은 인자한 미소를 띠며 이렇게 말했을 것입니다. "형제여! 속죄제에는 하나님께서 당신의 백성에게 특별히 교육시키고자 하시는 중요한 교훈을 담아 두셨습니다. 이 속죄제에는, 장래에 올 메시아를 통하여서 하나님께서 어떻게 우리들의 죄를 대신 짊어지심으로써 우리가 용서 받을 수 있게 되는지에 대하여 가르치기 위한 귀중한 실물교훈이 담겨져 있습니다. 형제가 죄를 고백하였을 때에 형제의 죄가 어디로 갔습니까?"

"예! 저의 죄가 속죄양에게 전가 되었지요!" "그렇소! 맞습니다. 그러면 이제 잘 지켜보시지요!" 그렇게 말하고는 제사장이 그 속죄제물 짐승의 살점을 조금 칼로 도려내어 입에 넣고 씹어서 삼키는 것이 아닙니까! 그리고는 이렇게 질문하였을 것입니다. "형제여! 이제 당신의 죄가 어디로 갔습니까?" 그때 무슨 일이 벌어지고 있는지를 알아차린 죄인은 떨면서 이렇게 대답하였을 것입니다. "네! 제사장님! 저의 죄가 바로 당신의 몸으로 전가되었군요! 상징적인 의미에서, 내가 지은 죄가 바로 당신의 죄가 되어버렸군요!" 그때 제사장은 이렇게 말하였을 것입니다. "이제 나는 당신의 죄, 아니 내 자신의 것이 되어버린 그 죄를 가지고 성소 안 하나님의 임재 앞에 나아가 당신의 죄, 아니 내 죄를 위하여 용서해 주시기를 기도드릴 것입니다." 죄인은 눈물이 가득 고인 눈으로 성소 안으로 들어가는 제사장의 뒷모습을 지켜보았을 것입니다. 우리의 죄를 대신 지시고 돌아가신 예수 그리스도의 십자가의 희생을 가르쳐 주는 얼마나 힘있는 실물교훈입니까!(레 6:25-30 참조)

속죄제에 나타난 그리스도의 사랑

예수님께서 십자가에서 우리의 죄를 대신 지셨다는 의미가 과연 무슨 뜻일까요? 베드로전서 2장 24절은 우리에게 힌트를 제공합니다. "친히 나무에 달려 그 몸으로 우리 죄를 담당하셨으니…" 어떻게 주님께서 우리들의 죄를 당신의 몸으로 지실 수가 있었습니까? 몸으로 우리의 죄를 대신 지신다는 의미가 과연 무슨 뜻일까요?

이렇게 생각해 봅시다. 우리가 죄를 지었을 때에 우리 몸에 어떠한 반응이 나타납니까? 예를 들어 우리가 어떤 형제에게 커다란 거짓말을 하였는데, 길을 가다가 그 사람과 마주쳤다고 합시다. 그때에 우리의 몸에 어떠한 반응이 일어납니까? 갑자기 불안과 초조함이 엄습하고 심장이 빨리 뛰기 시작하며 식은땀이 흐르면서 두려움이 마음속에 밀려오지 않습니까! 더 나아가서는 하나님 심판의 두려움이 가슴을 메워 오는 것입니다. 십자가 위에서 예수 그리스도께서 바로 그러한 방법으로 죄를 지시는 경험을 겪으신 것입니다. 우리들의 죄가 마치 당신께서 지으신 죄들처럼 그분 위에 엄습하여 왔습니다. 한 번도 죄를 지어 보지 않으신 분께서 죄책감을 우리를 대신하여 경험하시게 된 것입니다.

우리가 죄를 범했을 때 느끼는 몸의 반응들이 갑자기 예수님께 생기기 시작했을 것입니다. 인류의 수없이 많은 죄악이 한꺼번에 예수님의 영혼 속으로 밀려왔기 때문에, 그분의 마음은 그 때까지 전혀 느껴 보지 못했던 죄책감을 느끼기 시작하셨던 것입니다. 십자가상에서의 그 고뇌는 말로 다 형언할 수 없는 것이었습니다. 문자 그대로 우리의 죄를 대신 당신 자신의 몸으로 짊어지신 것이었습니다. 그래서 고린도후서 5장 21절은 "하나님이 죄를 알지도 못하신 자로 우리를 대신하여 죄를 삼으신 것은 저희 안에서 하나님의 의가 되게 하려 하심이니라."라고 말씀하신 것입니다.

시편 22장 전체와, 40장은 예수님께서 십자가에 달려계실 때에 당하신 심적 고통이 어떠하였는지를 미리 예언한 장들입니다. 시편 40장 12절에는 다음과 같은 말씀이 기록되어 있습니다. "무수한 재앙이 나를 둘러싸고 나의 죄악이 내게 미치므로 우러러 볼 수도 없으며 죄가 나의 머리털보다 많음으로 내 마음이 사라졌음이니이다." 그리스도께서 십자가상에서 당하실 깊은 고뇌를 예언하면서 "나의 죄가 나의 머리털보다 많"다고 표현하고 있음을 주목해야 합니다. 예수님께서는 죄가 전혀 없으신 하나님이셨습니다. 도대체 무슨 죄가 그렇게 커서 하늘을 우러러볼 수도 없고 머리털보다 많다고 하셨을까요? 그렇습니다! 그것은 분명히 대신 지셨던 우리들의 죄들을 말하는 것입니다. "내 마음이 사라졌음"이라는 영어 성경의 표현은 "Therefore my heart failed me."입니다. 다시 말해서 "나의 심장이 멈추었다." 는 뜻입니다.

예수 그리스도께서는 십자가의 육체적인 고통 때문에 돌아가신 것이 아니었습니다. 예수님께서 돌아가신 것은 우리들의 죄를 지시는 영혼의 고뇌 때문에 심장이 파열되어 돌아가신 것입니다. 성경에서 예수님께서 돌아가실 때의 장면을 찾아보면, 큰 소리를 지르시고 고개를 떨어뜨리시며 갑자기 운명하셨다는 기록을 읽을 수 있습니다. 또한 성경은 로마 군병이 예수님께서 돌아가셨는지를 확인하기 위하여 창으로 옆구리를 찌르자 물과 피가 흘렀다고 기록하고 있습니다. 그것은 그분의 심장이 파열되었다는 의학적인 증명입니다. 죄로 인한 깊은 고뇌 때문에 심장이 터지게 되었고, 그로 인하여 심장이 피를 생성하는 일을 멈추자 혈청과 혈구가 분리되어서 창에 찔린 상처로 흘러나왔던 것입니다.

예수님께서 십자가에서 부르짖으신 말씀 가운데 우리가 잘 기억하는 말씀은 "엘리 엘리 라마 사박다니"입니다. 그 뜻은 "하나님이여 하나님이여 어찌하여 나를 버리시나이까?"라는 의미입니다. 예수님께서는 인류의 죄를 대신 지시는 과정에서 우리 죄의 악함과 두려움을 짊어지심으로써, 하나님 아버지의 임재를 더 이상 느낄 수 없게 되신 것이었습니다. 우리의 죄 그 자체가 되어 버리신 것이었습니다. 예수님께서 십자가에서 당하신 고통은, 죄인이 하나님의 자비 없이 자신이 범한 죄의 대가를 있는 그대로 당하는 그러한 종류의 것이었습니다.

바로 그러한 의미에서, 성경은 "죄를 대신 지셨"다고 말하는 것입니다. 예수님께서는 단 한 번도 하나님 아버지의 임재를 느끼지 않고 사신 적이 없으셨습니다. 그러나 십자가에서 갑자기 인류의 죄를 지시고 우리들의 죄 그 자체가 되심으로써, 죄인인 우리들이 당했어야 할 그 형벌과 심판을 대신 지게 되었는데, 그러한 상황에서 예수님께서는 하나님의 진노만을 느끼게 되셨고 완전히 버림받은 느낌만 가지게 된 것이었습니다. 주님의 눈앞에는 이제 모든 소망이 사라졌고, 마치 대신 지신 우리의 죄 때문에 영원히 아버지와 분리되어 완전히 멸망할 것처럼 느끼게 되신 것이었습니다.

그래서 그리스도께서는 그 순간에 "엘리 엘리 라마 사박다니"(하나님이여 하나님이여 어찌하여 나를 버리시나이까?)라고 부르짖게 되신 것이었습니다. 바로 그 순간, 예수님께서는 한 가지 선택을 하셔야만 하였습니다. 마귀는 지금 이렇게 죽으면 영원히 하나님 아버지와 분리되고 멸망당해 버릴 것이라고 그분의 귀에 속삭임으로써, 예수님을 괴롭혔을 것입니다. 이제 예수님의 마음에는 이전에 들었던 하늘 아버지의 모든 약속도, 삼 일 만에 부활할 것이라는 희망도 다 사라져 버린 것처럼 느껴졌고, 더 이상 아무런 소망도 없는 것처럼 느끼셨습니다. 또한 당신 자신이 목숨을 바쳐서 구원하고자 하는 사람들이 오히려 자신을 십자가에 매달고 조롱하는 모습을 보고 있는 것입니다. 그러나 예수님께서는 그러한 순간에도 당신 자신이 온 인류를 대신하여 영원히 심판을 받고 영원한 죽음을 당하는 한이 있더라도 인류를 포기할 수 없다는 죽음보다 강한 사랑을 나타내셨습니다.

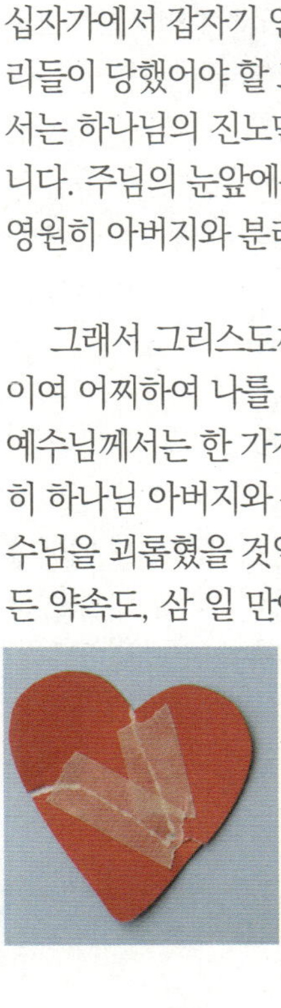

당신 자신이 영원히 없어지는 한이 있더라도, 나는 이 인류의 구원을 위하여 대신 죽어줌으로써, 인류의 죗값을 대신 치러 주시겠다는 놀라운 사랑을 실현하셨던 것입니다. 인간의 부모의 사랑에서 우리가 희미하게나마 희생적인 사랑을 엿볼 수 있지만, 예수님의 죽음의 선택은 다시 살 수 있다는 희망이 전혀 없는 죽음에 대한 공포 상태에서 이루어졌던 것이기 때문에, 그 종류가 전혀 다른 것입니다. 인간이 죄를 지었어도 회개하고 믿을 때에는 그 지은 죄에 대한 대가를 받지 않고 용서를 받는 것은 예수님께서 그 대가를 이미 십자가에서 치러 놓으셨기 때문입니다. 비록 인류가 타락하였지만, 그분의 사랑은 결코 인류를 그냥 죽게 내어버려 두실 수가 없으셨습니다. 온 우주의 천사들은 십자가상에서 나타나고 있는 그러한 사랑의 장면을 지켜보면서 감탄하였을 것입니다. 이 얼마나 놀라운 사랑입니까! 이 사랑을 어떻게 이해하고 보답해야 하겠습니까?

독자 여러분! 예수님께서는 우리 자신의 죄 때문에 돌아가셨다는 사실을 깊이 생각해보십시오. 십자가에서 치러진 희생과 죽음 때문에, 우리에게 값없는 용서와 구원의 소망이 가능하게 되었다는 사실을 기억하십시오. 또한 인류를 위한 값없는 용서와 구원이 마련되기 위해서 치러진 대가는 엄청난 것이라는 사실을 잊지 마십시오. 그것은 하나님의 아들, 예수 그리스도의 보혈의 피입니다. 십자가는 쇼(Show)가 아닙니다. 당신의 생명까지 포기할 정도로 보여 주신 엄청난 사랑의 현시입니다. 우리가 2000년 전에 갈보리 산 위에 서있지 않았다고 해서, 유대인들과 로마인들이 예수님을 죽인 것이지 내가 예수님을 죽인 것이 아니라고 말하지 마십시오! 우리의 죄가 예수님을 죽인 것입니다. 예수님의 죽음은 어떤 순교자의 죽음과 같은 것이 아니었습니다. 어떠한 순교자의 죽음도 우리에게 영생의 기회를 제공해 줄 수 없습니다.

그러나 예수님의 죽음은 우리 인류에게 다시 한 번 영생의 기회를 주기 위하여 죽으신 대속의 죽음이었습니다. 속죄제는 바로 이 감동적인 사실을 우리에게 가르쳐 주고 있는 것입니다. 예수 그리스도의 십자가를 바라보고 그 의미를 이해하게 될 때에야 비로소 우리는 믿음을 가질 수 있습니다. 그 믿음은 단순히 지적인 이해나 동의를 말하는 것이 아닙니다. 그 믿음은 우리의 온 생애를 바쳐 하나님을 순종하며 따르기를 원하도록 만드는 사랑으로 역사 하는 믿음인 것입니다. 그래서 성경은 "하나님이 세상을 이처럼 사랑하사 독생자를 주셨으니 누구든지 저를 믿는 자마다 멸망치 않고 영생을 얻게 하려 하심이라"고 말씀하고 있는 것입니다. 이것이 바로 성소에 나타나 있는 하나님의 메시지의 중심입니다.

제3부 성소 첫째 칸의 경험

1. 성소 첫째 칸과 거룩함

성소 제도가 우리에게 가르쳐 주고 있는 또 하나의 중요한 진리가 있습니다. 인류를 구원하시는 구속 사역은, 하나님께서 인간의 죄를 용서하심으로써 모든 일이 끝나는 것이 아닙니다. 용서 받은 죄인이 다시 하나님과 영원히 살 수 있게 되기 위하여 회복되는 과정이 또한 필요한 것입니다. 그것이 바로 감리 교회의 창시자이며 위대한 개혁자인 요한 웨슬레가 부르짖었던 성령의 열매입니다. 그는 성령의 열매인 변화된 거룩한 생활이야말로 구원의 필수 요건이라고 가르치는 성화의 가르침을 설교하였습니다. 성화에 대한 요한 웨슬레의 그러한 가르침은 성소에도 나타나 있습니다. 하나님께서는 우리의 구원이 어떻게 이루어지는지를 실물교훈으로 보여 주시기 위하여, 또한 인류의 구속을 위하여 예수 그리스도께서 과거에 어떠한 사역을 하셨으며, 현재에는 어떠한 일을 하고 계신지를 가르쳐 주는 청사진을 보여 주기 위해서, 성소제도를 우리에게 주신 것입니다. 성소제도는 성소 뜰에 있는 번제단에서 예수 그리스도의 십자가에서 이루어진 희생과 대속의 죽음을 보여 주고 있으며, 성소 뜰을 지나서 들어가게 되는 성소의 첫째 칸에서는 구속 사역의 두 번째 국면으로써 예수님의 중보사역과 인류에게 구원의 은혜를 나누어 주시는 사역을 소개하고 있습니다.

신약성경이 말하는 거룩함

먼저, 신약성경이 그리스도인의 거룩한 생활에 대해서 어떻게 말하고 있는가를 살펴본 다음, 성소제도가 그것에 대해서 어떠한 실물교훈을 주고 있는지 살펴봅시다. 사도행전 26장 18절은 다음과 같이 말씀하고 있습니다. "그 눈을 뜨게 하여 어두움에서 빛으로, 사탄의 권세에서 하나님께로 돌아가게 하고, 죄사함과 나를 믿어 거룩하게 된 무리 가운데서 기업을 얻게 하리라." 여기서 우리는 하나님을 믿어 거룩하게 된 무리라는 말씀을 유의하여 볼 필요가 있습니다. 하나님의 말씀은 성경 전체 66권을 통하여서 성화 즉, 거룩한 생활과 변화된 순종의 생활을 구원 받는 모든 그리스도인이 반드시 경험해야만 하는 과정으로 소개하고 있습니다. "… 처음부터 너희를 택하사 성령의 거룩하게 하심과 진리를 믿음으로 구원을 얻게 하심이니"(살후 2:13)라는 말씀은 우리 모두에게 너무나 익숙한 말씀이 아닙니까! 그리스도인의 거룩하고 깨끗한 생활을 강조하면서, 사도 바울은 에베소 교회 교인들에게 다음과 같이 말씀하였습니다.

"이는 곧 물로 씻어 말씀으로 깨끗하게 하사 거룩하게 하시고 자기 앞에 영광스러운 교회로 세우사 티나 주름 잡힌 것이나 이런 것들이 없이 거룩하고 흠이 없게 하려 하심이니라."(엡 5:26,27)

그런데, 그리스도인의 거룩함이란 어떤 상태를 말하는 것입니까? 어떤 사람들은 거룩함을 이상한 기분이나 황홀경으로 이해하고 있지만, 성경은 하나님의 말씀에 전적으로 순종하는 상태를 그리스도인의 거룩함이라고 기록하고 있습니다. 예수님께서는 "너희가 나를 사랑하면 나의 계명을 지키리라."(요 14:15)고 말씀하셨으며, 사도 요한도 "하나님을 사랑하는 것은 이것이니 우리가 그의 계명들을 지키는 것이라. 그의 계명들은 무거운 것이 아니로다"(요일 5:3)라고 말씀하였습니다.

	그리스도의 하늘 봉사를 상징		그리스도의 지상 봉사를 상징
그리스도께서 인류를 구속하시는 3가지 국면	**❸ 심판** 예수께서 성소들을 위한 중보와 변호사로서 봉사하심. 모든 사람의 마지막 운명이 결정됨.	**❷ 중보** 예수께서 부활 후 하늘 성소로 승천하셔서 성도들의 회개 기도와 탄원을 들으시고, 은혜와 능력을 내려주심.	**❶ 대속** 예수께서 이 땅(성소 뜰)에 내려오셔서 십자가에서 인류의 죄를 대속하시는 어린 양으로 돌아가심.
성소 측면도			
은혜를 통하여 성장하는 그리스도인의 단계적 경험	**❸ 구원** "너희가 죄에서 해방되어 하나님께 종이 되어 거룩함에 이르는 열매를 얻었으니 이 마지막은 영생이라" (롬 6:22)	**❷ 성화** 그리스도께서 하늘 성소에서 나누어주시는 은혜를 통하여 거룩한 그리스도인으로 성장함. 하나님의 진리를 믿고 순종함으로써, 성령의 열매를 맺는 성품으로 변화함.	**❶ 칭의** 참된 거듭남의 경험을 의미함. 깊은 회개, 자신이 그리스도와 함께 못박히는 경험. 좁은 문으로 들어감.

그러므로 그리스도의 피로 구속함을 받은 그리스도인은 반드시 그 결과로 거룩하게 되며, 순종하는 사람으로 변화되는 것입니다. 에베소서는 다음과 같이 그리스도인 삶을 설명하여 주고 있습니다. "전에는 우리도 다 그 가운데서 우리 육체의 욕심을 따라 지내며 육체와 마음의 원하는 것을 하여 다른 이들과 같이 본질상 진노의 자녀이었더니 긍휼에 풍성하신 하나님이 우리를 사랑하신 그 큰 사랑을 인하여 허물로 죽은 우리를 그리스

도와 함께 살리셨고(너희가 은혜로 구원을 얻은 것이라) … 우리는 그의 만드신 바라. 그리스도 예수 안에서 선한 일을 위하여 지으심을 받은 자니…"(엡 2:3-5,10)

성소를 통해서 알아보는 거룩함

이제, 성소로 돌아가서 성소제도가 말하는 그리스도인의 거룩한 생활의 의미를 살펴봅시다. 성소 제도는, 성소 뜰에 있는 번제단(십자가)에서 어린 양(그리스도)을 잡아 죽이는 일(하나님의 크신 사랑)을 통하여 진정으로 회개하고 죄를 버리기로 결심한 죄인이, 이제는 믿음으로 제사장 되시는 예수님을 따라 성소 안으로 들어가서 그리스도인으로서 거룩하게 사는 방법을 배우게 되는 것을 상징적으로 묘사하고 있습니다. 성막의 첫째 칸인 성소 안에는 금 촛대와 떡상과 분향단이 있습니다. 첫째 칸인 성소 안에 있는 기구들과 제사장의 활동은, 성소 뜰에서 죄를 회개하고 버림으로써 용서받고 의인이 된 사람이, 이제 어떻게 하면 받은바 그 의로운 삶을 계속해서 지켜나갈 수 있는지에 대하여 가르쳐 주며, 또한 그렇게 할 수 있게 해 주시기 위하여 은혜를 통하여 도와주고 계시는 예수 그리스도의 사역을 보여 주고 있습니다.

그렇습니다. 용서받은 그리스도인들은 과거에 범했던 죄의 노예의 상태에서 벗어나 승리하는 생애를 살 수가 있는 것입니다. 하나님께서 베푸시는 은혜란 용서만을 말하는 것이 아닙니다. 은혜는 하나님의 능력을 의미하는 단어입니다. 하나님의 은혜란 인간을 죄에서 구원하실 수 있는 하나님의 힘을 말합니다. 은혜는 습관적인 죄의 속박으로부터 죄인을 구원해 내시는 하나님의 능력을 말합니다. 은혜는, 죄로 인한 영적 죽음 상태에 있기 때문에 하나님을 알지도 믿지도 아니하는 사람을 영적으로 부활시켜 일으키시는 하나님의 능력을 말하는 단어입니다. 디도서에서 바울은 은혜를, 가르치시고 역사하는 하나님의 힘으로 설명하고 있습니다. "모든 사람에게 구원을 주시는 하나님의 은혜가 나타나 우리를 양육하시되 경건치 않은 것과 이 세상 정욕을 다 버리고 근신함과 의로움과 경건함으로 이 세상에 살고 복스러운 소망과 우리의 크신 하나님 예수 그리스도의 영광이 나타나심을 기다리게 하셨으니"(딛 2:11-13)

그래서 히브리서 4장 14-16절은 다음과 같이 말씀하고 있지 않습니까! "그러므로 우리에게 큰 대제사장이 있으니 승천하신 자 곧 하나님 아들 예수시라. 우리가 믿는 도리를 굳게 잡을지어다. 우리에게 있는 대제사장은 우리의 연약함을 체휼하지 아니하는 자가 아니요 모든 일에 우리와 한결같이 시험을 받은 자로되 죄는 없으시니라. 그러므로 우리가 긍휼하심을 받고 때를 따라 돕는 은혜를 얻기 위하여 은혜의 보좌 앞에 담대히 나아갈 것이니라." 그렇습니다. 우리가 하나님께 용서함을 받아서 의인이 되었다고 할지라도, 여전히 죄의 유혹과 마귀의 공격은 우리를 엄습하고 있는 것입니다. 과거에 범했던 죄악의 습관들이 우리를 다시 찾아와서 시험을 주며, 날마다 우리를 괴롭히고 있지 않습니까! 그러나 우리에게 희망이 있습니다. 왜냐하면 우리와 꼭 같은 시험을 당하셨으며, 고난 가운데서 살아보신 예수 그리스도께서 우리의 연약함과 날마다 당하는 시험들의 어려움을 너무나 잘 알고 계시기 때문입니다. 그분께서는 "우리와 한결같이 시험을 받은 자"이기 때문에, 우리를 도우실 수가 있는 것입니다.

그분께서는 우리의 슬픔과 고통을 경험하셨을 뿐만 아니라, 우리가 날마다 당하는 시험과 유혹도 받으셨습니다. 사도 바울은 그리스도에 대해서 설명하면서 "우리에게 있는 대제사장은 우리의 연약함을 체휼하지 아니한 자가 아니요, 모든 일에 우리와 한결같이 시험을 받"으셨다고 묘사하였습니다. 그러므로 바울은 "때를 따라 돕는 은혜를 받기 위하여서 담대히 은혜의 보좌"가 있는 곳인 하늘 성소로 나아가자고 제안하고 있는 것입니다.

바울은 하늘 성소 안에 우리를 시험에서 도와줄 수 있는 방법들이 있다는 사실을 꿰뚫어 보았던 것입니다. 성소 안에는 그리스도인들이 승리의 생활을 살 수 있는 방법을 가르쳐 주기 위하여 고안하신 하나님의 아이디어들이 나타나 있는데, 성소의 첫째 칸 안에 있는 금촛대와 떡상과 분향단은 그러한 하나님의 아이디어들이 구체적으로 무엇인가를 상징적으로 말해주는 기구들입니다. 성소 안에 있는 기구들은 모두 순금으로 만들어져 있었는데, 그것은 순결한 믿음을 상징하는 것입니다. 성소의 첫째 칸에 있는 기구들이 순금으로 만들어졌던 것은, 성소 뜰에 있는 번제단과 물두멍이 두 가지 금속의 합금인 놋으로 만들어졌던 것과 대조를 이루고 있습니다. 성소 뜰에서 회개의 경험으로 번제단에서 죄를 태우고, 물두멍에서 깨끗하게 씻어서 순결하게 된 그리스도인은 그다음 단계로서 사랑으로 역사하는 활동적이고 순결한 믿음의 경험을 갖게 된다는 사실을 상징적으로 가르쳐 주기 위해서, 성소 안의 기구들이 순금으로 만들어졌던 것입니다.

2. 세 가지 기구에 담겨져 있는 의미들

촛대

이제, 성소의 첫째 칸 안에 있는 세 가지 기구들이 의미하는 바를 살펴봅시다. 금으로 만들어진 촛대에는 올리브 기름이 들어 있어서 그 기름으로 빛을 발하고 있었습니다. 촛대는 하나님의 말씀인 성경을 상징하며, 촛대 안의 기름은 성령을 상징합니다. "주의 말씀은 내 발의 등이요, 내 길의 빛이니이다."(시 119:105) 하나님의 말씀은 성령의 감동으로 기록되었으므로 성령의 감동을 통하지 않고서는 진리를 이해할 수가 없는 것입니다.

성경은 단지 지식을 전달하는 책이 아닙니다. 성경은 영생의 진리를 가르치는 거룩한 책입니다. 하나님의 말씀은 우리의 앞길을 진리의 빛으로 비추어 주는 등불과 같습니다. 성소 안에는 외부로부터 다른 빛이 들어오게 하는 창문이 하나도 없었습니다. 오직 촛대만이 성소 안에 있는 빛의 근원이었습니다. 마찬가지로, 그리스도인 삶에 있어서도 하나님의 말씀 이외에 어떤 다른 빛이 우리를 인도하지 못하게 막아야 하는 것입니다. 한 줄기의 빛이 칠흑 같은 어두움을 내어 쫓습니다.

마찬가지로, 우리가 세상의 쓰레기들로 마음이 혼돈되고 복잡해 있을 때에, 기도하는 마음으로 읽는 한마디의 성경 말씀이 모든 잡된 것들을 우리의 마음으로부터 퇴치해 낼 수 있습니다. 하나님의 말씀을 읽고 연구하며 명상하는 것이야말로 우리가 승리하는 그리스도인의 경험을 유지할 수 있게 만드는 하나님의 방법입니다. 거룩한 열매를 맺는 성화의 길을 걷고 싶은 그리스도인이 있습니까? 하나님의 말씀을 눈으로 읽는 대신에, 정직한 양심으로 읽으십시오. 성령께서 여러분의 무지하고 둔한 마음에 깨달음을 주실 것입니다. 바로 이것이 하나님께서 모든 그리스도인의 거룩한 생활을 위하여 준비해 두신 유일한 방법입니다.

떡상

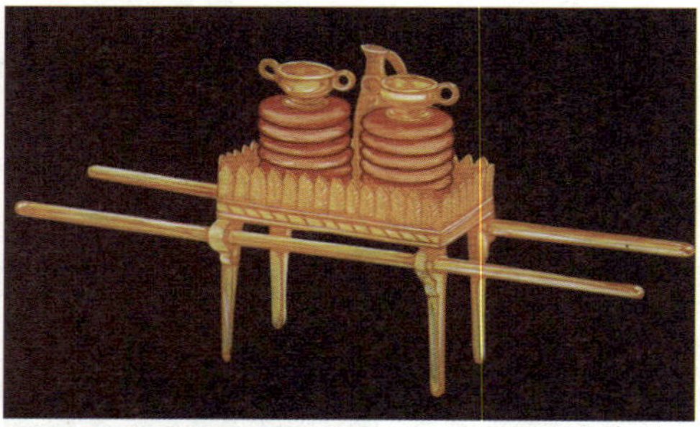

떡상도 하나님의 말씀을 상징합니다. 하늘을 향하여 여행하는 나그네에게는 어두운 길을 밝혀주는 등불이 필요할 뿐 아니라, 나그네에게 계속해서 에너지를 공급해 주는 음식도 필요한 것입니다. 하나님의 말씀은 우리에게 이 세상을 살아가며 사탄과 죄의 유혹을 이기게 하는 하나님의 능력을 가져다줍니다. 성경은 하나님의 말씀을 먹는 것으로 설명하고 있습니다. 예수님께서는 당신께서 하늘에서 내려온 만나라고 말씀하시면서 "살리는 것은 영이니 육은 무익한 것이라. 내가 너희에게 이른 말이 영이요, 생명이라"고 말씀하셨습니다(요 6:63).

먹는 일은 지극히 개인적인 일입니다. 다른 사람이 나를 대신해서 먹어줄 수가 없는 것입니다. 만나가 하늘에서 내렸던 것처럼, 하나님의 말씀도 하늘에서 내려온 것이어야 합니다. 하나님의 말씀은 하늘을 향하여 여행하고 있는 우리의 영을 살리기 위하여 반드시 먹어야 하는 하늘의 만나입니다. 하늘의 만나를 제대로 먹지 않는 그리스도인마다 지치고 피곤하여 쓰러지게 될 것입니다.

분향단

분향단은 예수 그리스도께서 우리를 위하여 드리는 중보의 기도를 상징하는 것입니다. 우리 자신이 아무리 의롭다고 하더라도 예수 그리스도의 중보의 기도 없이는 우리가 하나님 앞에서 열납될 수가 없는 것입니다. 분향단의 향은 특별하게 만들어졌고, 다른 목적으로는 절대로 사용할 수가 없었던 이유는, 분향단에서 올라가는 향은 예수 그리스도의 거룩하고 의로운 생애와 기도를 상징하는 것이었기 때문입니다.

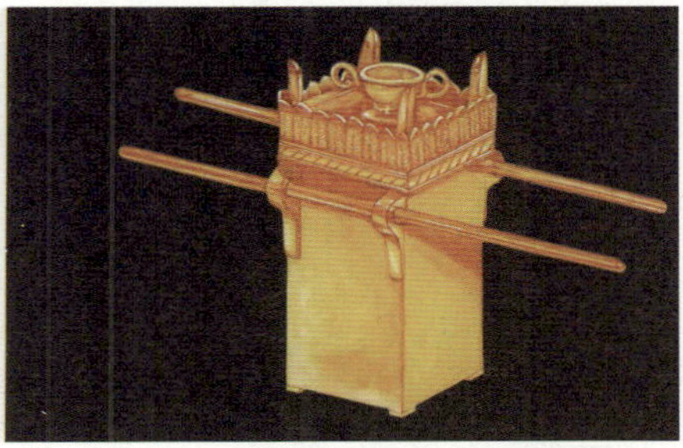

우리가 하나님께 기도를 올릴 때에 예수님께서는 우리의 기도와 소원에 당신 자신의 흠 없는 의를 섞어서 아버지 앞에 올리심으로써, 우리의 기도가 하나님께 상달될 수 있도록 중보하고 계신 것입니다. 아울러 예수님께서는 우리가 도움을 요청할 때마다, 우리로 하여금 모든 시험과의 싸움에서 승리할 수 있도록 만드는 당신의 은혜와 능력을 공급하여 주시고 있는 것입니다. 분향단은 우리를 위한 그리스도의 기도를 상징하고 있습니다. 그 분께서는 오늘도 살아 계셔서 우리를 위하여 간구하시며 시험받는 자를 돕고 계십니다.

그러므로 성소는 십자가를 통하여 구원의 길을 걷고 있는 그리스도인들이 어떻게 의로운 생애를 유지해 나갈 수 있으며, 어떻게 거룩한 성령의 열매를 맺을 수 있는가에 대한 하나님의 방법을 가르쳐 주고 있는데, 그것은 성경 말씀의 연구와 기도입니다. 하늘을 향하여 마음을 열고 드리는 기도! 하나님의 뜻을 받아들이기 위하여 두 손을 모으는 기도! 시험당하고 어려울 때에, 때를 따라 돕는 은혜를 얻기 위하여 하늘로 올라가는 기도! 그리고 하나님의 거룩한 말씀을 매일 읽고 명상하며 우리의 마음속에 담아두는 만나를 먹는 생활! 무엇이 진리이며 어떻게 하여야 하나님께 가납되는 생활을 살 수 있는지를 알기 위하여 성경만을 유일한 빛으로 삼아서 연구하는 생활! 이러한 것들이 바로 우리를 성화케 하는 하나님의 방법입니다.

제4부 성소 둘째 칸의 경험

1. 성소 최종 목적지인 지성소

하나님과 인간이 다시 만나는 곳

이제 결론적으로 지성소로 들어가 보도록 하겠습니다! 지성소 안에는 두 돌비에 새겨진 십계명을 보관하는 법궤(언약궤, 속죄소, 증거궤)가 있었으며, 법궤 위에는 시은좌(은혜를 나누어 주는 곳)가 있어서, 거기에는 하나님의 영광인 쉐키나가 비쳐 나오고 있었습니다. 그곳은 아무나 들어갈 수 없었는데, 왜냐하면 죄인이 하나님의 영광을 받으면 즉시로 죽었기 때문입니다. 그러므로 정결하게 준비된 대제사장만이 일 년에 한 번씩 지성소에 들어가서 이스라엘 백성의 죄의 완전한 정결과 도말을 위하여서 기도하였습니다. 그날을 성경은 대속죄일이라고 부르고 있습니다.

지성소는 성소제도의 결론이요, 최종 목적지입니다. 결국 인간은 하나님을 그 지성소에서 다시 만나야 하는 것입니다. "그룹들은 그 날개를 높이 펴서 그 날개로 속죄소를 덮으며 그 얼굴을 서로 대하여 속죄소를 향하게 하고 속죄소를 궤 위에 얹고 내가 네게 줄 증거판(십계명)을 궤 속에 넣으라. 거기서 내가 너와 만나고 속죄소 위 곧 증거궤 위에 있는 두 그룹 사이에서 내가 이스라엘을 위하여 네게 명할 모든 일을 네게 이르리라."(출 25:20-22)

성소의 구조와 그 제도에 새겨져 있는 성소 뜰에서의 죄의 용서(칭의)와 성소 안에서의 성화의 경험은, 결국에는 인간을 지성소에 계신 하나님의 영광의 임재 앞에서도 죽지 않고 영원히 살 수 있는 사람으로 변화시키시는 하나님 구원의 역사의 국면들을 보여주고 있는 것입니다. 하나님께서 죄인을 용서하시고 구원해 주시며 순종하는 거룩한 생활을 살도록 가르치시고 힘주시는 이유는, 결국에는 인간이 하나님의 임재 앞에서 죽지 않고 영원히 살 수 있는 자로 회복시키시기 위한 것입니다. 구원은 회복입니다. 다시 원래의 에덴동산으로 돌아가는 것입니다. 그렇게 되기 위해서는 우리의 마음이 변화되어야 합니다. 죄를 미워하고 의를 사랑하는 마음으로 말입니다.

십자가는 죄인의 마음에 죄를 미워하는 심령을 심어주고, 하나님의 말씀에 순종하기를 좋아하는 새로운 마음을 창조해 줍니다. 그러나 예수님께서 우리를 아무리 용서해 주신다고 할지라도, 우리가 계속적으로 똑같은 죄를 범하며 계속적으로 불순종하는 생애를 고집한다면, 하나님의 용서가 우리에게 무슨 소용이 있으며, 그분의 용서가 우리에게 무슨 유익을 줄 수 있을까요? 하나님께서 우리를 용서해 주시는 이유는, 이제 다시는 그러한 죄된 생애를 살지 말고 하나님 안에서 새로운 생애를 살도록 하시기 위하여 용서해 주시는 것입니다. 간음한 여인을 용서해 주시면서 예수님께서 "나도 너를 정죄하지 아니하노니 가서 다시는 죄를 범치 말라."고 말씀하시지 않았습니까! 하나님께서는 우리를 용서해 주실 때에 아울러 우리가 하나님의 말씀을 순종하며 그분을 위하여 살 수 있는 능력을 용서와 함께 주시는 것입니다. 이것이 참된 그리스도인이 경험하게 되는 재창조의 경험인 것입니다.

대속죄일의 경험과 심판

하나님께서는 대속죄일에 이스라엘 백성이 그들의 모든 죄로부터 정결케 될 것을 명하셨습니다. 그들은 일 년 내내 죄들을 고백하며 속죄제와 번제를 드리면서 용서를 받아 왔습니다. 그러나 매년 마지막 날인 대속죄일 날 하나님께서는 각 개인을 그들의 회개가 정말 참된 것이었는지, 지금도 여전히 같은 마음을 가지고 하나님을 섬기고 있는지, 정말로 죄를 참회하고 버렸는지에 대하여 심판하시는 일을 하셨습니다(레 16장 참조). 그러므로 이스라엘 백성에게 있어서, 유대력의 마지막에 있는 대속죄일은 심판의 날로 이해되었습니다. 성경은 하나님께서 모든 인류를 각각 심판하시는 날이 있다고 말씀하고 있습니다. "이를 기이히 여기지 말라. 무덤 속에 있는 자가 다 그의 음성을 들을 때가 오나니 선한 일을 행한 자는 생명의 부활로, 악한 일을 행한자는 심판의 부활로 나오리라."(요 5:28,29)

"이는 정하신 사람으로 하여금 천하를 공의로 심판할 날을 작정하시고."(행 17:31) "네가 어찌하여 형제를 판단하느뇨 어찌하여 네 형제를 업신여기느뇨 우리가 다 하나님의 심판대 앞에 서리라."(롬 14:10) "하나님 앞과 산자와 죽은 자를 심판하실 그리스도 예수 앞에서 그의 나타나실 것과 그의 나라를 두고 엄히 명하노니"(딤후 4:1) "하나님의 집에서 심판을 시작할 때가 되었나니 만일 우리에게 먼저 하면 하나님의 복음을 순종치 아니하는 자들의 그 마지막이 어떠하며"(벧전 4:17)

성소 제도는 우리에게 결국은 모든 인간이 누구나가 다 한번은 하나님 앞에 서야 하는 것을 엄히 가르치고 있습니다. 물론 지금 우리는 예수 그리스도의 의로 가리움을 받고 있으며 은혜를 통하여 구원의 두루마기를 입고 있습니다. 우리가 예수님의 손을 놓지 않는 한 주께서 우리를 결코 놓지 않으실 것도 엄연한 사실입니다. 그러나 한

가지 분명한 사실을 기억합시다! 이제 곧 머지않은 장래에 하나님께서는 지금까지 태어났던 모든 인류를 각각 그 동기와 마음을 살펴서, 그들의 믿음의 동기가 참된 것이었는지, 진실로 하나님을 사랑하며 말씀을 따라 살아 왔는지 살아오지 않았는지를 헤아리시기 위하여 마지막 심판을 행하실 것입니다. 우리는 성경의 가르침을 통하여서 그 사실을 분명하게 확인할 수 있습니다.

대속죄일 날에는 아사셀 염소에게 모든 죄를 다 옮기어서 씌우고 광야로 데리고 나가 죽게 하는 일이 있었습니다. 이미 다 용서한 죄를 왜 그렇게 하는 것이었을까요? 왜냐하면 그리스도의 속죄를 받아들이기를 거절하고 죄에 매달려 있기를 선택한 죄인들은 최후의 날에 멸망당하는 심판을 받게 될 것이라는 사실을 상징적으로 가르쳐 주기 위해서입니다! 하나님은 사랑의 하나님이십니다. 그러나 하나님께서는 변화되지 못한 죄인을 다시 하늘에 들이심으로써 또 다시 하늘에 전쟁과 반역이 일어 날 수 있는 가능성을 용납하실 수가 없는 것입니다. 지금은 우리 자신이 과연 진실된 마음과 동기로 하나님을 올바로 섬기고 있는지 엄숙하게 살펴 볼 시간입니다. 여러분은 과연 지금 하나님을 만날 준비가 되어 있습니까?

2. 예수님은 지금 어디서 무엇을 하고 계신가?

예수님이 계시는 곳, 하늘 지성소

예수 그리스도께서는 지금 어디에 계십니까? 오늘날 많은 그리스도인이 그리스도의 현주소를 잃어 버렸습니다. 하늘을 향하여 막연하게 기도드리지만, 예수님께서 하늘 어디에서 무엇을 하고 계신가를 모른 채 방황하고 있습니다. 그러나 성경에는 그리스도의 현주소와 그곳에서 우리를 위하여 하시는 사역이 분명하게 기록되어 있습니다.

예수님께서는 창조 후 지금까지 성소를 통하여 인류의 구속 사역을 이루어 오셨습니다. 아담과 하와가 범죄한 이후, 즉시로 시작된 것이 성소 제도인데, 시간이 지남에 따라서 성소의 모양과 형태가 다음에 나오는 도표와 같이 바뀌었지만, 성소는 지금까지 계속해서 존재해 왔습니다. 그리하여 마지막 시대인 지금은 그리스도께서 하늘 성소에서 당신의 마지막 봉사를 끝내고 있습니다.

노아가 쌓았고, 아브라함이 쌓았던 제단 성소 시대가 지나고, 모세 때에 이르러 성막 성소 시대가 하나님의 지시에 의해서 시작되었습니다. "내가 네게 보이는 대로 장막의 식양과 그 기구의 식양을 따라 지으라."(출 25:9) 그런데 모세에게 보여주신 지상 성소의 원형은 어디에 있는 것입니까? 우리는 신약 성경에서 그 대답을 분명하게 찾게 됩니다. "저희가 섬기는 것은 하늘에 있는 것의 모형(Copy)과 그림자라."(히 8:5) 바울은 지상 성소를 "하늘에 있는 것들의 모형"이라고 표현했는데(히 9:23), 이 말은 모세가 지은 성막 성소의 원형이 하늘에 있다는 뜻입니다. 또한 지상 성소를 가리켜 "그림자"라는 표현을 사용하였는데, 이것 역시 이 땅 위에 그림자를 드리우게 하는 원형이 하늘에 존재한다는 사실을 의미합니다.

그런데 예수님께서는 언제 지상 성소의 원형인 하늘 성소에 들어 가셨습니까? A.D. 31년이었습니다. A.D. 31년은 무슨 해입니까? 예수님께서 부활 후, 승천하신 해. 그런데 예수님께서 승천하신 직후, 곧바로 하늘 성소에 들어가셨다는 사실을 어떻게 알 수 있습니까? 사도 바울이 그 사실을 증언하였습니다. "염소와 송아지의 피로 아니하고 오직 자기 피로 영원한 속죄를 이루사 단번에 성소에 들어가셨느니라."(히 9:12) 예수님께서는 십자가에서 당신의 죽음으로 속죄를 이루신 후 부활하셔서 하늘 성소로 들어가셨습니다.

예수님께서 이 땅에 계셨을 때 그분의 봉사와 십자가에서의 희생은 성소 뜰에서 이루어진 일을 보여주셨습니다. 그리고 무덤에서 부활하시고 하늘로 승천하셨던 A.D. 31년에는 하늘 성소의 첫째 칸인 성소로 들어가셨습니다. 다니엘서 8장과 9장에 예언된 것처럼 예수님은 그곳에서 우리를 위해 중보의 기도를 드리시다가 말세에 지성소로 들어가서 모든 구속 사역을 끝마치시는 심판과 최종적인 심판 사역을 진행 중이십니다.

3. 대속죄일에 우리가 해야 할 의무

지상 성소의 모형적 봉사에 있어서, 대제사장이 지성소로 들어가면 온 이스라엘 족속은 성소 주위에 모여서 죄사함을 받고 회중에게서 끊어지지 않기 위하여 지극히 엄숙한 태도로 하나님 앞에 마음을 겸비하게 하도록 요구되었습니다. 그렇다면 우리는 하늘 성소에서 지금 진행되고 있는 실제적인 대속죄일에 있어서 그리스도인들이 하늘 대제사장(예수 그리스도)의 사역을 이해하고 자신들이 해야 할 의무를 깨닫는 일이 얼마나 긴요한 일입니까!

인류는 하나님께서 자비로써 보내주시는 경고를 거절하고서도 무사할 수는 없습니다. 노아 시대에는 하늘로부터 한 복음이 이 세상에 주어졌는데, 그 복음을 취급한 태도 여하로 사람의 구원이 좌우되었습니다. 경고를 거절하였으므로 하나님의 성령께서는 죄 많은 인류에게서 떠나고, 그들은 마침내 홍수로 멸망을 당하였습니다. 아브라함 당시에도 은혜는 소돔의 흉악한 주민들을 위하여 더 이상 간원하지 못하였으므로 롯과 그 아내와 두 딸 외에는 모든 사람이 하늘에서 내려온 불로 멸망되었습니다. 또한 그리스도의 시대에도 그러하였으므로 하나님의 아들께서는 당시의 믿지 않는 유대인에게 "보라 너희 집이 황폐하여 버린바 되리라"(마 23:38)고 선언하였습니다.

무한한 능력을 가지신 분께서는 마지막 시대를 내다보시고, "진리의 사랑을 받지 아니하여 구원함을 얻지 못"할 자들에 대하여 "이러므로 하나님이 유혹을 저의 가운데 역사하게 하사 거짓 것을 믿게 하심은 진리를 믿지 않고 불의를 좋아하는 모든 자로 심판을 받게 하려 하심이니라"(살후 2:11,12)고 선언하십니다. 그들이 하나님의 말씀의 교훈을 거절할 때 하나님께서는 당신의 성령을 거두어 버리시고, 그들을 그들이 좋아하는 기만 가운데 버려두십니다.

그러나 그리스도께서는 여전히 사람들을 위하여 중보하고 계시므로 빛을 구하는 자들에게는 빛이 주어질 것입니다. 선지자는 "그의 임하는 날을 누가 능히 당하며 그의 나타나는 때에 누가 능히 서리요 그는 금을 연단하는 자의 불과 표백하는 자의 잿물과 같을 것이라 그가 은을 연단하여 깨끗케 하는 자같이 앉아서 레위 자손을 깨끗게 하되 금은같이 그들을 연단하리니 그들이 의로운 제물을 나 여호와께 드릴 것이라."(말 3:2,3)고 말합니다.

예수님께서 재강림하시기 직전, 인류에 대한 은혜의 시간이 끝나고, 하늘 성소에서 그리스도의 중보 사역이 그치게 될 때, 세상에 살아 있는 사람들은 거룩하신 하나님 앞에서 중보자 없이 서게 될 것입니다. 그들의 옷은 흠이 없어야 하고, 그들의 품성은 피 뿌림을 통하여 죄에서 깨끗해져야 합니다. 그들은 하나님의 은혜와 그들 자신의 꾸준한 노력으로 말미암아 악과의 투쟁에 승리자가 되어야 합니다. 하늘에서 심판이 진행되고 있는 동안, 세상에 있는 하나님의 백성 사이에는 정결케 하고 죄를 버리는 특별한 일이 이루어져야 합니다.

이 일이 완성될 때에, 그리스도를 따르는 사람들은 그분의 재림을 맞이하기 위한 준비를 갖추게 될 것입니다. "그때에 유다와 예루살렘의 헌물이 옛날과 고대와 같이 나 여호와께 기쁨이"(말 3:4)될 것입니다. 주님께서 오실 때에 당신의 것으로 받으실 교회는 "영광스러운 교회로 세우사 티나 주름 잡힌 것이나 이런 것들이 없"(엡 5:27)는 교회가 될 것입니다. 그 때에 교회는 "아침빛같이 뚜렷하고 달같이 아름답고 해같이 맑고 기치를 벌인 군대같이 엄위"(아 6:10)가 있을 것입니다.

제5부 성소를 알아야 풀리는 성경 진리

1. 지상 성소의 폐지와 의문의 율법의 폐지

우리는 다니엘 9장에서 성소와 관련된 매우 중요한 예언을 볼 수 있습니다. 그 예언은 다니엘 9장 24절부터 시작되는 예언인데, 그 예언 속에는 예수님께서 십자가에 돌아가심으로써 지상의 성소 제도가 폐지될 것에 관한 내용이 포함되어 있습니다. "그가 장차 많은 사람으로 더불어 한 이레 동안의 언약을 굳게 정하였고, 그가 그 이레의 절반에 제사와 예물을 금지할 것이며"(27절) 이 예언은 앞의 도표에서 확인하였던 것처럼, 예수님께서 십자가에 못 박히셨을 때, 지상 성소에서 행하여졌던 동물의 희생제도가 그 종말을 고한다는 의미입니다.

하나님께서는 제사 제도의 종말을 알리기 위해서, 그리스도께서 십자가에서 운명하시는 순간, 성소 안의 휘장을 초자연적인 힘에 의하여 두 조각으로 찢어지는 놀라운 사건을 일으키셨습니다(막 15:37,38, 눅 23:45,46을 볼 것). "예수께서 다시 크게 소리 지르시고 영혼이 떠나시다. 이에 성소 휘장이 위로부터 아래까지 찢어져 둘이 되고"(마 27:50,51) 예수님께서 십자가 위에서 돌아가심으로써, 더 이상 동물의 피가 흘려질 필요가 없게 되었는데, 그 이유는 그리스도의 피로서 새로운 언약을 인치셨기 때문입니다. 예수 그리스도께서 십자가에 달리심으로써, 모세가 제사 의식에 대해서 기록한 증서인 의문의 율법은 더 이상 필요가 없게 되었습니다.

성경을 공부하는데 있어서 반드시 한 가지 이해하여야 할 것이 있는데, 그것은 율법에는 두 종류의 율법이 있다는 사실입니다. 하나는 하나님께서 시내산에서 반포하신 돌비에 새긴 십계명인데, 하나님께서는 그것을 지성소 안에 있는 법궤 속에 보관하라고 명하셨습니다. 그리고 다른 하나는 모세가 절기들과 성소 의식에 관하여 두루마리에 기록한 의식법입니다. 그러므로 그리스도의 십자가가 폐한 율법에 대해서 말할 때, 우리는 모세가 기록한 의문의 율법을 폐하여진 것으로 말해야 합니다.

그런데 오늘날, 이 문제에 대하여 한 가지 커다란 오해가 수많은 평신도뿐만 아니라, 성직자들에게까지도 편만해 있는데, 그것은 그리스도의 십자가가 하나님의 율법 즉, 십계명을 폐했다고 믿는 것입니다. 그러나 우리가 잘 아는 바와 같이, 십계명에는 제사제도나 의식에 관한 조항이 포함되어 있지 않으므로 십자가가 십계명을 폐하여야 할 이유가 전혀 없는 것입니다.

그럼에도 불구하고 그러한 잘못된 가르침을 믿는 사람들은 자신들의 믿음을 증명하기 위해서 골로새서 2장 14절을 이용합니다. "우리를 거스리고 우리를 대적하는 의문에 쓴 증서를 도말하시고 제하여 버리사 의문에 쓴 증서를 십자가에 못 박아 버리고." 분명, 십자가에 의해서 폐지된 것이 있는데, 그것은"의문의 증서"입니다. 의문에 증서는 모세가 두루마리에 제사 제도에 대하여 기록한"증서(책)"을 말하며, 십계명은 두 개의 "돌비" 에 하나님께서 친히 새겨 주신 도덕률을 말합니다.

그들은 십자가에 의해서 십계명이 폐하여졌다고 믿기 때문에, "구원은 십자가에서 이루어졌기 때문에 하나님의 계명은 더 이상 순종하지 않아도 된다. 계명에 대한 순종을 강조하는 것은 율법주의자들이다!"라고 말하게 된 것입니다. 그러나 그리스도께서 십자가에 돌아가신 것은 율법을 폐하기 위해서가 아니라, 율법의 의미를 완성시키기 위해서 라는 사실을 간과해서는 안 됩니다.

그리스도인의 믿음이나 십자가의 은혜는 율법을 폐하는 것이 아니라, 오히려 십계명에 순종하는 그리스도인이 되도록 우리를 도와주는 것이라는 사실을 주지해야 합니다. 하나님의 율법인 십계명이 폐하여졌다고 믿는 그리스도인마다 불순종과 방종의 생활로 빠져 들어가는 이유는 그들이 하나님의 도덕률(십계명)을 무시하는 생활을 함으로써 그리스도인 신앙 생애의 가이드라인을 잃어버리게 되기 때문입니다.

다니엘 9장에 나오는 70주일의 예언에는 그리스도께서 십자가에 매달려 돌아가는 시간에 대한 예언이 포함되어 있습니다. 예수님께서는 A.D. 27년 가을에 침례를 받으셨는데, 그때로부터 3년 반이 지나면, 그리스도의 죽음으로 인하여 희생 제사가 끝나게 된다는 사실에 대한 예언이 25-27절에 기록되어 있습니다. A.D. 27년 가을로부터 정확하게 3년 반 후인 A.D. 31년 봄에 예수님께서는 운명하셨습니다. 여기서 독자들에게 색다른 질문 한 가지를 던지고자 합니다. 유대인들의 절기 중에서 봄에 열리는 큰 절기가 있는데 그것이 무엇인지 아십니까? 유월절입니다! 그러므로 고린도전서 5장 7절에서, 사도 바울은, "우리의 유월절 양 곧 그리스도께서 희생이 되셨느니라"고 기록하고 있습니다.

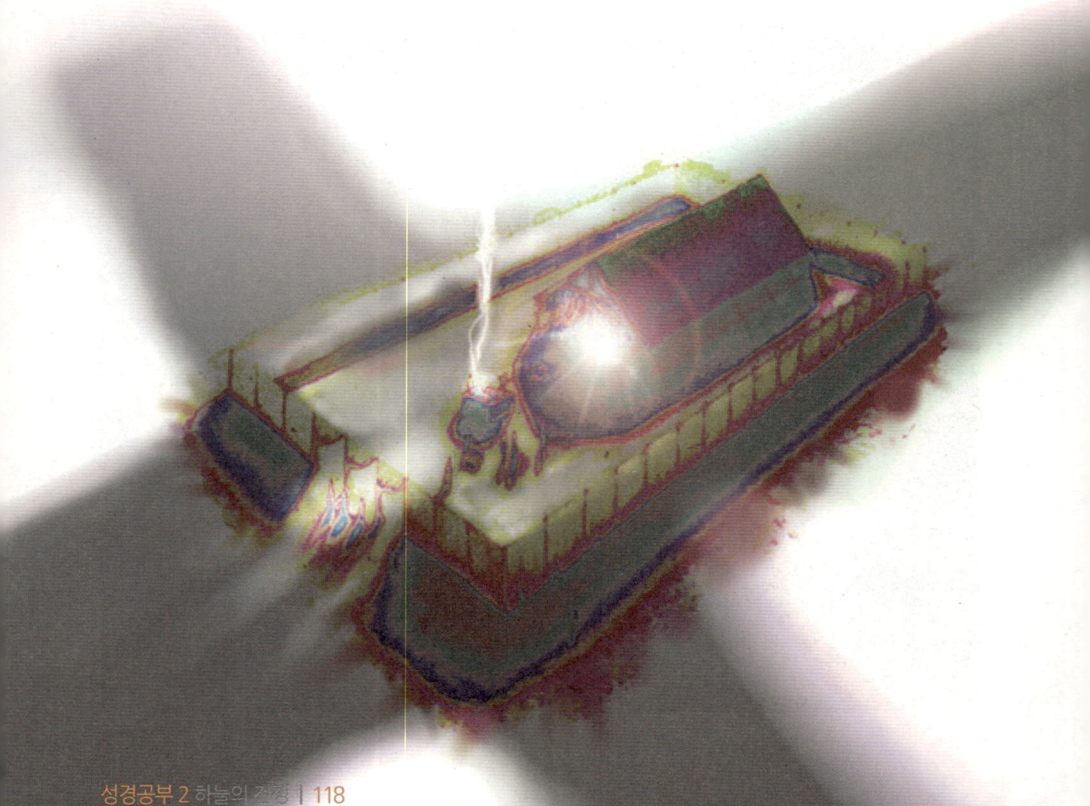

70주일 (490년) 예언: 유대민족에게 주어진 은혜의 기간

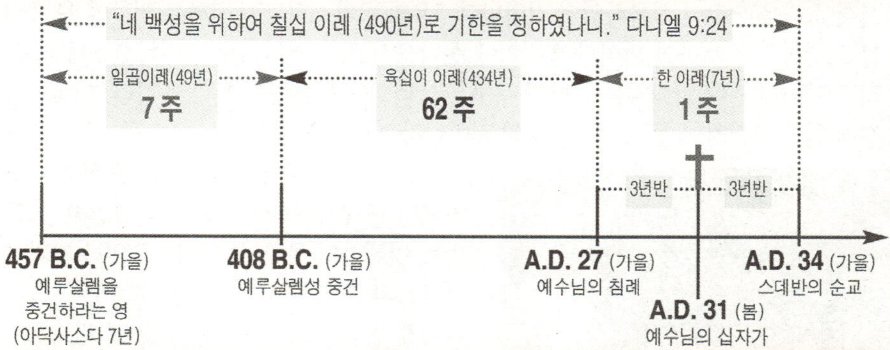

1일 = 1년 원칙

7주: 7주 x 7일 = 49일 = 49년. (예루살렘 성을 중건하는데 소요된 기간)
62주: 62주 x 7일 = 434일 = 434년. (메시야가 오실 때까지 유대인들이 준비하며 기다리는 기간)
69주: 7주 + 62주 = 69주 = 69주 x 7일 = 483일 = 483년.
1주: 1주 x 7일 = 7일 = 7년. (그리스도의 공중 봉사 기간 + 십자가 이후 제자들이 유대인에게 복음을 전파한 기간)
A.D 34년: 유대인들에게 정해진 70이레 (490년)의 은혜의 기간이 마쳐지면서, 스데반이 그리스도 교회의 첫 순교자가 되는 사건과 함께 복음이 이방인들에게로 전파되기 시작한 해.

A.D. 31년 봄, 유월절 날, 너무나 정확한 시간에 예수 그리스도께서는 유월절 양이 되셔서 우리를 위하여 십자가에서 피를 흘리는 대속의 희생을 치르셨던 것입니다. 이 얼마나 놀라운 예언입니까! 하나님께서 선지자 다니엘을 통하여, 예수님께서 이 땅에 태어나기 수백 년 전부터 당신의 아들이 피 흘리며 죽는 날짜까지 정확하게 예언해 두셨던 사실을 이해하는 사람마다 엄숙한 마음으로 성경 말씀을 대하게 될 것입니다.

예수님께서는 십자가에 못 박히셨고, 당신의 이마와 얼굴은 가시관에 찔려서 흘러내리는 피로 얼룩졌는데, 바로 그때 "(동물의 희생)제사와 예물"을 드리는 제도와 예식이 폐지되었으며, 유대인들이 구약 시대 동안에 지켜왔던 성소와 관련된 행사인 절기나 월삭이나 절기 안식일들이 폐지되었습니다. 왜냐하면 이러한 모든 의식이나 유대인들이 지키던 절기들은 예수 그리스도께서 인류의 죄를 위하여 십자가에 돌아가시는 대속 제물이 되실 것이라는 사실을 표상적으로 가르쳐 주는 그림자에 불과했기 때문입니다.

성소에서 거행된 모든 예식의 원형이신 그리스도께서 십자가에서 어린양으로서 죽으셨기 때문에, 구약 시대 동안에 이 놀라운 사건을 예표하는 그림자로서 사용되어 왔던 지상 성소 의식은 더 이상 의미가 없는 것이 되어 버렸습니다. 그러므로 바울은 이 사실을 다음과 같이 기록하였던 것입니다. "우리를 거스리고 대적하는 의문에 쓴 증서를 도말하시고 제하여 버리사 십자가에 못박으시고 … 십자가로 승리하셨느니라. 그러므로 … 절기나 안식일을 인하여 누구든지 너희를 폄론하지 못하게 하라. 이것들은 장래 일의 그림자니 몸은 그리스도의 것이니라."(골 2:14-17)

그러므로 메시아의 오심과 죽으심을 표상하였던 구약시대의 성소의 영적인 의미를 올바로 이해하지 못하면, 그리스도의 십자가가 하나님의 도덕률인 십계명을 폐하였다고 오해하게 됩니다. 십자가에 나타난 그리스도의 사랑과 은혜는 하나님께서 도덕률로 제정하신 십계명을 폐하는 것이 아니라, 오히려 십자가를 바라보는 그리스도인의 마음을 감동시켜서 계명을 잘 지킬 수 있도록 능력을 주는 원천이 됩니다.

또한 마지막 날에 우리는 하나님의 율법을 기준으로 우리의 모든 생각과 행위를 심판받게 될 것입니다. "누구든지 온 율법을 지키다가 그 하나를 범하면 모두 범한 자가 되나니, 간음하지 말라 하신 이가 또한 살인하지 말라 하셨은즉 네가 비록 간음하지 아니하여도 살인하면 율법을 범한 자가 되느니라. 너희는 자유의 율법대로 심판 받을 자처럼 말도 하고 행하기도 하라."(약 2:10-12)

2. 율법의 역사

아담과 하와는 창조함을 받았을 때에 하나님의 법에 대한 지식을 가지고 있었습니다. 저들은 율법의 요구에 대해서 잘 알고 있었고, 그 교훈이 저희의 마음속에 기록되어 있었습니다. 그러나 아담과 하와가 범죄하자, 그리스도께서는 자신의 생명을 인류를 위한 대속제물로서 바치는 구속의 계획을 수립하셨습니다. 그리하여 그리스도의 죽음을 예표하는 동물의 희생제도가 세워지게 된 것입니다. 그러나 하나님의 율법이 범하여지지 않았더라면, 인류에게는 죽음이라는 것이 없었을 것이며, 따라서 구세주의 필요성도 없었을 것이고, 따라서 희생제물을 드릴 필요도 없었을 것입니다.

아담은 자손들에게 하나님의 율법을 가르쳤고, 율법은 계속되는 세대를 통해서 전달되었습니다. 그러나 인류를 위한 위대한 구속의 계획이 세워졌음에도 불구하고, 그것을 받아들이는 사람들의 숫자는 극히 적었습니다. 범죄로 인하여 세상은 매우 극악하게 되었기 때문에, 세상을 홍수로서 다시 정결하게 할 수밖에 없었습니다. 홍수 후, 율법은 노아의 가족들에 의해서 보존되었습니다. 그러나 다시 인구가 증가하면서 사람들이 하나님의 법을 무시하는 삶을 살자, 하나님께서는 아브라함을 택하셔서 그에게 할례 의식을 주셨는데, 이것은 할례를 받는 자는 하나님만을 섬기기로 헌신한다는 서약의 표시였습니다.

그러나 아브라함의 자손 역시 그 서약을 지키지 못한 결과, 결국에는 애굽에 종살이하는 고통을 겪게 되었습니다. 애굽에서 종살이 하는 동안, 그들은 하나님의 율법에 대한 지식을 많이 잃어 버렸을 뿐만 아니라, 애굽의 이교에 많은 영향을 받게 되었습니다. 그리하여 여호와께서 모세를 통하여 그들을 애굽에서 불러내셨을 때, 그분께서는 시내산에 강림하셔서 모든 백성이 듣는 가운데 당신의 율법(십계명)을 친히 두 개의 돌판에 새겨주심으로써 하나님의 법에 대한 지식을 그들에게 가르치셔야만 하셨습니다.

오늘날, 어떤 사람들은 계명은 시내산에서 이스라엘 백성만을 위하여 제정된 것으로 생각하고 있습니다. 그래서 그들은 유대인이 아닌 우리들은 하나님의 계명을 지키지 않아도 된다고 말합니다. 정말 그렇습니까? 성경은 모세가 시내산에서 십계명을 받기 훨씬 이전 즉, 야곱을 통해서 유대민족이 형성되기 훨씬 전에 이미 계명과 율법이 존재하였음을 증거하고 있습니다. "이는 아브라함이 내 말을 순종하고 내 명령과 내 계명과 내 율례와 내 법도를 지켰음이니라."(창 26:5) 이러한 사실은 시내산에서 이스라엘 백성에게 십계명이 공포되기 이전의 장면에서도 재확인할 수 있습니다. "여호와께서 모세에게 이르시되 보라 내가 너희를 위하여 하늘에서 양식을 비같이 내리리니 이같이 하여 그들이 나의 율법을 준행하나 내가 시험하리라."(출 16:4)

만일 아담이 받았고, 노아가 보존하였고 아브라함에게 말씀하셨던 하나님의 율법이 계속해서 잘 지켜졌더라면, 할례 의식은 필요 없었을 것입니다. 만일 아브라함의 후손들이 할례로써 표를 삼은 언약을 잘 지켰더라면, 그들은 우상 숭배에 가담하지 않았을 것이며 애굽에서 노예 생활을 하는 고통을 겪지 않았을 것이고, 하나님께서 새삼스럽게 시내산에서 율법을 선포하고 돌비에 새겨서 백성에게 줄 필요도 없었을 것이며, 모세에게 부가적인 내용이 담긴 의문의 율법을 기록하게 하지도 않았을 것입니다.

의문의 율법을 주신 이유와 영원한 계명

아담 때부터 시작된 동물의 희생제도는 그의 후손들에 의해서 크게 곡해되었습니다. 주변의 이방인들로부터 받아들인 미신, 우상 숭배, 방탕함으로 인하여 하나님께서 지시하셨던 단순하고도 의미심장한 희생제도의 의미를 잃어버리게 되었습니다. 그리하여 하나님께서는 모세에게 성소에서 유지되어야 할 예배 형식에 대한 완전한 지시를 주시게 되었고, 모세는 하나님께서 주시는 의식 율법을 책에 기록하였습니다. 이 희생제도에 관한 의식 율법을 신약 성경에서는 의문의 율법(Ceremonial law)이라고 부르고 있는데, 십자가에서 폐지된 율법은 바로 이 의식 율법을 뜻합니다.

또 하나의 율법은 하나님께서 시내산에서 두 돌판에 친히 기록하신 십계명인데, 이것은 성소의 두 번째 칸인 지성소 안의 법궤 안에 거룩하게 보관되었습니다. 십계명은 하나님의 도덕적 품성과 그분의 뜻이 기록되어 있는 도덕률(Moral law)입니다. 이것은 총 10개의 계명으로 되어 있는데, 전반부에 있는 4계명에는 하나님께 대한 충성과 사랑이 기록되어 있고, 후반부 6계명에는 사람들 사이에서 지켜야 할 도덕과 사랑이 기록되어 있습니다.

비교 내용	십계명	의문의 율법
1 법의 내용	사랑의 도덕률	성소 제사제도의 의식법
2 별칭	"최고의 법"(약 2:8)	"의문에 속한 계명의 율법"(엡 2:15)
3 기록자	하나님께서 친히 기록하심 (출 31:18)	모세가 기록함 (대하 35:12)
4 선포자	하나님께서 직접 선포하심 (신 4:12,13)	모세를 통해서 간접적으로 전달 (레 1:1-3)
5 기록 장소	두개의 돌비 (출 31:8)	책 (대하 35:12)
6 보관 장소	법궤 안에 넣어 둠 (출 40:20, 히 9:4)	법궤 곁에 놓아 둠 (신 31:24-26)
7 유효 기간	"영원히 설 것임"(시 111:7,8)	십자가에서 폐지됨 (골 2:14)
8 폐지 여부	그리스도께서 폐하지 않았음 (마 5:17,18)	그리스도께서 폐하셨음 (엡 2:15)

동물의 희생제도에 대해서 기록한 의문의 율법은 세상 죄를 지고 가는 하나님의 어린 양인 그리스도의 죽음에 의해서 제사 제도의 목적과 그 완전한 의미가 실현될 때까지만 존재하도록 되어 있었습니다. 왜냐하면 예수님께서 십자가에서 돌아가시면, 더 이상 양을 잡아 죽이는 희생제도가 불필요하게 되기 때문입니다. 그러므로 사도 바울은 의문의 율법을 그리스도께서 "제하여 버리사 십자가에 못박으"셨다고 기록하였던 것입니다(골 2:14). 그러나 십계명의 율법에 대해서 시편 기자는 "여호와여 주의 말씀이 영원히 하늘에 굳게 섰"다고 기록하였고(시 119:89), 그리스도께서는 "내가 율법을 폐하러 온 줄로 생각지 말라 …

진실로 너희에게 이르노니 천지가 없어지기 전에는 율법의 일점 일획이라도 없어지지 아니하고 다 이루리라"고 선언하셨습니다(마 5:17,18). 그러므로 사도 바울은 "율법도 거룩하며 계명도 거룩하며 의로우며 선하도다"라고 말했던 것입니다(롬 7:12).

구세주의 죽음은 의문의 율법을 종식시켰지만, 도덕적 율법인 십계명에 대한 인류의 의무는 조금도 감소시키지 않았습니다. 오히려 인류에게 내려진 율법의 정죄를 속하기 위해서 하늘의 왕이신 그리스도께서 죽으셔야만 했다는 사실은 율법의 요구와 그 권위가 조금도 변하지 않았다는 사실을 우리에게 증거하고 있습니다. 비록 의문의 율법이 십자가에서 폐지되었다고 할지라도, 희생제도 속에 담긴 귀중한 의미는 오늘날에 사는 우리에게 매우 중요한 복음을 전하고 있는데, 바로 그것이 성소에 담겨진 복음입니다.

3. 성경절로 확인하는 하늘 성소

하늘 성소는 지상 성소의 원형

❶ 원형인 하늘 성소:

"저희가 섬기는 것은 하늘에 있는 것의 모형과 그림자라 모세가 장막을 지으려 할 때에 지시하심을 얻음과 같으니 가라사대 삼가 모든 것을 산에서 네게 보이던 본을 좇아 지으라 하셨느니라."(히 8:5)

❷ 참 것인 하늘 성소:

"그러므로 하늘에 있는 것들의 모형은 이런 것들로써 정결케 할 필요가 있었으나 하늘에 있는 그것들은 이런 것들보다 더 좋은 제물로 할찌니라 그리스도께서는 참 것의 그림자인 손으로 만든 성소에 들어가지 아니하시고 오직 참 하늘에 들어가사 이제 우리를 위하여 하나님 앞에 나타나시고"(히 9:23,24)

하늘 성소(첫째 칸)의 모습

❶ 성소에서 봉사하시는 그리스도:

"일곱 금촛대를 보았는데, 촛대 사이에 인자 같은 이가"(계 1:12,13)

❷ 성소에서 중보하시는 그리스도:

"금향로를 가지고 많은 향을 받았으니 이는 모든 성도의 기도들과 합하여 보좌 앞 금단에 드리고자 함이니 향연이 성도의 기도와 함께 천사의 손으로부터 하나님 앞으로 올라가는지라."(계 8:3,4)

하늘 지성소(둘째 칸)의 모습

❶ 요한이 본 언약궤:

"하늘에 있는 성전이 열리니 성전 안에 하나님의 언약궤(법궤)가 보이며"(계 11:19)

❷ 요한이 본 하늘 지성소:

"내가 보니 하늘에 증거 장막(지성소)의 성전이 열리니"(계 15:5)

성경공부
넘치는 은혜

5장

알곡인가? 가라지인가?

어떤 복음을 선택하셨나요?

제1부 교회 안에 존재하는 세 가지 구원론

어떤 복음을 선택하셨나요?

교회 안에 두 가지 복음이 존재합니다. 하나는 참 복음이요, 다른 하나는 가짜 복음입니다. 참 복음은 성경이 말하는 영원한 복음이요, 하나님께서 인류를 구원하시려고 계획하신 참된 구속의 방법입니다. 그러나 가짜 복음은 타락한 인간의 마음이 원하는 대로 그 내용을 살짝 바꾸어 놓은 위조된 복음을 말합니다.

그런데 문제는 두 복음이 다 한가지로 성경의 단어들과 예수의 이름을 사용하는데 있습니다. 그래서 많은 그리스도인이 이 두 가지 사이에서 혼돈을 겪습니다. 그러나 한 가지 놀라운 사실은 사람들은 자기가 원하는, 자기의 마음에 맞는 복음을 자기의 진정한 동기와 소원을 따라 선택한다는 것입니다. 그러므로 참 복음은 알곡을 만들어내고 가짜 복음은 가라지를 생산해 냅니다. 모든 사람은 이 두 가지 복음 중의 하나를 선택하여 믿습니다.

그러면 이제부터 이 두 가지 복음이 어떻게 파생되었는지 그 역사적인 측면을 마지막 4장에서 연구하기 이전에, 우리는 먼저 교회 안에 존재하는 여러 가지 다른 구원론에 대하여 살펴보아야 합니다. 이 문제를 어떻게 이해하느냐는 내가 어떠한 복음을 믿으며 살고 있는가를 보여주는 좋은 단서가 되기 때문입니다.

우리는 가정에서, 교회에서, 그리고 사회에서 어떤 구원론을 믿으며 살아가고 있습니까? 우리가 인정하든지, 인정하지 않든지를 불문하고, 우리는 다음과 같은 세 가지 구원론 중에 어느 하나를 믿고 있다는 사실을 알아야 합니다.

1) 성경이 말하는 참된 구원론(믿음으로 말미암는 의)
2) 율법주의의 구원론
3) 자유주의의 구원론(신학적인 용어로는 '도덕률 폐기론'라고 함)

기독교 교회 역사를 뒤돌아볼 때, 하나님의 교회를 타락시켜온 두 가지 구원론에 대한 교리가 있는데, 그것은 율법주의와 자유주의(도덕률 폐기론) 입니다. 율법주의는 구원 문제에 있어서 율법에 대한 순종과 선한 행위를 통하여 스스로 구원의 기초를 놓을 수 있다고 믿는 매우 위험한 교리이고, 이와 반대로 도덕률 폐기론은 율법의 권위를 무시하거나 아니면 폐지함으로써 그리스도인의 생애를 세속적이고 방종한 상태로 이끄는데, 이렇게 믿는 사람은 죄 되고 세속적인 상태에 있으면서도 자신은 구원받은 상태에 있다고 착각하게 되는 무서운 교리입니다. 사탄은 이 두 교리를 통하여 하나님의 교회를 집요하게 공격해 왔습니다.

사탄은 유대교회에 철저한 율법주의를 투입시킴으로써, 메시아를 십자가에 달아 매는데 성공하였습니다. 그러나 예수 그리스도의 봉사와 돌아가심을 통하여 초대 기독교회가 세워졌고 참된 그리스도 교회의 신앙이 시작되었습니다.

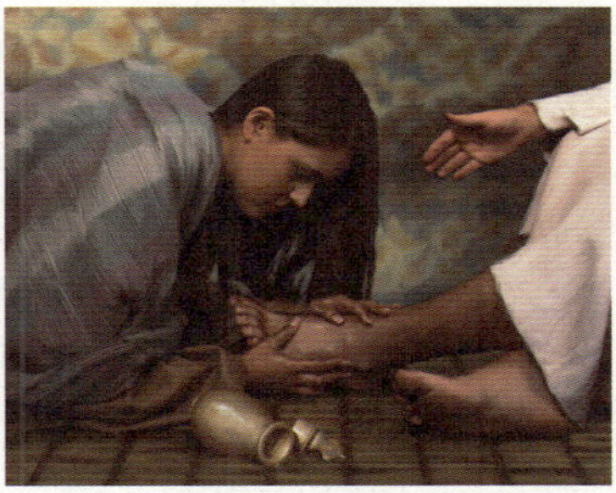

초대 기독교회의 신앙이란, 자신의 씻을 수 없는 죄를 용서받은 막달라 마리아가 자신의 모든 것을 털어서 값비싼 향유를 사서 그리스도의 머리에 부은 신앙을 말합니다. 예수 그리스도께 대한 감사와 사랑 때문에 자신의 생애 전체를 그분의 진리에 바치게 한 신앙이 초대 기독교회의 신앙입니다. 사랑은 그 여인을 진리에 완전히 붙잡힌바 된 의의 종으로 만들었습니다. 그래서 예수님께서는 "내가 진실로 너희에게 이르노니 온 천하에 어디서든지 복음이 전파되는 곳에는 이 여자의 행한 일도 말하여 저를 기념하리라"고 말씀하셨던 것입니다(막 14:9). 이것이 바로 성경이 말하는 구원에 대한 참된 가르침의 한 실례입니다.

그러나 제자들과 사도들이 역사의 현장에서 하나씩 사라지기 시작하면서부터 교회는 형식과 의무에 사로잡히게 되었고, 서서히 율법주의 늪으로 빠져 들어가게 되었습니다. 그리하여 사탄은 중세기의 종교 암흑시대에 천주교회를 통하여 각종 예식과 순례 즉, 행함을 통해서 구원을 얻을 수 있다는 율법주의를 퍼뜨리는 데 성공하였습니다. 이 때문에 온 세상은 깊은 영적 암흑기를 맞이하게 되었고, 이것은 오늘날까지 전수되어 기독교회 안에 깊은 뿌리를 내리게 되었습니다.

그러다가 16세기 초에 종교개혁운동을 통하여 예수 그리스도와 제자들이 수립해 놓은 참된 그리스도 교회의 신앙이 다시 회복되기 시작하더니 요한 웨슬리 시대에 와서는 복음과 율법의 올바른 균형과 조화가 회복됨으로써 개신교회의 전성기를 맞이하였습니다.

그러나 그러한 전성기는 오래가지 못했습니다. 언제부터인지 정확하게 말하기는 어렵지만, 산업혁명 이후부터 과학과 산업이 발달하고 부에 대한 인간의 욕구가 극에 달하기 시작하면서부터, 이러한 세속적 흐름과 경향이 거룩한 하나님의 교회 안에도 스며들어 왔는데, 바로 그 즈음부터 그리스도 교회 안에 "하나님의 도덕률인 십계명을 범하는 생애를 살아도 구원 받을 수 있습니다."라는 괴이한 가르침이 생기기 시작하였습니다. 세속화된 교회는 성장과 번영을 최고의 목적으로 삼게 되었고, 그러한 목적을 성취하기 위해서는 더 많은 교인을 교회 안으로 불러들여야만 하였습니다.

그래서 일부 거듭나지 못한 목사들과 신학자들은 세상을 향하여 교회의 문을 낮춘다는 그럴듯한 명목하에 십계명을 폐지하거나 그 권위를 낮추는 작업에 들어갔는데, 일반적으로 이것을 도덕률(십계명) 폐기론 또는 자유주의라고 부릅니다.

불행하게도, 그들의 그러한 노력은 이미 세속과 유행 그리고 돈이 주는 매력에 굴복한 교회들에게 매우 긍정적으로 받아들여졌습니다. 이러한 타협의 결과로 현대 기독교회 안에는 성경이 인정하는 참된 구원론뿐만 아니라 율법주의와 자유주의(도덕률 폐기론)가 함께 공존하게 되는 괴이한 상황에까지 이르게 되었습니다. 교회 안에 구원을 약속하는 서로 다른 신앙들이 공존하면서부터, 교인들은 미로 속에서 방향을 잃고 헤매는 길 잃은 양들이 되고 말았습니다. "결국에는 다 마찬가지인데, 구원만 받으면 되지 까다롭게 따져서 무슨 소용입니까?"라고 묻는 무지하고 어리석은 양들이 하나님의 교회를 가득 채워가는 현실을 보면서 두려움마저 느끼게 됩니다.

이 책자에서 우리는, 모든 교파와 종파를 초월해서 그리스도인이 가진 구원론을 크게 세 가지로 분류하여 그 차이점을 비교할 것이며, 어떤 구원론이 성경이 말하는 참 구원론인지를 살펴보고자 합니다. 앞에서도 언급했듯이 그 세 가지는 첫 번째로 성경이 말하는 참 구원론(믿음으로 말미암는 의), 둘째로 율법주의, 셋째로는 자유주의(도덕률 폐기론)입니다.

이 세 가지 구원론은 서로 어떻게 다르며, 율법주의와 자유주의(도덕률 폐기론)는 어떤 문제를 가지고 있습니까? 다음과 같은 5가지 성서에 따른 구원론(믿음으로 말미암는 의)에 대해서 율법주의자와 자유주의자는 어떠한 이해와 신앙적 경험을 가지고 있는지 살펴보도록 합시다.

1. 율법주의자들

성도들은 하나님의 법을 순종해야 하지만, 자신의 힘으로는 거룩한 하나님의 법에 순종할 수 없습니다. 그러나 하나님의 법에 순종할 수 있는 오직 한 가지 방법이 있는데, 그것은 거듭남을 통해서 그들 속에 있으시는 그리스도의 능력을 힘입는 것입니다. "내가 그리스도와 함께 십자가에 못 박혔나니 그런즉 이제는 내가 산 것이 아니요 오직 내 안에 그리스도께서 사신 것이라 이제 내가 육체 가운데 사는 것은 나를 사랑하사 나를 위하여 자기 몸을 버리신 하나님의 아들을 믿는 믿음 안에서 사는 것이라"(갈 2:20).

율법주의자들은 하나님의 율법을 존중하고 그것을 지키기 위해서 부단히 노력을 하지만, 그리스도께 자신의 마음과 생애를 전적으로 바치지 않은 상태에서 즉, 더럽고 이기적인 마음을 가지고 하나님의 법에 순종하는 생애를 살고자 무모한 노력을 합니다. 그들은 세상과 재물에 대한 결정적인 포기와 새롭게 거듭나는 마음의 영적 경험 없이 하나님의 거룩한 율법을 자신의 의지와 노력에 의해서 지킴으로써 의로운 생애를 살고, 그것에 대한 대가로 구원을 얻어내려고 애씁니다. 율법주의자의 문제는 구원을 베푸시는 하나님의 능력을 의지하는 대신에 자신의 의지와 힘을 의지하는 것입니다. 연약한 인간의 힘으로는 전혀 불가능한 목표를 세우고 달리는 고달픈 마라토너처럼, 결국 율법주의자들은 실패와 좌절의 늪으로 빠져들어 가게 되는데, 이것이 율법주의자들의 말로입니다.

한 가지 확인하고 넘어가야 할 사실이 있는데, 그것은 오늘날 많은 사람이 자신은 자신이 행한 선한 행위에 의지하지 않고 오직 예수 그리스도의 십자가 보혈의 공로를 의지함으로써 구원받는다는 사실을 믿는다고 말하지만, 매일의 일상생활에서 하나님의 능력을 신뢰하지 않으며, 그분의 은혜를 절실히 필요로 하지 않고, 양심 속에서 속삭이시는 성령의 세미한 목소리에 귀를 기울이지 않고 살아간다면, 이런 그리스도인들 역시 실제에 있어서는 자신을 의지하면서 사는 율법주의적 신앙을 가진 것입니다.

자신은 율법주의를 믿지 않는다고 말하면서도 실생활에 있어서는 율법주의적 경험 속에서 방황하고 있을 수 있으므로 주의해야 합니다. 하나님의 거룩한 율법과 심판에 압도되어 두려움 속에서 성경 말씀에 순종하려고 애쓰지만, 자아와 욕심을 버리지 않음으로써 실패와 좌절의 경험을 반복하는 그리스도인이야말로 율법주의적 신앙을 하고 있다고 말할 수 있습니다.

이러한 율법주의적 신앙을 가진 그리스도인들은 속히 그들의 시선을 십자가로 고정하고, 자신과 같은 인간에게 베푸신 하나님의 무한하신 속죄의 은혜를 명상함으로써, 죄와 이기심과 세속적 정신을 버려야만 합니다. "하나님이여 불쌍히 여기옵소서 나는 죄인이로소이다."라고 기도함으로써, 자신의 교만과 위선을 버려야 합니다. 심령의 비참함을 절실히 느끼는 사람, 다시 말해서 자신에게 선한 것이 전혀 없다는 것을 깊이 깨닫는 사람만이 예수 그리스도의 의의 선물을 받을 수 있으며, 율법주의 함정으로부터 빠져나올 수 있습니다.

그러나 반면에 자유주의자들의 문제는 하나님의 율법을 지키는 것이 자신의 구원과 아무런 상관이 없다고 믿는 것입니다. 그들은 대개 다음과 같은 말로서, 십계명에 대한 순종의 중요성을 무시해 버립니다. "십자가에서 십계명이 폐하여졌다. 하나님의 은혜는 율법에 대한 의무감으로부터 우리를 해방했다. 그러므로 우리는 율법을 지키지 않아도 되며, 오직 예수님을 믿기만 하면 구원받는다." 또한, 그들은 말하기를 "하나님의 법은 지킬 필요가 없으며, 지킬 수도 없다"라고 합니다.

그러나 이것이 사실일까요? 하나님의 말씀인 성경은 율법 유효성에 대해서 이렇게 선언하고 있습니다. "내가 율법이나 선지자나 폐하러 온 줄로 생각지 말라 폐하러 온 것이 아니요 완전케 하려 함이로라 진실로 너희에게 이르노니 천지가 없어지기 전에는 율법의 일점일획이라도 반드시 없어지지 아니하고 다 이루리라"(마 5:17,18). 순종의 댓가로 구원을 얻는 것은 아니지만, 그리스도인의 마음에 새겨진 사랑은 하나님의 진리에 온 마음을 다하여 순종하도록 반응한다는 사실을 자유주의자들은 이해해야만 합니다.

2. 하나님의 성도들은 그리스도의 사랑과 희생에 대한 감사의 정신이 동기가 되어 하나님의 법에 순종한다고 말합니다

율법주의자들은 자기 구원의 기초를 자신의 힘으로 이루고자 법을 지키려고 합니다. 행함은 거듭난 그리스도인들에게 자연스럽게 따라오는 결과임에도, 율법주의자들에게 있어서 행함은 어쩔 수 없이 해야만 하는 종교적 의무가 됩니다. "너희가 그 은혜를 인하여 믿음으로 말미암아 구원을 얻었나니 이것이 너희에게서 난 것이 아니요 하나님의 선물이라 행위에서 난 것이 아니니 이는 누구든지 자랑치 못하게 함이니라 우리는 그의 만드신 바라 그리스도 예수 안에서 선한 일을 위하여 지으심을 받은 자니 이 일은 하나님이 전에 예비하사 우리로 그 가운데서 행하게 하려 하심이니라"(엡 2:8-10).

율법주의자들은 순종하고자 하는 그들의 동기와 목적에도 문제가 있습니다. 그들은 하나님의 은혜와 사랑에 대한 감동과 값으로 헤아릴 수 없는 놀라운 선물로서 주어지는 구원에 대해서 깊은 감사의 정신이 원동력이 되어서 율법을 지키기보다는, 지옥불에 대한 두려움과 자신도 구원을 받아야 한다는 이기적 목적이 동기가 되어서 율법을 지키고 선을 행하고자 노력합니다. 율법주의자들에게 있어서 무엇보다도 안타까운 사실은 자신의 생애를 그리스도께 전적으로 굴복하지 않은 채 율법에 순종하고자 애쓰는 것입니다. "그리스도의 사랑이 우리를 강권하시는도다"(고후 5:14).

자유주의자들은 법을 지키려고 애쓰는 노력 자체가 율법주의라고 착각합니다. 율법주의자들의 문제점은 법을 존중하고 순종하고자 하는 노력 자체에 있는 것이 아니라, 잘못된 동기를 가지고 자신의 힘으로 법에 순종함으로써 구원의 기초를 놓으려고 하는 데 있다는 점을 주목하십시오. 성경은 그리스도인들이 구원을 얻기 위해서 열정적인 노력을 기울이고 죄의 유혹에 대하여 투쟁할 것을 요구하고 있습니다. "좁은 문으로 들어가기를 힘쓰라 내가 너희에게 이르노니 들어가기를 구하여도 못하는 자가 많으리라"(눅 13:24).

3. 성도들은 그리스도의 모본을 따라서 죄는 미워하지만, 죄인들을 사랑해야 합니다

예수님께서는 깊은 동정심을 가지고 간음하다가 현장에서 붙잡혀 온 여인에게 다음과 같이 말씀하셨습니다. "나도 너를 정죄치 아니하나니 가서 다시는 죄를 범치 말라 하시니라"(요 8:11). 그분께서는 죄와 죄인을 분명하게 구별하여 다루셨습니다. 죄는 그리스도의 마음을 상하게 하였지만, 그분께서 가지고 계신 죄인에 대한 동정은 언제나 죄인들에게 용기와 위로를 던져 주었습니다. 예수님께서 죄인을 위하여 십자가에서 돌아가신 이유는 죄인을 불쌍히 여기시고, 죄를 미워하시기 때문입니다.

율법주의자들은 죄와 죄인을 함께 미워하는 경향이 있습니다. 그들은 육체의 연약함을 드러내는 사람들을 엄하게 심판합니다. 비록 자신들이 극복하지 못하는 죄를 다른 사람들이 범하였을 때일지라도 그것을 확대하고 정죄하는 성향을 종종 드러냅니다.

자유주의자들은 죄와 죄인에 대해서 같은 관대함을 나타냅니다. 많은 경우에 있어서, 그들은 죄를 의도적으로 회개하지 않는 죄인에 대해서도 "관대한 사랑(?)"을 나타냅니다. 자신의 죄를 교회 앞에서 고백해야 할 죄인의 어깨에 팔을 두르면서 다음과 같은 사랑가를 부릅니다. "당신의 죄에 대해서 너무 걱정하지 마십시오. 하나님께서는 당신을 이해하실 것입니다." 이러한 무책임한 사랑의 표현은 죄인들의 마음에 위험한 결과를 가져다줍니다. 죄인을 사랑하기 위해서 죄에 대한 경계와 경각심을 느슨하게 만드는 것이야말로 자유주의자들의 특징입니다.

예수님께서는 죄인을 용서해 주시면서 동시에 "가서 다시는 죄를 범치 말라"는 말씀으로 그의 생애를 지도해 주셨습니다. 자유주의자들은 죄인의 생애를 관대하게 봐주지만, 하나님의 진리에 굳게 서서 살아가는 사람들을 오히려 율법주의자로 정죄하는 경향을 보이고 있습니다.

4. 하나님의 성도들은 날마다 성령의 능력을 힘입어 승리의 생애를 살지만 스스로 의롭다는 주장을 하지 않습니다

하나님께서는 욥을 완전한 사람이라고 말씀하셨습니다. "여호와께서 사탄에게 이르시되 네가 내 종 욥을 유의하여 보았느냐 그와 같이 순전하고 정직하여 하나님을 경외하며 악에서 떠난 자가 세상에 없느니라"(욥 1:8). 그러나 욥은 자신이 스스로 완전하다고 말하는 위험에 대해서 다음과 같이 말하였습니다. "가령 내가 의로울찌라도 내 입이 나를 정죄하리니 가령 내가 순전할찌라도 나의 패괴함을 증거하리라 나는 순전하다마는 내가 나를 돌아보지 아니하고 내 생명을 천히 여기는구나"(욥 9:20,21). 이러한 태도야말로 하나님의 성도들이 마땅히 가져야 되는 겸손입니다.

그러나 하나님의 성도라고 할지라도, 자신이 눈을 그리스도로부터 돌려서 세상과 자신을 볼 경우에는 여지없이 쓰러지게 됩니다. 그러한 경우에도 성도들은 요한일서 2장 1절에 기록된 약속의 말씀을 의지하고 다시 일어서야 합니다. "나의 자녀들아 내가 이것을 너희에게 씀은 너희로 죄를 범하면 아버지 앞에서 우리를 대언해줄 대언자가 있으니 곧 의로우신 예수 그리스도라."

율법주의자들에 대한 사도 바울의 다음과 같은 기록은 율법주의자들의 경험을 묘사하는데 있어서 너무나 적절하다고 볼 수 있습니다. "나의 행하는 것을 내가 알지 못하노니 곧 원하는 이것은 행하지 아니하고 도리어 미워하는 그것을 함이라 … 내가 원하는 바 선은 하지 아니하고 원치 아니하는 악은 행하는도다"(롬 7:15,19). 계속해서 사도 바울은 극심한 좌절 속에서 외치는 율법주의자들의 절규에 대해서 이렇게 기록하였습니다. "오호라 나는 곤고한 사람이로다 이 사망의 몸에서 누가 나를 건져내랴"(롬 7:24).

불행하게도 율법주의자들은 자신의 마음과 생애를 그리스도께 온전히 바침으로써 얻게 되는 마음의 평화와 구원을 이해하지 못합니다. 매우 엄격한 생애를 살려고 애씀에도 실패를 반복하게 됨으로써, 결국에는 자신에 대해서 실망하고 좌절하게 됩니다. 실제로 적지 않은 숫자의 율법주의적 신앙을 가진 그리스도인들이 좌절, 비관, 자기 실망 등에 빠져서 생애를 불행하게 보내고 있는데, 이것은 너무나 안타까운 현실입니다.

이러한 경험을 통과하는 율법주의자들은 엄청난 정신적 갈등을 견디지 못하고 신앙을 버리든지, 심한 경우에는 자살하는 극한 상황에까지 도달합니다. 그러나 이보다 훨씬 많은 숫자의 율법주의자들은 자신을 합리화하기 위해서 율법이 십자가에서 폐하여졌다는 도덕률 폐기론(자유주의)을 받아들임으로써, 도덕적 패배주의자(자유주의자들)의 길을 걷기로 신앙을 전향합니다.

자유주의자들은 어떤 면에 있어서 율법주의자들의 경험과 유사하지만, 매우 다른 면을 가지고 있습니다. 율법을 신실하게 지키지 못하는 점에 있어서는 자유주의자나 율법주의자가 모두 같습니다. 그러나 자유주의자들은 율법이 십자가에 의해서 폐하여졌다는 도덕률 폐기론(자유주의)을 믿고 있거나, 아무리 신실한 그리스도인이라고 할지라도 결코 죄를 승리할 수 없다고 믿기 때문에 율법주의자들처럼 좌절감이나 신경쇠약 증세에 시달리지 않습니다. 자신들의 부도덕하고 하나님의 법을 무시하는 삶을 당연한 것으로 생각하기 때문입니다.

이러한 이유 때문에 그들은 율법을 무시하는 죄된 삶 속에서도 기만적인 행복과 거짓 안전감을 느끼면서 거의 완전한 자기 기만의 길을 걷게 되는 것입니다. 그러나 마지막 심판의 날, 하나님의 법을 무시한 생애 때문에 자신이 잃어버린바 되었다는 사실을 깨달았을 때, 얼마나 놀라면서 두려워 떨겠습니까? "나더러 주여 주여 하는 자마다 천국에 다 들어갈 것이 아니요 다만 하늘에 계신 내 아버지의 뜻대로 행하는 자라야 들어가리라 그 날에 많은 사람이 나더러 이르되 주여 주여 우리가 주의 이름으로 선지자 노릇하며 주의 이름으로 귀신을 쫓아 내며 주의 이름으로 많은 권능을 행치 아니하였나이까 하리니 그때에 내가 저희에게 밝히 말하되 내가 너희를 도무지 알지 못하니 불법을 행하는 자들아 내게서 떠나가라 하리라"(마 7:21-23).

혹시, 십계명이 폐하여졌으므로 그것을 지킬 필요가 없다고 생각하는 형제자매들이 있습니까? "내가 너희를 도무지 알지 못하니 불법을 행하는 자들아 내게서 떠나가라 하리라"는 예수 그리스도의 경고를 부디 소홀히 여기지 말기를 바랍니다.

5. 하나님의 성도들은 그들의 마음에 완전한 평화를 소유할 수 있습니다

"주의 법을 사랑하는 자에게 큰 평안이 있으니 저희에게는 장애물이 없으리이다"(시 119:165).

율법주의자들은 아무리 애를 쓸지라도 그들의 영혼 속에 평화를 간직할 수 없습니다. 왜냐하면, 그들의 육적인 마음으로는 결코 거룩한 율법에 순종할 수 없기 때문입니다. 그들은 자기 정죄에 빠져들게 되고, 그리스도의 사랑과 속죄를 충분하게 받아들이지 못함으로써 용서에 대한 확신도 소유할 수 없으며, 죄악에 강력하게 저항할 수 있는 영적 스테미너도 잃어버리게 됩니다.

자유주의자들은 거짓 안전감에 도취되어, 율법과 성경이 제시하는 원칙에 대해 순종하려고 애쓰는 일은 율법주의자들이나 하는 것으로 착각합니다. 오늘날 현대 기독교회는 자유주의적 정신이 팽배해 있습니다. 자유주의가 교회 안에 있는 거듭나지 못한 수많은 그리스도인의 관심을 끌게 되었고, 그 결과 각종 유행과 장신구와 짙은 화장, 그리고 각종 세속적 관습들이 거룩한 하나님의 교회를 범람하게 되었습니다. 심지어는 술, 담배, 도박을 즐기는 사람까지도 집사나 장로 안수를 받게 되는 해괴한 모습을 보게 되었습니다. 주일을 거룩하게 지켜야 된다는 설교와 십일금과 각종 헌금을 기억하여 철저하게 드려야 한다는 말씀은 점점 더 교회 안에서 듣기 어렵게 되었습니다.

오늘날 현대 기독교회가 겪는 이러한 증세들은 바로 "자유주의"가 가져온 치명적 병폐라는 사실을 알아차리는 그리스도인들이 얼마나 있을까요? 예수님께서 천국에 대하여 설명하기 위해서 사용하신 다음과 같은 비유의 말씀은 지금도 모든 자유주의자에게 날카로운 경종을 울려 줍니다. "천국은 마치 밭에 감추인 보화와 같으니 사람이 이를 발견한 후 숨겨 두고 기뻐하여 돌아가서 자기의 소유를 다 팔아 그 밭을 샀느니라 또 천국은 마치 좋은 진주를 구하는 장사와 같으니 극히 값진 진주 하나를 만나매 가서 자기의 소유를 다 팔아 그 진주를 샀느니라"(마 13:44-46).

보화가 감춰진 밭의 값이 얼마였을까요? 농부가 가지고 있던 모든 것이었습니다. 우연하게 찾은 좋은 진주의 값은 얼마였습니까? 장사꾼이 가지고 있던 모든 것이었습니다. 영생의 댓가는 자기의 옛 생애를 완전히 포기하고 예수 그리스도께서 걸으셨던 그 길을 걷는 것입니다. 그래서 성경은 그 길로 들어서는 문을 좁은 문이라고 부르는 것입니다. 혹시 이 글을 읽는 독자 가운데 자유주의적 신앙을 가진 그리스도인이 있습니까? 조심하십시오! 마지막 날에 여러분은 하나님의 거룩한 율법을 근거로 해서 여러분의 신앙과 삶을 심판받게 될 것입니다.

6. 그리스도인 형제 자매들에게 보내는 호소

복음은 완전한 것이어야 합니다. 믿음과 행함 그리고 복음과 율법이 완전하게 성서적 조화를 이룬 복음만이 성도들을 죄로부터 구원할 수 있으며, 죄인의 성품과 생애를 변화시켜서 하늘 도성 안으로 인도할 수 있게 만듭니다. 교회 안에 존재하는 율법주의자들과 자유주의자들에게 올바른 복음을 설교함으로써, 그들이 멸망을 향하여 달려가고 있다는 사실을 정확하게 가르쳐 주어야만 합니다.

무엇보다도 그들을 율법주의와 자유주의로부터 넉넉히 구원해 내실 수 있는 구세주의 구원하시는 능력을 소개해야 합니다. 그리스도께서는 죄를 용서해 주실 뿐만 아니라 마음을 변화시켜 주심으로서 하나님의 말씀과 계명을 지킬 수 있는 아름다운 생애로 이끌어 주실 수 있는 분임을 가르쳐 주도록 하십시오.

율법주의자들을 향한 우리의 호소는, 자포자기하여 영생으로 인도하는 좁은 길을 포기하고 인생을 방종과 자기만족으로 살아가는 자유주의자들의 진영으로 건너가고자 하는 유혹을 조심하라는 것입니다. 여러분의 문제로부터 빠져나오기 위한 최선의 처방은, 매일 그리스도의 십자가와 생애를 명상함으로써 여러분 자신의 무가치함을 깊이 인식하고, 모든 시험과 기만으로부터 완전한 승리를 주실 수 있는 그리스도의 능력을 간구하라는 것입니다.

자유주의자들을 향한 우리의 호소는, 율법과 원칙에 철저하지만, 이기적이고 탐욕적인 생활을 버리지 못하고 살아가는 위선적인 율법주의자들을 보면서 율법을 경시하게 되는 유혹을 조심하라는 것입니다. 혹시, 이 글을 읽은 가운데 성령님께서 역사 하셔서 자신의 생애가 나태하고 방종한 삶으로 흘러가고 있다는 사실을 깨달았을 경우, 여러분은 하나님의 말씀과 율법에 순종하는 순결한 삶을 살겠다고 결심해야만 합니다. 그러나 이때에 반대편에서 기다리는 사탄의 덫인 율법주의에 걸려 넘어지지 않도록 주의하십시오.

자신도 모르게 십계명이 십자가에서 폐지되었다는 거짓 교리를 받아들임으로써, 자유주의적 신앙을 가지게 되었습니까? 여러분이 일단 율법을 경시하는 삶을 살기 시작하면, 여러분의 삶은 아무런 원칙과 표준이 없이 표류하게 될 것입니다. 여러분의 인생은 하나님의 말씀에 근거해서 이루어지는 것이 아니라, 여러분 자신이 세워 놓은 인생관과 철학에 따라서 형성될 것입니다.

이러한 여러분의 모습은 세상 사람들로 하여금 그리스도 교회 신앙을 애매모호하게 만들 것입니다. 세상과 그리스도를 믿는 신앙 사이에는 분명한 선이 존재해야만 합니다. 여러분이 자유주의를 고집하며 살아가는 한, 여러분의 생활은 방종의 길을 걷게 될 것이고, 결국에는 영원한 파멸이라는 쓰디쓴 후회의 잔을 마시게 될 것입니다.

자유주의를 신봉하는 형제자매들을 위한 최선의 처방은, 하나님의 말씀을 깊이 연구하라는 것입니다. 과연 여러분이 믿는 것처럼 하나님의 법은 폐지되었으며, 하나님의 법에 불순종하는 삶을 살아도 구원을 보장받을 수 있는지를 하나님의 말씀인 성경에 물어보십시오. 또한, 날마다 십자가와 그분의 은혜에 대해서 깊이 묵상하는 일을 잊지 마십시오. 만일 여러분이 그리스도의 은혜와 희생을 정확하게 이해하고 깨닫는다면, "율법은 지킬 필요가 없다"는 말을 결코 하지 못하게 될 것입니다.

제2부 이런 신앙이 진짜 신앙

"누구든지 그리스도 안에 있으면 새로운 피조물이라 이전 것은 지나갔으니 보라 새것이 되었도다"(고후 5:17).

어떤 사람은 자신의 회개한 과정에 대하여 정확한 시간이나 장소나 그 경로를 정확하게 말하지 못할 수도 있습니다. 그렇다고 할지라도 그것이 그가 회개하지 않은 증거가 되지는 못합니다. 그가 그리스도께로 나온 단계를 알지 못할 수도 있습니다. 그리스도께서 니고데모에게 말씀하시기를 "바람이 임의로 불매 네가 그 소리를 들어도 어디서 오며 어디로 가는지 알지 못하나니 성령으로 난 사람은 다 이러하니라"(요 3:8).

눈에는 보이지 아니하나 그 영향은 분명히 볼 수 있고, 감촉할 수도 있는 바람과 같이, 사람의 마음 안에서 역사 하시는 하나님의 신도 또한 그러한 것입니다. 사람의 눈으로 볼 수 없는 이 거듭나게 하는 능력은 사람의 마음 안에 새로운 생명을 태어나게 하며, 또 그것은 하나님의 형상대로 새 사람을 만들어 냅니다. 비록 성령의 역사가 소리가 없고, 느낄 수 없을지라도 그 영향과 결과는 현저하게 드러납니다. 만일 우리의 마음이 하나님의 영으로 말미암아 새로워졌다면, 우리의 실제 생활이 그것을 증명하게 될 것입니다.

물론 우리는 우리 자신의 마음을 스스로 변화시킬 수 없고, 우리 자신의 힘으로 하나님의 성품을 닮을 수는 없습니다. 또한, 우리 자신이 행하였던 선한 행위를 통해서 구원에 이를 수 있다고 믿어서는 안 됩니다. 그러나 우리 날마다의 생애는 우리 마음속에 하나님의 은혜를 간직하고 있는지 없는지의 여부를 분명하게 드러냅니다. 다른 사람들이 과거의 우리와 현재의 우리 사이에 있는 차이를 발견하게 될 것입니다. 새로 태어나는 변화의 경험은 우리의 품성과 습관과 직장 생활에서 분명하고 확실하게 나타나게 될 것입니다. 품성은 한순간의 선행이나 일시적인 악행으로 드러나는 것이 아니라, 습관적인 말과 행실에서 드러나게 되는 것입니다.

사실, 우리는 하나님의 새롭게 하시는 능력이 없이도 어느 정도까지는 올바르게 행동할 수 있을지 모릅니다. 자신의 덕망을 넓히고 사람들에게 존경을 받고자 하는 욕망이 우리의 생애의 겉모습을 바꿀 수도 있습니다. 자존심이 우리로 하여금 누추하고 옹졸한 모습을 피하게 할 수도 있습니다. 또는 우리 친구들의 눈에 선한 사람으로 보이기를 원하기 때문에 악을 피할 수도 있습니다. 이기심을 품은 사람들도 너그럽고 선하게 행할 수 있습니다. 그러면 우리가 어느 편에 속해 있는지를 어떻게 알 수 있을까요? 누가 우리의 마음을 지배하고 있습니까? 우리의 생각이 누구에게 가 있습니까? 우리가 누구에 대하여 말하기를 좋아합니까? 우리의 가장 열정적인 애정과 최대의 정력을 누구에게 쏟고 있습니까? 우리가 그리스도께 속한 사람이라면, 우리의 생각은 그분께 가 있을 것이요, 그분과 그분의 사역을 생각하는 것이 우리의 가장 큰 즐거움이 될 것입니다. 그리고 우리의 모든 소유와 몸을 다 그분께 바치게 될 것입니다. 우리는 그분의 성품을 닮을 것이며, 그분의 정신을 나타내고, 그분의 뜻을 행하여 범사에 그를 기쁘시게 하기를 소원할 것입니다.

그리스도 안에서 새롭게 거듭난 사람에게는 성령의 열매인 "사랑과 희락과 화평과 오래 참음과 자비와 양선과 충성과 온유와 절제"가 맺힐 것입니다(갈 5:22). 이러한 사람들은 자신들이 과거에 행하던 것처럼 정욕을 따라서 행치 아니하고, 하나님의 아들을 믿음으로 말미암아 그리스도의 발자취를 따라가게 될 것이며, 그분의 품성을 반사하며 그의 깨끗하심과 같이 자신을 깨끗하게 할 것입니다.

그리고 그들이 전에 미워하던 것을 사랑하게 될 것이며, 전에 사랑하던 것을 미워하게 될 것입니다. 교만하고 자기주장만 내세우던 자가 마음이 온유하고 겸손해질 것입니다. 허영심이 많고 거만하던 자가 침착하여지고, 근신하게 될 것입니다. 술을 마시던 자가 절제하고, 방탕하던 자가 순결한 사람이 될 것입니다. 세상의 허영적인 습관과 유행을 버리게 될 것입니다. 그리스도인들은 외모와 의복으로 사람들의 관심을 끌고자 하지 않을 것이며, "오직 마음에 숨은 사람을 온유하게 하고 안정한 심령의 썩지 아니할 것으로" 마음을 단장할 것입니다(벧전 3:4).

참된 회개는 우리의 마음과 생활을 변화시켜 줍니다. 우리는 도적질한 것들을 되돌려 줄 것이며, 죄를 자복하고 하나님과 사람들을 사랑하게 될 것입니다. 이렇게 되면, 우리는 사망에서 생명으로 옮기어졌다는 사실을 알게 될 것입니다. 우리가 예수님 앞에 나가서 그분의 용서와 은혜를 받아들일 때, 우리의 마음에는 사랑이 싹트게 됩니다. 성경이 우리에게 말하는 모든 의무와 책임이 어렵게 보이지 않게 될 것인데, 왜냐하면 그리스도께서 메워주시는 멍에는 쉽고 가볍기 때문입니다. 드디어, 의무는 즐거움이 되고, 희생은 기쁨이 됩니다. 전에는 흑암으로 어두웠던 길이 이제는 의로운 태양에 의해서 환하게 밝아지게 될 것입니다.

그리스도의 품성의 아름다운 특징들이 그분을 따르는 자들에게서도 나타나게 될 것입니다. 하나님의 뜻을 행하는 것이 그리스도께 가장 큰 즐거움이 되었습니다. 하나님께 대한 사랑과 그분의 영광을 드러내고자 하는 열성이 그리스도의 생애를 이끌었던 가장 큰 원동력이 되었습니다. 사랑은 하나님께로부터 오는 것입니다. 하나님께 마음을 바치지 않은 자들은 스스로 사랑을 조작하여 만들어 낼 수 없습니다. 사랑은 오직 그리스도께서 다스리는 마음에서만 찾을 수 있습니다.

"우리가 사랑함은 그가 먼저 우리를 사랑하셨음이라"(요일 4:19). 하나님의 은혜를 받아서 새롭게 된 마음에는 사랑이 모든 행위의 원칙이 됩니다. 사랑은 품성을 변화시키고, 감정을 지배하며, 정욕을 제어하고, 증오심을 사라지게 하며, 정신을 고상하게 만들어 줍니다. 우리가 이러한 사랑을 자신의 마음에 품으면, 우리의 생애는 즐겁고 유쾌한 것이 될 것이며, 주변의 모든 사람에게 아름다운 감화를 끼치게 됩니다.

하나님의 자녀들이 매우 조심해야 할 두 가지 위험이 있습니다. 그 하나는 앞서 말한 바와 같이 하나님의 인정을 받으려는 방법으로서, 자신의 행위와 힘을 의지하는 것입니다. 하나님의 말씀과 율법을 지키는 일을 자신의 힘으로 행함으로써, 경건하고 거룩하여지려고 하는 자는 전혀 불가능한 일에 도전하는 것입니다. 먼저, 성령님께서 마음을 변화시키고, 그리스도의 사랑이 우리의 마음에 들어오기 전까지, 우리 자신의 열심히 행하는 모든 일은 이기적이고 더러운 것이 될 수밖에 없습니다. 믿음을 통하여 그리스도의 은혜를 마음에 받아들일 때에만, 우리는 참된 그리스도인의 사랑을 행할 수 있습니다. 그리스도를 떠나서 행하는 모든 행위는 이기심과 불순한 동기로 더럽혀지게 됩니다.

두 번째는 위에서 말했던 위험과 정반대되는 것으로서, 오늘날 기독교계에 매우 편만한 믿음인데, 그것은 그리스도를 믿기만 하면, 사람은 하나님의 율법을 지킬 의무에서 벗어난다고 믿는 믿음을 말합니다. 즉, 우리는 오직 믿음으로만 하나님의 은혜를 받는 자가 되는 것이요, 우리의 행하는 바는 우리 자신의 구원 문제와 전혀 관계가 없다고 주장하는 것입니다. 하나님의 율법을 지키든지 지키지 않든지를 막론하고 믿기만 하면 구원받는다고 말하는 것은 매우 위험한 사상입니다.

이 문제에 있어서, 우리가 반드시 이해해야 할 것이 하나 있는데, 그것은 "순종"이라는 것은 단지 외모적으로 행하는 것만을 뜻하는 것이 아니라, 사랑이 동기가 되어서 행하는 봉사와 충성이라는 사실입니다. 하나님의 율법은 그분 품성의 표현이며, 사랑의 대원칙을 실현하기 위해서 주어진 것입니다. 그러므로 그것은 하늘과 땅에서 하나님 정부의 기초가 됩니다. 우리의 마음이 새로워져서 하나님의 마음과 조화를 이루게 된다면, 그리고 하나님의 사랑이 우리의 심령에 심어진다면, 하나님의 율법이 우리의 생애 가운데서 실천되지 않겠습니까? 사랑의 원칙이 우리의 마음에 심어져서, 우리가 창조주의 형상대로 새로워지면, "내 법을 저희 마음에 두고 저희 생각에 기록하리라"고 하신 새 언약이 성취될 것입니다(히 10:16). 그리하여 율법이 마음에 새겨지면, 그것이 생애 가운데서 실천되고, 또한 생애를 꼴 지워가지 않겠습니까?

순종, 즉 사랑으로 하는 봉사와 충성은 우리가 그리스도의 제자가 되었다는 참된 증거입니다. 그러므로 성경에는 "하나님을 사랑하는 것은 이것이니 우리가 그의 계명들을 지키는 것이라"는 말씀과, "저를 아노라 하고 그의 계명을 지키지 아니하는 자는 거짓말하는 자요 진리가 그 속에 있지 아니하되"라는 말씀이 기록되어 있는 것입니다(요일 5:3, 요일 2:4). 믿음은 사람을 순종의 책임에서 벗어나게 하는 것이 아니요, 오히려 우리로 하여금 그리스도의 은혜에 대한 감사의 심정으로 순종할 수 있게 하는 것입니다.

우리는 순종의 대가로 구원을 받는다고 말해서는 안 됩니다. 왜냐하면, 구원은 믿음을 통하여 받게 되는 하나님의 선물이기 때문입니다. 그러나 순종은 믿음의 열매입니다. "그가 우리 죄를 없이 하려고 나타내신 바 된 것을 너희가 아나니 그에게는 죄가 없느니라. 그 안에 거하는 자마다 범죄하지 아니하나니 범죄하는 자마다 그를 보지도 못하였고 그를 알지도 못하느니라"(요일 3:5,6). 이것이 참된 증거입니다. 우리가 그리스도 안에 거하고, 하나님의 사랑이 우리 안에 거하면, 우리의 감정과 사상과 목적과 행동이 하나님의 거룩한 율법에 표현된 하나님의 뜻과 일치하게 됩니다. "자녀들아 아무도 너희를 미혹하지 못하게 하라. 의를 행하는 자는 그의 의로우심과 같이 의롭고"(요일 3:7). 의(Righteousness)는 십계명에 표현된 하나님의 거룩한 율법의 표준에 따라 판정하는 것입니다.

사람이 하나님의 율법을 순종할 의무가 없다고 주장하는 그러한 신앙은 신앙이 아니고 참람입니다. "너희가 그 은혜를 인하여 믿음으로 말미암아 구원을 얻었나니"(엡 2:8). 그러나 "행함이 없는 믿음은 그 자체가 죽은 것이라"(약 2:17). 우리는 이 두 성경절에서 은혜, 믿음, 행함, 그리고 구원에 관한 균형 있는 진리를 발견할 수 있습니다. 예수님께서는 당신께서 이 세상에 오시기 오래 전에 말씀하시기를 "나의 하나님이여 내가 주의 뜻 행하기를 즐기오니 주의 법이 나의 심중에 있나이다"라고 하였습니다(시 40:8). 그리고 그분께서 지상 생애를 마치시고 승천하시기 바로 전에 "내가 아버지의 계명을 지켜 그의 사랑 안에 거한다"라고 하셨습니다(요 15:10). 또한, 성경은 믿음과 행함에 대한 그리스도의 모본을 따르라고 다음과 같이 촉구하고 있습니다.

"우리가 그의 계명을 지키면 이로써 우리가 그를 아는 줄로 알 것이요 그를 아노라 하고 그의 계명을 지키지 아니하는 자는 거짓말하는 자요 진리가 그 속에 있지 아니하되 누구든지 그의 말씀을 지키는 자는 하나님의 사랑이 참으로 그 속에서 온전하게 되었나니 이로써 우리가 그의 안에 있는 줄을 아노라 그의 안에 산다고 하는 자는 그가 행하시는 대로 자기도 행할지니라"(요일 2:3-6).

제3부 구원이 어렵게 느껴지는 이유

성경에 기록된 원칙들과 그것을 범하는 범죄자에게 가해지게 될 형벌에 대하여 불만스럽게 생각하는 사람들이 있습니다. 그런데 그러한 제재들과 위협적인 형벌이 우리의 순종을 더욱 힘든 것으로 만들고 있습니까? 이 질문에 답하기 위해서 다음과 같은 가상 인터뷰를 생각해 보도록 하겠습니다. 의사가 환자에게 검진 결과를 보고하면서 다음과 같이 말했다고 합시다. "선생님, 저는 아주 좋지 않은 소식을 전할 수밖에 없습니다. 건강진단 결과 선생님은 제가 시키는 대로 정확히 따르지 않으면 죽게 될 것입니다. 선생님의 생명을 구하기 위해서는, 제가 지금 말하는 것을 그대로 따라야 하며, 남은 생애 동안 매일같이 제가 드리는 처방과 지시대로 살아야 합니다. 선생님이 살아있는 한 매일같이 이것을 실행해야 합니다. 그렇지 않으면 선생님은 죽게 될 것입니다."

여기서 의사가 환자를 위해서 준 처방은 그것을 어길 경우, 무서운 형벌이 따라오는 엄한 규칙들임에 틀림없습니다. 그러나 환자가 그 명령들을 따르는 것이 무척 어려운 일일까요? 물론 아닙니다. 신체의 법칙들은 규칙적으로 식사와 운동을 하라고 요구합니다. 제시간에 먹고 운동하는 것은 환자 자신의 유익을 위한 것입니다. 그러므로 환자는 의사가 자신을 위하여 최선의 처방을 내렸다는 사실을 신뢰하는 믿음을 가지고 아무런 불평 없이 의사의 지시를 따를 수 있게 됩니다. 문제는 의사에 대한 환자의 신뢰(믿음)입니다! 의사에 대한 신뢰가 부족한 사람은 의사와 그가 내리는 제재에 대하여 불평하게 됩니다.

이와 마찬가지로 그리스도인과 예수 그리스도의 관계는 신뢰와 사랑의 법칙으로 이루어져야만 합니다. 성경의 계명이나 형벌에 대하여 전혀 불평하거나 두려워할 필요가 없습니다. 왜냐하면, 계명과 원칙을 주신 분은 바로 우리의 구원과 영생을 위하여 십자가에 매달리신 분인 예수 그리스도시기 때문입니다. 그리스도인들은 자신의 최선의 유익을 위하여 계명과 원칙을 준수하는데, 왜냐하면 그것이 그들의 행복을 더 높은 차원으로 승화시킬 것을 인식하기 때문입니다. 그들은 형벌에 대한 두려움에서 순종하는 것이 아니라, 그들이 사랑하는 분께 순종하는 것이 최고의 기쁨이기 때문에 그렇게 하는 것입니다.

또 다른 예화를 생각해 보도록 합시다. 만일 내가 한 달 동안의 전도집회 때문에 집을 나서려 하고 있는데, 아내가 심각한 표정을 보이면서, "여보! 당신은 한 달 동안 집을 떠나 있을 거죠. 당신이 여행하는 동안에는 월급봉투가 당신에게 우송될지도 모르는데, 떠나시기 전에 이 문서의 내용을 잘 읽어보세요. 이것은 새로 개정된 법규 329조의 내용인데, 만일 가장이 가정에 매달 생활비를 보내주지 않으면, 30일 구류를 당하게 될 것이라고 쓰여 있어요. 유치장에 들어가고 싶지 않으면, 월급을 받는 즉시 생활비를 저에게 보내주세요."라고 말했다고 가정해 봅시다.

아내가 읽어준 법조문 때문에 내가 어떤 위협을 느낄 필요가 있을까요? 천만에요! 왜냐하면, 사랑하는 가족들을 돌보고 싶어하게 만드는 더 높은 사랑의 법이 내 마음속에 새겨져 있기 때문입니다. 사랑은 의무를 즐거운 특권으로 바뀌게 해줍니다. 아내와 교제하던 시절, 나는 사랑하는 그녀를 만나기 위해서 억수같이 쏟아지는 비를 맞으면서 3마일이나 걸어갔던 때를 지금도 기억합니다. 지금까지 그 일을 한 번도 후회한 적이 없습니다. 그녀에 대한 사랑이, 힘든 일도 이길 수 있게 해주었습니다. 우리의 마음이 어떠하냐에 따라서, 아무리 작은 것도 무거운 짐이 될 수 있습니다. 그리스도와의 관계가 잘못되어 있으면, 그리스도를 섬기는 것은 매우 무거운 짐이 될 수밖에 없습니다.

제4부 잘못된 복음의 근원과 그 역사

1. 언제 어디서 누가 무엇을 어떻게 왜?

A.D. 4세기경, 기독교계는 종교 암흑시대를 돌입하면서 깊은 신학적 혼란 속에 빠지게 되었습니다. 마리아가 중보자로 등장하면서 예수 그리스도의 구세주로서의 위치가 흔들렸으며, 그리스도와 사도들에 의해서 가르쳐지던 원래의 진리가 거의 사라져갔습니다. 수많은 종류의 교리가 그 원래의 의미를 잃어버리고 방황하게 되었습니다. 교회는 여러 차례의 회의와 결의문을 통해서 정설을 정립하려고 했지만, 그러한 것들은 교회를 점점 더 그리스도의 단순한 복음으로부터 멀어지게 하였습니다.

이러한 신학적 혼돈 속에서 한 사람이 강력한 영향력을 미치면서 나타났는데, 그의 이름은 어거스틴입니다. 그는 당대에 가장 영향력 있는 신학자였으며, 천주교회가 가지는 신학적 오류 중의 상당 부분이 그에 의해서 시작되었거나 수립되었습니다. 슬픈 사실은, 그의 가르침과 신학적 영향력의 그림자가 오늘날까지 기독교 전체에 드리워져 있어서 수많은 교회를 어둡게 만들고 있다는 것입니다.

2. 성장 과정이 미친 영향

어거스틴은 A.D. 354년 북아프리카에서 태어났습니다. 그의 모친은 기독교인이었고, 부친은 마니교도였습니다. 마니교는 3세기경에 마니라는 사람에 의해서 창설되었는데, 이 종교는 고대 페르시아의 종교인 배화교(조로아스터교)의 지류로서, 빛과 어둠(선과 악)의 대립을 강조하였습니다. 즉, 선과 악이 인간의 생애를 함께 다스리기 때문에 모든 사람은 악을 행하면서 살 수밖에 없다는 교리를 가지고 있었는데, 이것을 받아들인 사람은 자신이 범한 죄에 대해서 스스로 합리화하고 핑계를 댈 수 있는 논리적 근거를 가지게 되었습니다.

어거스틴은 이렇게 이단적 신앙의 배경을 가진 부모의 영향 아래에서 성장하다가 20세가 될 무렵에 이탈리아 밀란에서 비로소 기독교를 받아들이기로 하였습니다. 그러나 어거스틴은 기독교인이 된 이후에도, 자신이 어렸을 때에 받았던 이교도적 개념을 머릿속에서 지워버릴 수 없었으며, 어린 시절에 마음속에 뿌리를 내렸던 사상이 후에 그의 신학적 사상에도 크게 영향을 미쳤습니다. "인간은 결코 죄를 승리할 수 없다." 라는 어거스틴의 신학적 견해는 어거스틴 이후 700년 동안이나 계속되어 오면서 수많은 성직자와 신학자를 교육하는 지배적인 사상이 되었습니다.

중세기의 교회 안에서 형성된 수많은 신학적 오류는 거의 모두 어거스틴에 의해서 시작되었거나 그를 추종하는 신학자들에 의해서 발전하고 확산하였습니다. 어거스틴에 의해서 만들어진 잘못된 오류를 받아들인 많은 신학자는 어거스틴이 세워놓은 오류를 전제로 해서 또 따른 오류를 발전시켜 나가게 되었던 것입니다. 한 가지 오류가 또 다른 오류를 이끌어 들였습니다. 한 가지 오류를 진리로 입증하기 위해서 또 다른 오류를 만들어 내는 잘못을 범했던 것입니다.

3. 예정론이 시작된 배경

이교의 사상에 물든 어거스틴은 성경에 나타난 중요한 사상, 즉 모든 사람은 자기의 의지를 자유롭게 사용해서 선과 악 중에 어떤 하나를 택할 수 있다는 사상을 도무지 이해할 수 없었습니다. 아버지가 가졌던 이교의 영향 탓에, 하나님을 절대적이고 독재적인 신으로만 이해했던 어거스틴에게 있어서, 인간에게 선택의 자유를 허락하시는 하나님의 모습은 받아들이기에 너무나 어려운 사상이었습니다. 그는 성경에서 어떤 사람은 구원을 받고, 어떤 사람은 구원을 얻지 못하는 모습을 보면서, 이러한 장면을 자신이 가지고 있던 신학적 개념에 끼워 맞추기 시작하였는데, 바로 이것이 예정론의 시작이 되었습니다.

태초 이전에 하나님께서 이미 어떤 사람은 구원받고 어떤 사람은 멸망하도록 예정해 놓으셨다는 이론인 예정론은 어거스틴이 생존하고 있을 당시에도 많은 도전을 받았는데, 어거스틴은 도전에 대한 응답으로서 누가 구원을 얻든지 간에 그것은 하나님의 은혜일뿐이며, 연약한 우리 인간은 하나님의 심판과 공의에 대해서 질문할 자격조차 없다고 주장하였습니다. 그는 자신의 이러한 주장을 합리화시키기 위해서, 하나님께서는 어떤 사람에게는 영원한 구원을 지정해 놓으셨으며, 어떤 사람에게는 영원한 저주 가운데 있도록 지정해 두셨다는 예정론을 세울 수밖에 없었습니다.

4. 예정론이 만들어낸 또 하나의 오류

어거스틴이 세운 잘못된 견해는 예정론을 만들어 내는 데에서 그치지 않았습니다. 예정론의 오류는 논리적으로 또 다른 오류를 만들어 내었습니다. 즉, 예정론은 한번 구원받으면 영원히 구원받게 된다는 개념(Once saved, always saved)을 만들어 낼 수 있는 초석이 되었습니다. 예정론은 "절대적인 군주인 하나님께서는 누구를 구원할 것인가를 독단적으로 결정하신다. 그러므로 한번 구원받은 사람은 결코 잃어버림을 당하지 않는다"는 논리를 가능하게 만들었습니다. 이러한 오류를 받아들인 사람들은 자신의 구원에 대해서 거짓 안전감에 도취되게 됩니다. 또한 현재 하나님의 계명을 범하고 비도덕적인 죄된 생활을 살고 있으면서도, 자신은 구원받았다는 깊은 자기기만 속에 빠지게 됩니다.

예정론은 복음을 전파하는 면에 있어서도, 설명할 수 없는 여러 가지 의문을 제기합니다. 만일 모든 사람의 구원이 하나님의 절대적인 결정에 따라서 이미 결정되었다면, 복음을 전파해야 할 이유가 어디 있는가? 전도를 해야 하는 이유와 목적이 무엇인가? 이러한 질문에 대해서, 예정론을 받아들인 사람들의 대답은 성경이 그렇게 말하고 있기 때문에 그렇다는 궁색한 설명을 합니다. 그러나 성경은 "하나님은 모든 사람이 구원을 받으며 진리를 아는데 이르기를 원하시느니라"고 선언하고 있습니다(딤전 2:4). 하나님께서는 모든 사람이 구원에 이르게 되기를 원하시지만, 인간인 우리의 죄된 선택과 이기적인 결정 탓에 구원을 잃어버릴 수 있습니다.

한번 구원받으면, 영원히 구원받는다는 오류는 죄된 생활을 살면서도 구원받을 수 있다는 이론으로 발전하여 나갔습니다. 한 가지 오류에 대한 믿음이 또 다른 오류를 받아들이게 한 것입니다. 이러한 오류를 받아들인 그리스도인에게 있어서, 구원과 죄에 대한 승리는 아무런 상관이 없는 문제가 되며, 경건한 그리스도인의 삶 역시 더는 아무런 의미가 없는 것이 되어 버리고 맙니다. 그리하여 비록 그리스도인이 거듭나고 예수 그리스도의 능력 안에 있다고 할지라도 결코 죄를 이길 수는 없다고 주장하게 되는 것입니다. 그러나 이러한 오류들은 하나님께서는 사람에게 선택의 자유를 부여하지 않았다는 이단적 견해에 근거를 둔 어거스틴의 주장한테서 나온 망상에 불과합니다.

5. 자신의 죄된 경험을 합리화시키기 위해서 수립된 신학

어거스틴은 성(Sex)을 원죄라고 주장하였는데, 그의 그러한 주장은 자신의 죄된 생활을 합리화하기 위한 것이었습니다. 그는 사생아를 낳음으로써 불법적인 아버지가 되었는데, 이것은 그의 사생활이 경건하지 않았다는 사실을 폭로합니다. 어거스틴의 생활 속에 있는 이러한 약점은 그로 하여금 자신의 죄된 생활을 합리화시킬 수 있는 신학적 핑계를 찾도록 유도하였습니다. 자신의 생애에서 죄에 대한 승리의 삶을 살지 못했던 어거스틴은 원죄의 폭을 점차 넓혀서 다른 문제에까지 적용하기에 이르렀습니다. 즉, 태어나기를 악하게 태어났기 때문에 죄된 생활을 살 수밖에 없다는 생각이 그의 신학을 지배하게 되었습니다. 어떤 목사나 신학자도 자신이 경험하는 것 이상의 설교와 신학적 이론을 발전시킬 수 없다는 사실을 어거스틴의 생애를 통해서 확인할 수 있습니다.

어거스틴은 육과 영 사이에 무서운 투쟁이 존재한다는 사실을 인식하지 못하였습니다. 그는 영이 육을 이길 수 있다는 사실을 깨닫지 못했습니다. 그리스도인이 하나님의 사랑을 보았을 때에 생기는 마음의 놀라운 변화 즉, 거듭남의 경험을 이해하지 못하였습니다. 마음이 새롭게 거듭난 그리스도인에게 있어서 죄에 대한 승리는 너무나 자연스런 결과라는 사실을 깨닫지 못했습니다. 죄에 대한 승리의 경험을 하지 못했던 어거스틴, 참된 거듭남의 경험을 소유하지 못했던 어거스틴은 자신의 죄된 경험에 맞추어서 자신의 신학을 발전시켜 나갔습니다.

사람이 태어나면서 유전적으로 물려받는 타락하고 이기적인 본성 자체를 죄로 생각하였던 어거스틴에게 있어서, 죄는 결코 이길 수 없는 것이 되어 버렸습니다. 그리하여 그는 죄란 우리가 태어날 때에 이어받는 타락한 본성 자체를 죄라고 정의하게 되었습니다. 그러나 죄란 우리가 태어나는 죄된 상태를 말하는 것이 아니라, 하나님의 말씀과 계명을 마음과 행위로 범하는 불순종을 말하며, 성령께서 양심 속에서 들려주시는 조용한 음성을 거절하면서 선택하는 부도덕한 결정을 말합니다. 그러므로 하나님께 온전히 마음을 바치고 성령의 능력을 힘입으면서 살아가는 그리스도인은 죄를 승리하고 정복하는 순종의 생애를 살 수 있습니다. 성령님께서 인도해 주시고 깨닫게 해주시는 의로운 선택과 의로운 결정을 통해서 말입니다.

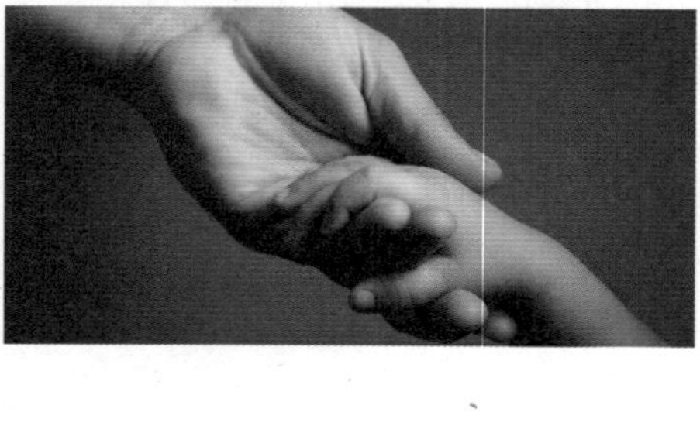

6. 첫 번째 딜레마

그러나 죄에 대한 승리의 경험을 이해하지 못하고 있던 어거스틴은 육체를 취하시고 이 땅에 태어나셔서 승리의 생애를 사셨던 그리스도를 생각할 때마다 딜레마에 빠지게 되었습니다. 왜냐하면 자신과 동일한 육체를 취하셨던 그리스도께서는 승리의 생애를 사셨는데, 어거스틴의 생애에는 승리의 경험이 없었기 때문입니다. "이기는 그에게는 내가 내 보좌에 함께 앉게 하여 주기를 내가 이기고 아버지 보좌에 함께 앉은 것과 같이 하리라"(계 3:21). 그리하여 어거스틴은 그리스도께서는 인간과 전혀 다른 몸을 가지고 태어나셨다는 억지 논리를 펼치게 되었습니다. 그러나 성경은 그리스도께서 육체를 가지고 태어나신 성육신에 대해서 다음과 같이 분명하게 선언하고 있습니다. "우리에게 있는 대제사장은 우리의 연약함을 동정하지 아니하는 자가 아니요 모든 점에서 우리와 마찬가지로 시험을 받으셨지만 죄는 없으신 분이요"(히 4:15 KJV). "자녀들이 피와 살을 나누는 자가 되는 것같이 그 역시 같은 모양으로 동일한 것을 함께 나누는 자가 되심은… 주께서 진실로 천사들의 본성을 입지 않으시고 아브라함의 씨를 입으셨음이라. 그러므로 그가 모든 일에 마땅히 자기 형제들과 같이 되셔야 했으니"(히 2:14-16 KJV). 그리스도께서는 천사의 육체를 취하신 것이 아니라, 마리아를 통하여 아브라함의 혈과 육을 유전적으로 받고 태어나셨던 것입니다.

어거스틴은 성경에 기록되어 있는 그리스도께서 인간의 타락한 육체를 취하고 태어나셨다는 성육신에 대한 가르침을 뒤집어 엎음으로써, 천주교회를 깊은 암흑 가운데로 이끌어간 무염시태설의 기초를 놓았습니다. 어거스틴은 그리스도께서 성육신하신 몸은 우리 인간들의 육체와는 전혀 다른 것이었다는 주장을 뒷받침하기 위해서, 그리스도 어머니의 몸 역시 인간의 타락한 본성이 전혀 없는 완전무결한 상태로 바꾸어야만 하였습니다.

그러한 가르침에 기초하여 교회는 점차 무염시태 즉, 성령님께서 마리아의 육체를 완전하게 변화시킨 상태에서 아기 예수를 잉태하였다는 주장을 교리화하게 되었던 것입니다. 마리아의 육체가 흠이 없는 완전무결한 상태였기 때문에 그리스도의 육체도 인간적인 연약함이 전혀 없는 완전무결한 상태에서 태어날 수밖에 없다는 논리를 전개했던 것입니다. 그러나 사도 요한은 그리스도의 성육신에 대한 진리를 영을 판단하는 기준으로 강조하고 있습니다. "하나님의 영은 이것으로 알지니 곧 예수님께서 육체로 오신 것을 시인하는 영마다 하나님께 속한 것이요, 예수를 시인하지 아니하는 영마다 하나님께 속한 것이 아니니 이것이 곧 적그리스도의 영이라"(요일 4:2,3). 성경에서 육체라는 말은 항상 같은 의미가 있는데, 그것은 도덕적으로 연약한 본성을 가진 몸을 의미합니다.

7. 두 번째 딜레마

어거스틴이 예수님은 인간과는 다른 완전한 육신을 가지고 오셨다는 기상천외한 이론을 세워 놓았지만, 그는 또 하나의 딜레마에 빠지게 되었습니다. 어거스틴의 이론 때문에 이제 그리스도는 인류로부터 멀어져 버렸습니다. 그리스도의 육체를 인간의 육체보다 훨씬 높은 자리에 놓음으로써, 그리스도께서는 인간이 당하는 시험과 유혹을 당한 일이 없는 분이 되어버렸습니다. 왜냐하면, 어거스틴의 관점에서 본다면, 그리스도께서는 우리 인간들이 시험받고 유혹받는 생애와는 전혀 다른 생애를 사셨다는 결론을 내리게 되기 때문입니다. 또한, 이러한 결론은 인간은 결코 죄를 이길 수 없다는 또 하나의 치명적인 결론으로 이끌어 갑니다.

"우리에게 있는 대제사장은 우리 연약함을 체휼하지 아니하는 자가 아니요 모든 일에 우리와 한결같이 시험을 받은 자로되 죄는 없으시니라"(히 4:15). 어거스틴이 만들어낸 이러한 이론들 때문에 그리스도께서는 모든 면에 있어서 더는 인간의 모본이 될 수 없으셨으며, 그 결과 인류를 위한 중보자로서의 자리를 빼앗기게 되셨습니다. 그리하여 교회는 예수 그리스도 이외의 다른 중보자를 만들어 내게 되었던 것입니다. 교회는 신학적으로 완전한 논리를 정립하기 위해서, 다른 인간들처럼 유혹을 느낄 뿐만 아니라, 유혹에 굴복하여 죄를 짓기도 하는 중보자를 만들어 낼 수밖에 없었습니다. 그리하여 교회는 성경이 "하나님은 한 분이시요 또 하나님과 사람 사이에 중보자도 한 분이시니 곧 사람이신 그리스도 예수라"고 선언하고 있음에도, 예수님의 어머니인 마리아를 인류를 위한 새로운 중보자로 교인들에게 소개하기에 이르렀습니다(딤전 2:5).

나중에는 이것이 더욱 발전하여 나가서, 수많은 성인(Saints)을 제정하게 되었으며, 사제들과 신부들에게 중보자의 역할을 맡김으로써 신자들로부터 죄의 고백을 받아서 하나님께 중보하게 만들었습니다. 교회는 어거스틴의 잘못된 사상과 신학에 기초를 둔 교리의 허점을 메우기 위해서 한 번에 한 계단씩 오류에 오류를 더해갈 수밖에 없었습니다. 원죄가 인간을 영원한 생명으로부터 분리시킨다는 교회의 신조 때문에 임신이 되는 순간 태아는 영원한 멸망의 정죄를 받게 되었습니다.

8. 오류에서 오류로!

그런데 이러한 논리는 또 하나의 질문에 부딪히게 되는데, 그것은 "어떻게 하면 원죄에 대한 죄책감을 벗어날 수 있는가?"라는 교인들의 질문이었습니다. 이 질문에 대한 답변으로 제시된 것이 "세례(영세)라고 불리는 의식에 의해서 원죄의 정죄에서 벗어날 수 있다"였습니다. 교회 지도자들의 답변에 뒤이어 또 하나의 질문이 들어왔는데, 그것은 "세례(영세)받지 않은 자의 운명은 어떻게 되는가?"입니다. 여기에 대한 답변은 참으로 끔찍한 것이었는데, "세례(영세)를 받지 못한 사람들은 저주를 받아서 영원히 타는 지옥불에 떨어진다"는 것이었습니다. 생각해 보십시오. 세례(영세)를 미처 받기 전에 죽은 어린아이를 가진 부모들에게 있어서 교회의 그러한 답변은 참으로 충격적이었을 것입니다. 중세기는 아기의 사망률이 매우 높던 때였습니다. 자신들의 아기가 영원한 지옥 불에서 끝없이 고통당하고 있을 것을 상상하는, 진실하지만 무지한 그리스도인 부모들의 고뇌는 정말 견딜 수 없었습니다!

그리하여 교회는 즉각적으로 교인들의 고뇌를 없앨 수 있는 설득력 있는 해결책을 마련해야만 하였습니다. 그래서 "연옥"과 "림보"라는 기상천외한 것들이 발명되게 이르렀습니다. 연옥은 하늘도 아니며 지옥도 아닙니다. 그것은 하늘과 지옥의 중간에 해당하는 곳이며, 림보는 천당은 아니지만, 연옥이나 지옥처럼 불타는 고통은 없는 곳입니다. 교회는 이러한 연옥과 림보를 교인들에게 소개함으로써 그들의 마음을 달래려고 노력하였습니다.

그러나 교회가 제시하는 그러한 해결책으로도 아기를 잃어버린 부모의 아픈 심정을 완전히 달랠 수는 없었습니다. 그리하여 교회는 드디어 "유아 세례"라는 의식을 만들어 내기로 하였습니다. 출산의 고통 속에서 죽어가는 산모의 배 위에 신부가 물을 뿌리면서 이제 유아와 산모가 모두 천국에 갈 수 있다고 선언하는 유아 세례야말로 교인들의 요구를 완전하게 만족하게 해 주는 것이었습니다. 이런 식으로 해서, 한 신학자의 잘못된 사상이 오류에서 오류로 발전하게 되었는데, 결국에는 그러한 오류들이 교회의 정식 교리로 채택되기에 이르렀습니다.

아퀴나스와 바벨라드 같은 신학자에 의해서 어거스틴의 이론이 잠시 주춤거리기도 했지만, 역부족이었습니다. 16세기 초에 위대한 종교 개혁 운동이 일어나고 개혁자들이 교회의 부패와 오류에 대해서 대항하였지만, 천 년에 걸쳐서 뿌리 깊이 박혀있던 오류의 근원을 송두리째 뽑아내는 일에는 부족함이 있었습니다. 구교를 대항하여 개신교 운동이 전개되었지만, 어거스틴의 이론은 개신교회 중심부까지 들어와서 깊이 자리 잡게 되었습니다.

루터가 죽고 나서 그의 동료 개혁자인 멜랑히톤이 루터 교회를 예정론에서 끌어냈지만, 장로교회를 수립한 요한 칼빈이나 요한 낙스는 예정론을 받아들였습니다. 그 후에 감리 교회의 창시자인 요한 웨슬리에 의해서 예정론이 거절되고, "한번 구원받으면 영원히 구원받는다"라는 가르침이 오류로서 지적되었지만, 여전히 현대 기독교 안에 이러한 가르침들이 세력을 떨치고 있습니다.

이기적이고 거듭나지 못한 인간의 본성은 이러한 오류들을 선호할 뿐만 아니라, 성경의 분명한 진리를 거절하게 합니다. 그리하여 어거스틴과 그의 후예들이 수립한 거짓 교리들이 소위 정통이라고 주장하는 교파에서도 공식적인 가르침으로 채택되고 있는 실정에 있습니다. 오늘날 교파가 갖는 의미는 거의 사라져 버렸습니다. 자신이 어떤 교파에 속해 있다는 소속감보다는 자신이 정말 하나님의 진리를 올바로 믿고 있는지를 확인하면서 살아가야 할 때가 되었습니다.

예정론과 "한번 구원받으면 영원히 구원받는다"는 가르침, 그리고 십자가에서 율법이 폐하여졌으므로 십계명은 더 이상 그리스도인들이 지켜야 할 도덕률이 아니라고 주장하는 도덕률 폐기론, 그리고 그리스도 안에 있는 그리스도인일지라도 결코 죄를 이길 수 없다는 가르침이야말로 교회를 세속적이고 무능력하게 만들어 가는 장본인입니다.

누가 구원에 관한 하나님의 진리를 넘어뜨리려고 하는가? 마지막 시대에는 진리 위에 굳건히 서있는 그리스도인들만이 살아남게 될 것입니다. 구원에 관한 진리는 이렇게 믿어도 되고 저렇게 믿어도 되는 가르침이 아닙니다. 인간을 구원에 이르게 하는 진리는 오직 하나뿐이라는 사실을 기억하십시오. "너희가 믿음에 있는가 너희 자신을 시험하고 너희 자신을 확증하라 예수 그리스도께서 너희 안에 계신 줄을 너희가 스스로 알지 못하느냐 그렇지 않으면 너희가 버리운 자니라"(고후 13:5).

9. 결론

참된 복음은 자기 자신을 부인하고 자기 십자가를 지고 매일 예수님을 따르게 하는 복음입니다. 이 복음은 예수님을 사랑하는 깊은 마음에서 그리스도인 삶을 살게 하기 때문에 죄의 세력 그 자체에서 구원받게 하는 성경의 복음입니다. 가짜 복음은 십자가의 교리만 받아들이고 실제적인 죄의 힘에서는 구원받지 못했어도 마치 구원을 받은 것처럼 착각하며 살게 하는 값싼 복음입니다. 독자 여러분은 어떠한 복음을 믿고 있습니까?

성경공부
넘치는 은혜

6장

참 복음과 변질된 복음

교회 안에 있는 두 가지 복음

제1부 교회 안에 존재하는 두 가지 복음

1. 가장 큰 위험

가장 큰 위험은 자기 스스로 기만하는 것입니다. 자기만족에 도취되어 하나님의 진리를 등한시하는 것이야말로 그리스도인이 빠질 수 있는 위험 중의 하나입니다. 우리의 육신적 성향은 성령의 음성과 진리로 교정되지 않으면, 자기 멋대로 뻗어나가서 결국에는 영원한 사망에 이르게 만듭니다. 도덕적 양심은 둔화되고, 마음에 역사 하시는 하나님의 영은 떠나가게 됩니다.

우리는 그리스도께 도움을 받아야 할 필요성을 깊이 인식해야 합니다. 자신을 육신의 세력으로부터 구원해 줄 구세주의 필요성을 어느 정도 깊이 느끼느냐에 따라서 구세주의 도움을 구하는 심정의 간절함이 달라집니다. 그리스도께서는 자신의 부족함과 죄를 깊이 인식하는 자들만을 구해 주실 수 있습니다. 우리가 전혀 속절없는 우리의 상태를 깨닫고, 자신을 의지하고자 하는 모든 마음을 버릴 때에만, 우리는 하나님의 손을 온 마음을 다하여 붙잡게 됩니다.

그리스도인 생애에 있어서 자아를 버리는 일은 그리스도를 처음 믿었을 때에만 있는 일이 아닙니다. 하늘을 향하여 옮겨놓는 매 발자국마다 그 일은 새롭게 반복되어야 합니다. 하나님의 말씀에 대한 순종과 이웃을 사랑하는 선은 우리 자신의 의지나 힘으로는 전혀 할 수 없는 것입니다. 그것은 하늘로부터 내려오는 초자연적인 능력에 의해서만 가능한 일입니다.

치밀어 오르는 육체의 죄된 요구를 거절하고, 타고난 이기심과 게으름 그리고 대부분의 사람들이 선천적으로 가지고 태어나는 율법주의적 경향을 버리고, 오랫동안 믿어온 오류와 잘못된 경험을 부인하고 버리는 일은 도무지 불가능한 일입니다. 그러므로 우리는 끊임없이 하나님을 찾아가야 합니다. 그분의 성품과 생애를 바라보면서 자신의 부족과 연약함을 깊이 느끼는 자만이 그리스도의 겸손을 배울 수 있으며, 자아를 버릴 수 있습니다.

사람은 자기의 의지력의 강화를 통하여 자신을 변화시킬 수 없습니다. 사람에게는 성경이 요구하는 변화를 성취시킬 수 있는 능력이 없습니다. 죄인의 양심은 성경의 진리를 통하여 변화되지 않는 한 하나님의 나라에 들어 갈 수 있는 자격을 이룰 수 없습니다. 이 세상이 줄 수 있는 최고의 교육과 문화라고 할지라도 죄인을 하늘 자녀로 변화시킬 수는 없습니다. 변화시키는 능력은 오직 하나님께로부터 받아야 합니다. 그 변화는 오직 성령의 역사를 통해서만 이룰 수 있습니다. 빈부귀천을 막론하고 구원 얻기를 원하는 모든 사람은 성령의 역사에 순복하지 않으면 안 됩니다.

2. 변화되지 못하는 이유

밀가루 속에 감춰진 누룩은 모르는 사이에 밀가루 반죽 전체를 부풀립니다. 이와 같이 진리의 누룩도 사람이 모르는 사이에 조용히 그리고 끈기 있게 사람의 마음과 생애를 변화시킵니다. 천성적 성벽이 부드러워지고 제어됩니다. 새 사상과 새 감정과 새 동기가 마음에 부식됩니다. 새 품성의 표준인 그리스도의 생애가 마음속에 아로새겨지게 됩니다. 마음이 변화되고 재능이 새로운 방면으로 활용되는데, 이때에 새로운 재능을 받는 것이 아니고, 기존에 가지고 있던 재능이 성화 됩니다. 양심은 각성되어서 하나님께 봉사할 수 있는 그리스도인 특성을 나타내게 됩니다.

세상 사람들은 다음과 같은 질문을 그리스도인들에게 던지고 있습니다. "하나님을 믿는다고 말하면서도 말, 정신, 품성에 있어서 그리스도인으로서 변화된 특징을 볼 수 없는 것은 어찜인가? 탐욕적인 계획을 버리지 못하고, 계속해서 거룩하지 못한 성벽을 나타내며, 말이 거칠며 거만하고 툭하면 짜증을 잘 내는 그리스도인들이 많은 것은 어찌 된 일인가? 그리스도인의 생애 속에서 세상 사람들의 특징인 자기를 사랑하는 정신, 이기심, 급한 성미, 성급하고 거친 말이 나타나는 것은 어찜인가? 그리스도인들이 하나님의 진리를 전혀 모르는 자들처럼 교만하고, 과민하며, 천성적인 괴벽한 성벽을 그대로 가지고 있는 것은 어찜이뇨?" 이 모든 질문에 대한 대답은 "그들이 진실로 거듭나지 못하였다"라는 한 마디로 압축할 수 있습니다.

3. 가장 중요한 진리

우리가 연구해야 할 문제는 "무엇이 진리, 즉 무엇이 마음에 간직하고, 사랑하며, 높이고, 순종해야 할 진리인가?"라는 것입니다. 사람들은 "우리의 영혼을 구원해 줄 수 있는 진리는 무엇인가?"라는 질문에 인생의 초점을 모아야 합니다. 그리스도께서는 당신의 제자들의 마음과 생애를 변화시키기 위하여 그들을 훈련시키시고 가르치셨습니다. 주님께서는 바로 그와 같은 일을 지금 우리의 마음속에서도 하기 원하십니다.

그러나 어떤 사람들은 지나치게 감정적이거나 이론적이기 때문에 구세주의 살아있는 생명을 받아들이지 못하고 있습니다. 그들은 자아를 부정하고, 묵묵하게 겸손한 생애를 사신 그리스도의 유년 시절에서 중요한 교훈을 배워야만 합니다. 예수 그리스도의 처음 30년 동안의 생애에 대해서 성경이 침묵을 지키고 있는 사실에 대해서 우리는 중요한 교훈을 배워야 합니다. 3년 반 동안의 공중 봉사를 위하여, 그분께서는 30년이라는 긴 세월을 나사렛의 목수 간에서 조용히 준비하였습니다.

애굽의 왕자였던 모세는 40년 동안 미디안 광야에서 말 안 듣고 고집 센 염소와 양을 돌보면서 자신의 진정한 모습을 볼 수 있었으며, 침례 요한은 랍비들과 제사장들의 가르침을 피해 광야에 가서 자신을 준비하는 긴 세월을 보내야만 하였습니다. 그러나 오늘날 그리스도인들의 모습은 어떠합니까? 그들은 조용히 자신의 진정한 영적 상태를 살피는 시간을 갖지 않습니다. 따라서 하나님의 사역을 위하여 자신이 준비되어 있지 못함을 인식하지 못합니다. 그들은 성경의 진리에 대한 지식이 매우 부족함에도 불구하고 하나님의 사역의 최전선에 나서길 원합니다. 그들은 하나님의 사역을 위하여 놀라운 기적과 은사를 간구하지만, 하나님께서 그들에게 하늘의 권능을 맡기시기엔 그들이 너무나 준비되지 못했습니다. 바로 이러한 틈을 이용하여 사탄은 그들을 인도하는 영으로 나타나고 있습니다.

무엇이 가장 중요한 진리입니까? 그것은 성경에 나타난 하나님의 진리에 따라서 인간의 마음과 생애를 변화시키는 진리입니다. 그것은 사랑으로 역사하는 믿음을 통하여 타락한 인간을 의롭게 변화시킬 수 있는 진리입니다. 바로 이것이 인간의 생애에 비추어져야만 하는 빛이며, 소망입니다. 마음과 생애를 변화시키는 진리를 아는 자들은 다음과 같은 간증으로 하나님을 찬양하게 됩니다.

"나는 내게 필요한 모든 도움을 예수님 안에서 발견하였습니다. 나의 모든 필요와 요구는 채워짐을 받았고, 내 심령의 갈증과 주림은 충족되었습니다. 이 천 년 전에 육신으로 이 땅을 거닐었던 예수님께서는 다시 말씀이 되어 내 생애에 역사하고 계십니다. 그러므로 하나님의 율법과 말씀은 내 마음에 새겨졌으며, 나는 그것을 통하여 내가 느끼고 경험하며 생각하는 모든 것을 판단합니다. 나는 더 이상 내 자신의 감정이나 느낌이나 생각을 의지하지 않습니다. 나는 내 뜻대로 살지 않고, 성경에 기록된 예수님의 뜻대로 생애합니다. 나는 막연한 진리가 아니라, 확실한 진리를 발견했으며, 그 진리는 내 마음과 생애를 변화시켰습니다."

4. 자아가 죽지 않은 18가지 증거

1. 다른 사람과 경쟁하기를 좋아합니다.
2. 야망을 버리지 못하며, 남에게 받는 부당한 취급을 도무지 견디지 못합니다.
3. 자신에 대한 다른 사람들의 평가를 무엇보다도 중요시 여깁니다.
4. 진리와 아무 상관없는 자신의 주장을 굽히지 않습니다.
5. 자신이 모든 일을 주관하지 않는 한 동료들과 함께 일하지 않습니다.
6. 스스로 자기 만족에 빠집니다.
7. 자신은 항상 남보다 일을 잘 할 수 있다는 생각에 도취됩니다.
8. 일을 하는 과정에서 자기 자신을 나타내고 싶어 합니다.
9. 그가 가는 곳마다 투쟁이 생깁니다.
10. 자신의 의견과 다른 의견을 가진 사람들을 부드럽게 대하지 않습니다.
11. 항상 자신의 의견과 견해를 표현하기를 좋아합니다.
12. 자신의 뜻을 하나님의 뜻인 것처럼 나타내려고 애씁니다.
13. 사소한 일에도 까다로운 규칙과 법칙을 만들고 싶어 합니다.
14. 다른 사람들의 관심과 주목을 끌 수 있는 지식과 기술을 추구합니다.
15. 분노와 거친, 인내치 못하는 정신을 드러냅니다.
16. 시기와 질투의 정신을 버리지 못합니다.
17. 다른 사람과 마찰이 생겼을 때, 자신을 동정합니다.
18. 자신의 생각이나 판단을 성경 말씀보다 위에 놓습니다.

By John Grosboll

5. 교회 안에 있는 두 가지 복음

오늘날 교회 안에는 구원에 대한 두 가지 복음이 있습니다. 한 무리는 진리를 발견하고 생애에 놀라운 변화를 경험하는 가운데 승리의 삶을 살고 있으며, 또 다른 한 무리는 복음을 오해하였기 때문에 자신이 여전히 죄와 세속의 노예 상태에 있으면서도 자신은 구원받았다고 말하고 있습니다. 그러므로 우리가 믿고 있는 가르침과 신앙의 방향이 정확하게 성경과 일치하고 있는지를 확인하는 일은 매우 중요합니다.

수많은 목사의 설교와 신학자들의 가르침이 있는데, 그중에서 어떤 것이 진리이고 어떤 것이 오류인지를 구별할 방법이 없을까요? 물론, 이것을 구별하기란 그다지 쉬운 일이 아닙니다. 더욱이 그것을 가르치고 설교하는 사람들이 하나님을 믿고 사랑한다고 말하는 목사들이나 성직자들일 경우, 평신도의 입장에서 그들의 설교와 가르침을 정확하게 판단하기란 용이하지 않습니다. 각종 가르침과 설교를 정확하게 판단하기 위해서는 성경이 말하는 구원에 대한 진리를 정확하게 이해해야만 합니다.

많은 그리스도인이 매우 열렬한 신앙심을 가지고 하나님을 믿는다고 말하지만, 진리에 대한 지식은 크게 결핍되어 있는 모습을 보게 됩니다. 진리에 대한 정확한 지식이 없기 때문에 무조건 큰 교단에 속한 교회에 다님으로써, 자신의 영적 안전을 도모하려고 애쓰고 있습니다. 그러나 비록 정통이라고 불리는 교단에 속한 교회라고 할지라도, 각 단일 교회의 사역자들이 개인적으로 믿는 바가 하나님의 진리와 일치한다는 보장은 없습니다. 그분들이 어떠한 신학을 가지고 있으며, 누구의 가르침을 받아 드렸느냐에 따라서 구원을 설명하는 그들의 설교와 가르침이 크게 달라지기 때문에, 교회의 이름에 자신의 영생을 맡길 수 없는 것이 현실입니다. 더욱이 각 성직자들의 개인적인 영성과 신앙체험에 따라서, 그들이 교인들에게 전달하는 하나님의 말씀은 매우 달라집니다.

그러므로 그리스도인은 교회 안에 들어온 각종 가르침과 설교들을 성경을 통하여 스스로 판단할 수 있는 능력을 가져야 합니다. 이러한 지적 판단 능력을 소유하지 못하고 있거나, 인간 지도자에게 모든 것을 의존하고 있는 사람들은 자신의 구원을 "팔자"나 "운"에 맡기고 살아가고 있는 것입니다. 성경은 우리에게 이렇게 경고하고 있습니다. "마땅히 율법과 증거에게 구하여야 되리니 만약 그들이 이 말씀에 따라 전하지 아니하면, 이는 그들 안에 빛이 없기 때문이라."(사 8:20). 그러므로 모든 그리스도인은 자신의 영생에 깊은 관계가 있는 구원에 대한 가르침을 인간이 만들어 놓은 어떤 조직이나 직분에 의존하지 말고, 스스로 하나님의 말씀을 연구하고 기도함으로써, 옳고 그름을 판단해야 합니다.

이 글을 읽는 독자들 가운데 어떤 사람들은 이런 질문을 할 것입니다. "그 말씀이 타당하고 논리적입니다. 그렇지만, 그렇게 많은 가르침과 설교와 학설이 있는데, 어떻게 평신도들이 그러한 것들을 정확하게 구별할 수 있습니까?" 바로 이러한 질문을 가진 분들에게 도움을 드리기 위하여, 이 글을 준비한 것입니다. 기독교회 내에 300여개의 교파들이 존재하고, 그들이 주장하는 여러 종류의 신학이 존재하지만, 그 모든 것들의 바탕을 이루고 있는 기초를 분석해 보면, 다음과 같이 두 가지 종류로 나눌 수 있습니다.

6. 참된 복음과 오해된 복음을 분별하는 방법

참된 복음

1. 믿는 자의 마음과 양심을 새롭게 변화시켜 줌으로써, 세속과 죄에 대하여 승리하는 생애를 통하여 구원에 이르게 한다.
2. 그리스도의 십자가를 바라봄으로써, 그분의 사랑과 죽음에 대한 깊은 감사의 정신을 가지고 하나님의 율법과 말씀에 순종하도록 인도한다.

오해된 복음

1. 이기적인 마음과 성품을 여전히 가지고 있고, 정욕과 죄의 습관들에 물들어 있는 변화되지 못한 생애를 살면서도, 자신은 구원받았다고 착각하게 만든다.
2. 그리스도의 십자가가 하나님의 율법을 폐하였으므로 더 이상 율법에 얽매여 살지 않아도 된다고 가르침으로, 하나님의 율법에 불순종하는 죄된 삶을 살면서도 구원에 대한 잘못된 안정감을 갖도록 만들어 준다.

7. 성경이 말하는 구원의 조건

참된 복음	오해된 복음
구원에는 분명한 조건이 있다.	한번 구원 받으면 영원히 구원 받는다. (Once saved, always saved) 성경이 말하는 구원의 조건

① "주 예수를 믿으라 그리하면 너와 네 집이 구원을 얻으리라"(행 16:31).

② "그런즉 너는 알라 네 하나님 여호와는 하나님이시요 신실하신 하나님이시라 그를 사랑하고 그 계명을 지키는 자에게는 천대까지 그 언약을 이행하시며 인애를 베푸시되"(신 7:9).

③ "여호와의 종 모세가 너희에게 명한 명령과 율법을 행하여 너희 하나님 여호와를 사랑하고 그 모든 길로 행하며 그 계명을 지켜 그에게 친근히 하고 너희 마음을 다하며 성품을 다하여 그를 섬길지니라"(수 22:5).

④ "시험을 참는 자는 복이 있도다 이것에 옳다 인정하심을 받은 후에 주께서 자기를 사랑하는 자들에게 약속하신 생명의 면류관을 얻을 것임이니라"(약 1:12).

⑤ "우리가 하나님을 사랑하고 그의 계명들을 지킬 때에 이로써 우리가 하나님의 자녀 사랑하는 줄을 아느니라. 하나님을 사랑하는 것은 이것이니 우리가 그의 계명들을 지키는 것이라 그의 계명은 무거운 것이 아니로다. 대저 하나님께로서 난 자마다 세상을 이기느니라 세상을 이긴 이김은 이것이니 우리의 믿음이니라. 예수께서 하나님의 아들이심을 믿는 자가 아니면, 세상을 이기는 자가 누구뇨?"(요일 5:2-5).

⑥ "만일 우리가 그리스도 안에서 의롭게 되려 하다가 죄인으로 나타나면, 그리스도께서 죄를 짓게 하는 자냐? 결코 그럴 수 없느니라. 만일 내가 헐었던 것을 다시 세우면 내가 나를 범법한 자로 만드는 것이라"(갈 2:17,18).

⑦ "나를 사랑하고 내 계명을 지키는 자에게는 천대까지 은혜를 베푸느니라"(출 20:6).

⑧"그러나 끝까지 견디는 자는 구원을 얻으리라"(마 24:13).

설명 : 어떤 그리스도인들은 자신은 이미 과거에 구원받았다고 말하면서, 현재 또는 장래에 자신이 어떤 죄악적 습관에 빠져서 살아갈지라도, 자신이 이미 받은 구원을 결코 잃어버리지 않을 것이라고 믿는 그리스도인들의 모습을 쉽게 볼 수 있습니다. 그러나 그것은 엄청난 자기기만입니다. 그런 사람들에게 있어서 구원은 하나님의 말씀에 대한 순종이나 영적인 성장과는 무관한 것이 되어 버린다. 그들에게 있어서, 구원은 과거에 자신이 그리스도를 받아들였던 단 한 번의 결정에 의해서 확정되는 것으로 이해됩니다. 구원은 하나님께서 거저 나누어 주시는 선물이지만, 그것을 받는 데는 분명한 조건이 있으며, 믿는 자의 선택과 결정에 따라서 잃어버릴 수도 있습니다.

"오직 나의 의인은 믿음으로 말미암아 살리라. 또한 뒤로 물러가면 내 마음이 저를 기뻐하지 아니하리라"(히 10:38).

"만일 의인이 돌이켜 그 의에서 떠나서 범죄하고 악인의 행하는 모든 가증한 일대로 행하면 살겠느냐? 그 행한 의로운 일은 하나도 기억함이 되지 아니하리니 그가 범한 허물과 그 지은 죄로 인하여 죽으리라"(겔 18:24).

"참으면 또한 함께 왕 노릇할 것이요 우리가 주를 부인하면 주도 우리를 부인하실 것이라"(딤후 2:12).

8. 인간의 지성적 선택에 의거한 구원

참된 복음	오해된 복음
각 사람은 자신의 영원한 운명을 스스로 선택한다.	각 사람의 구원과 멸망은 이미 예정되어 있다. (예정론)

① "만일 여호와를 섬기는 것이 너희에게 좋지 않게 보이거든 너희 열조가 강 저편에서 섬기던 신이든지 혹 너희의 거하는 땅 아모리 사람의 신이든지 너희 섬길 자를 오늘날 택하라 오직 나와 내 집은 여호와를 섬기겠노라"(수 24:15).

② "너희 자신을 종으로 드려 누구에게 순종하든지 그 순종함을 받는 자의 종이 되는 줄을 너희가 알지 못하느냐 혹은 죄의 종으로 사망에 이르고 혹은 순종의 종으로 의에 이르느니라"(롬 6:16).

③ "범죄하는 그 영혼은 죽을지라 아들은 아비의 죄악을 담당치 아니할 것이요 아비는 아들의 죄악을 담당치 아니하리니 의인의 의도 자기에게로 돌아가고 악인의 악도 자기에게로 돌아가리라. 그러나 악인이 만일 그 행한 모든 죄에서 돌이켜 내 모든 율례를 지키고 법과 의를 행하면 정녕 살고 죽지 아니할 것이라"(겔 18:20, 21).

④ "성령과 신부가 말씀하시기를 오라 하시는도다 듣는 자도 오라 할 것이요 목마른 자도 올 것이요 또 원하는 자는 값없이 생명수를 받으라 하시더라"(계 22:17).

⑤ "그러므로 이제 그리스도 예수 안에 있는 자들에게는 결코 정죄함이 없나니, 그들은 육신을 따라 행하지 않고 성령을 따라 행하느니라"(롬 8:1, KJV 역).

설명 : 예정론은 중세기 기독교회의 잘못된 신학으로부터 유래 되었습니다. 예정론의 원조라고 불리는 어거스틴은 하나님께서 인류에게 선택의 자유를 주셨다는 중요한 진리를 간과함으로써, 하나님께서 어떤 사람에게는 영원한 생명을 이미 지정해 놓으셨으며, 어떤 사람에게는 영원한 멸망 가운데 있도록 정해 놓으셨다는 예정론을 세우게 되었습니다.

물론, 에베소 1장에는 "그 기쁘신 뜻대로 우리를 예정하사"라는 표현이 나오지만, 이 표현을 "모든 사람은 태어나는 순간부터 자신의 영원한 운명이 결정된다."라고 해석하면 성경은 도무지 설명할 수 없는 책이 되어 버리고 맙니다.

종교 개혁자이며 감리교회의 창시자인, 요한 웨슬리가 예정론의 모순을 밝히 드러내었지만, 예정론을 믿는 어거스틴의 후예들이 아직도 교회 안에 많이 있습니다. 만일 어떤 그리스도인이 자신의 구원이 이미 확정되었다는 예정론을 받아들일 경우, 그는 유혹과 죄를 극복해야 할 필요를 느끼지 않게 되며, 다른 영혼을 위하여 전도해야 할 이유도 이해하지 못하게 되고, 죄와 세속의 종으로 살고 있으면서도 여전히 자신은 구원받았다는 두려운 착각을 갖게 됩니다.

하나님께서는 "모든 사람이 구원을 받으며 진리를 아는데 이르기를 원하시지"만(딤전 2:4), 각자의 자유 선택에 따라서 진리에 순종하는 자들은 영생에 이르고, 불순종하며 죄된 삶을 고집하는 자들은 결국 멸망당하게 될 것이라는 것이 성경의 가르침입니다.

성경은 계속적으로 죄에 머물러 있기로 고집하는 자들에 대하여 다음과 같이 경고하고 있습니다. "우리가 진리를 아는 지식을 받은 후, 짐짓 죄를 범한 즉 다시 속죄하는 제사가 없고, 오직 무서운 마음으로 심판을 기다린 것과 대적하는 자를 소멸할 맹렬한 불만 있으리라"(히브리서 10:26,27_예정론은 열한시 제238권에서 다루었습니다).

9. 그리스도인에게 주어진 승리의 요구와 약속들

참된 복음	오해된 복음
각 그리스도인은 성령을 의지해 죄를 이길 수 있으며, 또 이겨야 한다.	아무리 신실한 그리스도인이라고 할지라도, 예수께서 재 강림하실 때까지 죄를 이길 수 없다.

① "너희가 진리를 순종함으로 너희 영혼을 깨끗하게 하여 거짓이 없이 형제를 사랑하기에 이르렀으니 마음으로 뜨겁게 피차 사랑하라. 너희가 거듭난 것이 썩어질 씨로 된 것이 아니요 썩지 아니할 씨로 된 것이니 하나님의 살아 있고 항상 있는 말씀으로 되었느니라"(벧전 1:22,23).

② "그가 우리를 대신하여 자신을 주심은 모든 불법에서 우리를 구속하시고 우리를 깨끗하게 하사 선한 일에 열심하는 친 백성이 되게 하려 하심이니라"(딛 2:14).

③ "사람이 감당할 시험밖에는 너희에게 당한 것이 없나니, 오직 하나님은 미쁘사 너희가 감당치 못할 시험 당함을 허락지 아니하시고 시험 당할 즈음에 또한 피할 길을 내사 너희로 능히 감당하게 하시느니라"(고전 10:13).

④ "나의 자녀들아 내가 이것을 너희에게 씀은 너희로 죄를 범치 않게 하려 함이라. 만일 누가 죄를 범하면 아버지 앞에서 우리에게 대언자가 있으니 곧 의로우신 예수 그리스도시라"(요일 2:1).

⑤ “보라 네가 나았으니 더 심한 것이 생기지 않게 다시는 죄를 범치 말라”(요 5:14).

⑥ “내게 능력주시는 자 안에서 내가 모든 것을 할 수 있느니라”(빌 4:13).

⑦ “육신의 생각은 사망이요 영의 생각은 생명과 평안이니라 … 만일 너희 속에 하나님의 영이 거하시면 너희가 육신에 있지 아니하고 영에 있나니 누구든지 그리스도의 영이 없으면 그리스도의 사람이 아니라”(롬 8:6,9).

⑧ “너희는 이 세대를 본받지 말고 오직 마음을 새롭게 함으로 변화를 받아 하나님의 선하시고 기뻐하시고 온전하신 뜻이 무엇인지 분별하도록 하라”(롬 12:2).

⑨ “내가 이르노니 너희는 성령을 좇아 행하라 그리하면 육체의 욕심을 이루지 않으리라”(갈 5:16).

⑩ “자기 앞에 영광스러운 교회로 세우사 티나 주름 잡힌 것이나 이런 것들이 없이 거룩하고 흠이 없게 하려 하심이니라”(엡 5:27).

⑪ “주께서 가라사대 그 날 후에 내가 이스라엘 집으로 세울 언약이 이것이니 내 법을 저희 생각에 두고 저희 마음에 이것을 기록하리라 나는 저희에게 하나님이 되고 저희는 내게 백성이 되리라”(히 8:10).

⑫ “능히 너희를 보호하사 거침이 없게 하시고 너희로 그 영광 앞에 흠이 없이 즐거움으로 서게 하실 자”(유 1:24).

⑬ “너희가 순종하는 자식처럼 순종하지 못할 때에 좇던 너희 사욕을 본 삼지 말고 오직 너희를 부르신 거룩한 자처럼 모든 행실에 거룩한 자가 되라”(벧전 1:14).

⑭ “누구든지 하늘에 계신 내 아버지 뜻대로 하는 자가 내 형제요 자매요 모친이니라”(마 12:50).

설명 : 오늘날 수많은 그리스도인이 죄는 결코 이길 수 없다는 가르침을 받아들이고 있습니다. 예수님께서는 인류의 죄 때문에 십자가에서 돌아가셨는데, 그리스도를 따른다고 말하는 사람들의 입에서 어떻게 죄를 이길 수 없다는 말이 나올 수 있을까요? 그리스도의 십자가를 바라

보는 자마다 죄를 미워하고 버리게 될 것입니다.

요한계시록 2, 3장에 나오는 일곱 교회의 예언을 보면, 각 교회마다 주님을 신실하게 따랐던 자들의 모습을 "이기는 자"라고 설명하고 있습니다. 그런데 그들은 무엇을 이긴 자들인가? 죄와 세상을 이긴 자들입니다. 마지막 교회인 라오디게아 교회에도 "이기는 자"에게만 영생의 약속이 주어져 있습니다. "이기는 그에게는 내가 내 보좌에 함께 앉게 하여 주기를 내가 이기고 아버지 보좌에 함께 앉은 것과 같이 하리라"(계 3:21).

예수님께서 재림하셔서 우리에게 새로운 몸을 주실 때까지는 결코 죄를 이길 수 없다고 가르치는 오류야말로, 그리스도인들이 자신의 구원과 예수 재림을 위하여 올바로 준비하지 못하게 만드는 가장 위험한 기만입니다. 이러한 가르침은 죄를 범한 사람들로 하여금 스스로 자신의 입장을 합리화하도록 유도하기 때문에, 진실한 회개와 개혁을 하지 못하게 만듭니다.

물론, 아무나 죄를 이길 수 있는 것은 아닙니다. 오직 자신의 마음과 생애를 하나님께 온전히 바친, 참된 거듭남을 경험한 그리스도인만이 죄를 이길 수 있습니다.

10. 하나님께서 죄인에게 의롭다는 선언을 내리시는 조건

참된 복음	오해된 복음
칭의는 하나님께서 우리의 죄를 용서해 주시는 사법적인 면제 조치일 뿐만 아니라, 우리의 마음이 전적으로 하나님께 굴복된 상태를 의미한다. (칭의란, 죄인이 회개할 때에 하나님께로부터 "의롭게 되었다"는 선언을 받는 것임)	칭의는 우리의 죄를 용서해 주시는 하나님의 법적 조치에 불과하다.

① "거짓 일을 멀리하며 무죄한 자와 의로운 자를 죽이지 말라. 나는 악인을 의롭다 하지 아니 하겠노라"(출 23:7).

② "이는 죽은 자가 죄에서 벗어나 의롭다 하심을 얻었음이라"(롬 6:7).

③ "너희는 유혹의 욕심을 따라 썩어져 가는 구습을 좇는 옛사람을 버리고, 오직 심령으로 새롭게 되어 하나님을 따라 의와 진리의 거룩함으로 지으심을 받은 새사람을 입으라"(엡 4:22-24).

④ "죄에게서 해방되어 의에게 종이 되었느니라"(롬 6:18).

⑤ "하나님 앞에서는 율법을 듣는 자가 의인이 아니요 오직 율법을 행하는 자라야 의롭다 하심을 얻으리니"(롬 2:13).

⑥ "악인은 그 길을, 불의한 자는 그 생각을 버리고 여호와께 돌아오라 그리하면 그가 긍휼히 여기시리라 우리 하나님께로 나아오라 그가 널리 용서하시리라"(사 55:7).

⑦ "자기의 죄를 숨기는 자는 형통치 못하나 죄를 자복하고 버리는 자는 불쌍히 여김을 받으리라"(잠 28:13).

⑧ "너희가 그 은혜를 인하여 믿음으로 말미암아 구원을 얻었나니 이것이 너희에게서 난 것이 아니요 하나님의 선물이라"(엡 2:8).

⑨ "그러므로 우리가 믿음으로 의롭다 하심을 얻었은즉 우리 주 예수 그리스도로 말미암아 하나님으로 더불어 화평을 누리자"(롬 5:1).

설명 : 그리스도께서 회개한 죄인을 의롭다고 선언하시는 것은 사법적인 선언입니다. 그러나 동시에, 죄인에게 무죄함을 선고하는 하나님의 선언은 반드시 회개한 죄인의 마음 상태와 정확하게 일치해야 합니다. 왜냐하면 하나님께서는 거짓말할 수 없는 분이시기 때문입니다. 하나님께서는 마음속에 죄를 품고 있는 죄인에게 의롭다는 선언을 내리실 수 없습니다. "악인을 의롭다 하며, 의인을 악하다 하는 이 두 자는 다 여호와의 미워하심을 입느니라"(잠 17:15).

회개란 지적으로만 자신의 죄를 인정하는 것이 아니라, 자신이 범한 죄를 진정으로 슬퍼하기 때문에 그 죄를 버리고 돌아서는 것을 의미합니다. 그러므로 참된 회개는 마음의 급격한 변화를 수반하며, 자신이 알고 있는 하나님의 모든 뜻에 대하여 순종하겠다는 결심으로 표현됩니다. 죄인이 진정으로 회개할 때, 하나님께서는 성령을 통하여 죄인의 마음에 놀라운 변화를 일으키시는데, 이것을 거듭남이라고 부른다. 이러한 변화가 죄인의 마음속에서 이루어지면, 그는 죽음에서 생명으로, 죄에서 성결로, 불순종과 반역으로부터 순종과 충성으로 옮겨지게 됩니다.

그러나 너무나 많은 그리스도인이 십자가의 은혜가 자신의 죄를 가려 주기 때문에, 자신의 마음과 생활 가운데 죄와 탐욕이 그대로 있음에도 불구하고, 자신은 하나님께로부터 의롭다는 선언을 받았다고 믿는다. 만일 그렇다면, 십자가의 은혜가 죄를 인정하고 허용한단 말인가요? 십자가에서 흘러나오는 은혜에는, 십자가를 바라보는 죄인의 마음속에, 죄를 미워하고 의를 사모하는 변화를 가져오는 위대한 능력이 포함되어 있다는 사실을 잊지 마십시오.

우리 자신을 그리스도께 바치고, 그분을 구세주로 받아들이면, 그때까지의 우리의 생애가 아무리 죄로 가득 찼다고 할지라도, 그리스도께서는 십자가의 공로를 의지하여 우리를 의롭다고 선언해 주십니다. 그리하여 우리는 하나님 앞에 전혀 죄 지은 일이 없는 의로운 사람처럼 가납되게 되는데, 그와 동시에 그리스도께서는 우리의 마음을 새롭게 변화시켜 주십니다.

우리의 믿음을 통하여, 그리스도께서 우리의 마음속에 들어오셔서 거하시게 되는 것입니다. "내가 그리스도와 함께 십자가에 못 박혔나니 그런즉 이제는 내가 산 것이 아니요 오직 내 안에 그리스도께서 사신 것이라 이제 내가 육체 가운데 사는 것은 나를 사랑하사 나를 위하여 자기 몸을 버리신 하나님의 아들을 믿는 믿음 안에서 사는 것이라"(갈 2:20).

11. 성화는 그리스도인 신앙생활의 열매

참된 복음	오해된 복음
성화는 믿음을 통하여 받게 되는 하나님의 선물로서, 마음이 성화된 사람은 거룩한 생애를 살게 된다.	성화는 구원을 얻기 위하여 애쓰는 인간의 율법주의적인 노력이다.

① "하나님의 뜻은 이것이니 너희의 거룩함이라"(살전 4:3).

② "너희 안에서 행하시는 이는 하나님이시니 자기의 기쁘신 뜻을 위하여 너희로 소원을 두고 행하게 하시나니"(빌 2:13).

③ "하물며 영원하신 성령으로 말미암아 흠 없는 자기를 하나님께 드린 그리스도의 피가 어찌 너희 양심으로 죽은 행실에서 깨끗하게 하고 살아계신 하나님을 섬기게 못하겠느냐?"(히 9:14).

④ "우리가 마음에 뿌림을 받아 양심의 악을 깨닫고 몸을 맑은 물로 씻었으니 참 마음과 온전한 믿음으로 하나님께 나아가자"(히 10:22).

⑤ "그러므로 형제들아 더욱 힘써 너희 부르심과 택하심을 굳게 하라 너희가 이것을 행한즉 언제든지 실족지 아니하리라. 이같이 하면 우리 주 곧 구주 예수 그리스도의 영원한 나라에 들어감을 넉넉히 너희에게 주시리라"(벧후 1:10,11).

⑥ "대저 하나님께로서 난 자마다 세상을 이기느니라 세상을 이긴 이김은 이것이니 우리의 믿음이니라"(요일 5:4).

⑦ "성도의 인내가 여기 있나니 저희는 하나님의 계명과 예수 믿음을 지키는 자니라"(계 14:12).

⑧ "믿음으로 저희 마음을 깨끗이 하사"(행 15:9).

⑨ "이는 너희의 믿음의 시련이 인내를 만들어 내는 줄 너희가 앎이라. 인내를 온전히 이루라 이는 너희로 온전하고 구비하여 조금도 부족함이 없게 하려 함이라"(약 1:3,4).

⑩ "악은 모양이라도 버리라. 평강의 하나님이 친히 너희로 온전히 거룩하게 하시고 또 너희 온 영과 혼과 몸이 우리 주 예수 그리스도 강림하실 때에 흠 없게 보전되기를 원하노라"(살전 5:22,23).

⑪ "나는 포도나무요 너희는 가지니 저가 내 안에 내가 저 안에 있으면 이 사람은 과실을 많이 맺나니 나를 떠나서는 너희가 아무것도 할 수 없음이라"(요 15:5).

⑫ "모든 선한 일에 너희를 온전케 하사 자기 뜻을 행하게 하시고, 그 앞에 즐거운 것을 예수 그리스도로 말미암아 우리 속에 이루시기를 원하노라"(히 13:21).

⑬ "불의를 하는 자는 그대로 불의를 하고 더러운 자는 그대로 더럽고 의로운 자는 그대로 의를 행하고 거룩한 자는 그대로 거룩되게 하라"(계 22:11).

설명 : 먼저 이해해야 할 것은, 주님께 대한 사랑과 충성이 동기가 되어서, 하나님의 말씀에 순종하기 위해서 노력하는 것은 율법주의가 아니라는 점입니다. 그러한 순종은 너무나 자연스러운 사랑과 충성의 표시입니다. 자신의 영생을 위하여 십자가에서 돌아가신 분께 온 마음과 정성을 다하여 순종하기 위하여 애쓰는 것이 어떻게 율법주의일 수 있습니까? 바리새인들의 외식적인 행위와 변화된 그리스도인의 참된 순종 사이에는 분명한 차이가 있다는 점을 간과해서는 안 됩니다.

인류를 위한 하늘 아버지의 선물인 그리스도의 십자가에 온 마음을 다하여 반응하는 그리스도인을 율법주의자라고 정죄하는 사람은 아직 하나님의 사랑과 그리스도의 희생을 깨닫지 못한 사람이라고 말할 수 있습니다. 성화(거룩함)는 그리스도의 사랑을 체험한 그리스도인에게 자연스럽게 맺히는 영적 열매입니다. 하나님께로부터 칭의(용서, 의롭다 하심)를 받은 그리스도인은 성화(거룩함)된 삶을 살게 됩니다. 그리스도인은 믿음을 통하여 의롭다 하심을 받는 것처럼, 믿음을 통하여 성화된 삶을 살게 되는 것입니다. 성경은 칭의와 성화의 경험을 구원받을 성도들이 받게 되는 하나님의 선물로 설명하고 있습니다.

"그 눈을 뜨게 하여 어두움에서 빛으로, 사탄의 권세에서 하나님께로 돌아가게 하고, 죄 사함(칭의) 과 나를 믿어 거룩하게(성화)된 무리 가운데서 기업을 얻게 하리라"(행 26:18).

"만일 우리가 우리 죄를 자백하면 그는 의로우사 우리 죄를 사하시며(칭의), 모든 불의에서 우리를 깨끗케(성화) 하실 것이요"(요일 1:9).

"그러므로 이제 예수 그리스도 안에 있는 자에게는 결코 정죄함이 없나니(칭의), 이는 그리스도 예수 안에 있는 생명의 법이 죄와 사망의 법에서 너를 해방(성화) 하였음이라"(롬 8:1,2).

"우리에게 죄지은 자를 사하여 준 것같이 우리 죄를 사하여(칭의) 주옵시고 우리를 시험에 들게 하지 마옵시고 다만 악에서 구하옵소서(성화)"(마 6:12,13).

복음은 생명이 없는 학설이나 이론처럼 소개되어서는 안 되며, 생애를 변화시키는 놀라운 능력으로 소개되어야 합니다. 하나님께서는 그분의 은혜를 받아들이는 자들이 은혜의 능력을 체험한 참된 증인들이 될 것을 기대하고 계십니다. 죄인이 그리스도를 받아들일 때에, 그는 그리스도께서 사셨던 생애를 살 수 있는 능력도 받아들이게 됩니다. 죄인은 오직 십자가를 통해서만 죄의 세력으로부터 벗어날 수 있으며, 악의 본거지를 떠날 수 있습니다. 십자가에 접근할 때마다 여러분의 심령은 순화되어서 참회하는 마음으로 "하나님의 아들을 십자가에 못 박게 한 것은 나의 죄 때문이었다"고 외치게 될 것입니다. 여러분이 십자가를 바라볼 때마다, 여러분의 마음과 성품은 그리스도의 은혜를 통하여 순결하게 변화될 것이며, 그로 인하여 죄에 대한 여러분의 애착심이 죄를 혐오하는 마음으로 바뀌게 될 것입니다. 그러므로 죄 많고 속절없는 상태 그대로 그리스도께 나아가십시오. 예수님께서는 연약하고 어리석으며 죄된 여러분을 깊은 동정과 슬픔으로 안으시면서, 사랑의 손으로 여러분의 상처를 싸매시고, 모든 부정한 것으로부터 정결케 해주실 것입니다. 지금 이 순간도, 그분께서는 여러분이영원한 생명의 길로 들어오기를 기다리고 계십니다!

제2부 교회를 향한 요한 웨슬리의 호소

1. 거룩함과 율법주의

이 기사는 감리 교회의 창시자인 요한 웨슬리의 글입니다. 그는 자신의 형제 찰스 웨슬리와 함께 18세기 영국에서 종교 개혁 운동의 횃불을 높이 들었습니다. 이 글은 그리스도인 생애에 반드시 나타나야만 하는 거룩함에 대해서 다루고 있습니다. 현대 기독교회 안에서 크게 곡해되고 있는 거룩함에 대한 문제를 올바로 조명하고, 잘못된 오해들을 바로 잡는데 이 기사가 조금이나마 기여하기를 바라는 마음으로 이 글을 싣기로 하였습니다. 구원은 하늘의 생명책에서만 이루어지는 것일까요? 아니면, 오늘을 살아가는 그리스도인의 마음과 생애 속에서 실제적으로 이루어져야 할까요? 이것이 이 글의 주제입니다.

2. 서론

"거룩함을 좇으라 이것이 없이는 아무도 주를 보지 못하리라"(히 12:14). 오직 거룩한 자들만이 영광 중에 하나님의 얼굴을 뵙게 될 것입니다. 하늘 아래 어떤 것도 이것보다 분명한 진리는 없습니다. "비록 천지는 없어질지라도 내 말은 없어지지 아니하리라"(마 24:35).

이 땅에서 하나님과 함께 생애 하지 않은 사람은 결코 하늘에서 하나님과 함께 영원히 살 수 없습니다. 이 땅에서 하나님의 형상을 반사하며 살지 못한 사람은 결코 하늘에서 하나님의 영광 가운데 거할 수 없습니다. 이 땅에서 죄로부터 해방되고 구원받지 못한 사람은 결코 지옥불의 형벌을 면하지 못합니다. 이 땅에 사는 동안 자신 안에 하나님의 왕국을 건설하지 못한 사람은 결코 하늘에 있는 왕국을 보지 못합니다. 하늘에서 천년 동안 그리스도와 함께 왕 노릇 하고자 하는 자는 먼저 이 땅에서 그리스도께서 자신의 마음을 왕처럼 완전히 주관하시는 경험을 해야만 합니다. 오직 그리스도 예수의 마음을 품고 사는 자들만이 그리스도께서 생애 하셨던 것처럼 살아갈 수 있습니다. "너희 안에 이 마음을 품으로 곧 그리스도 예수의 마음이니"(빌 2:5).

3. 과거의 오해

거룩함, 그것은 성경 전체에 걸쳐서 너무나 분명하게 나타나 있는 진리임에도 불구하고, 사람들에 의해서 너무나 곡해되거나 무시당하고 있습니다. 심지어는 이방인들이나 로마제국의 이교도들일까지도 "거룩함"에 대한 가르침을 가지고 있습니다. "신은 오직 덕성과 거룩한 마음, 그리고 정직을 기쁘게 받아들이신다"는 가르침이 거의 모든 철학과 이방 종교에 포함되어 있습니다. 비록 기독 교회가 거룩함에 대한 가르침을 전적으로 부인하지는 않는다고 할지라도, 이 중요한 진리가 교회 안에서 심하게 왜곡되거나 퇴색되어 가고 있는 것은 아무도 부인할 수 없는 사실입니다.

로마 천주교회의 사람들도 거룩함과 경건에 대해서 말하지만, 그들은 내적 경건함보다는 종교적 의식과 예식과 같은 외적 경건함을 중요시 여기는 위험에 빠져 있습니다. 외적 경건함을 중요시하는 가르침 때문에 로마 천주교회가 종교적, 정치적 주도권을 잡았던 중세기 종교 암흑시대의 사람들은 선과 덕을 쌓으면 현세에서도 복을 받을 수 있을 뿐 아니라, 십자군으로 징병 되어 국가를 위하여 싸우다 죽는 선을 쌓으면, 내세에 천국에서 큰 상을 받게 된다는 교리에 빠지게 되었습니다. 외적 경건과 인간적 공로와 의식을 강조하다 보니, 고행이나 험한 순례와 같은 것들이 하나님의 용서와 구원을 얻어내기 위한 수단으로 등장하게 되었습니다.

4. 오늘날의 오해

거룩함에 대한 오해는 오늘날에도 계속되고 있습니다. 과거의 로마 천주교회는 외적 경건함을 중요시함으로써 참된 거룩함에 오해를 갖게 되었습니다. 오늘날의 기독교회는 그러한 엉뚱한 가르침에는 동의하지 않습니다. 그러나 비록 기독교회가 그러한 가르침을 부인한다고 할지라도, 오늘날의 기독교회는 거룩함이 없이도 천국에 갈 수 있는 신학적 길을 열어 놓았습니다. 로마 천주교회에서 만들어 놓은 고해 성사, 성지 순례, 죽은 성자와 천사들에게 드리는 기도, 그리고 무엇보다도 죽은 자를 위한 기도와 사제들에 의한 죄의 용서와 같은 교리들은 진리를 미처 이해하지 못한 사람들의 마음을 흡족하게 만들어 주었는데, 이것은 하나님을 믿지 않는 이방 종교인들의 풍습에서 쉽게 찾아볼 수 있는 교리들입니다. 수많은 천주교인이 비록 자신의 마음과 생애가 거룩하게 변화되지 않을지라도, 이러한 예식과 의식들을 통하여 자신이 구원받을 수 있다는 사실을 단 한 점의 의심도 없이 믿고 있습니다.

그렇다면, 개신교도들은 구교를 믿는 사람들과 좀 나은 것이 있습니까? 전혀 그렇지 못합니다. 모양만 조금 다를 뿐, 그 내용에 있어서는 마찬가지입니다. 개신교인들은, 천주교인들이 중요시 여기는 의식과 예식들은 사람을 구원하는 면에 있어서 아무런 효험이 없다는 사실을 잘 압니다. 아무리 열성적으로 믿는다고 할지라도 성경으로 확증할 수 없는 잘못된 교리나 의식에 의존하는 것은 무의미하다는 사실을 잘 이해합니다.

그렇다면, 개신교인들은 구원과 거룩함을 어떻게 이해하고 있습니까? 그들은 나쁜 짓을 안 하고, 좋은 일을 많이 하며, 주일마다 교회 예배에 열심히 참석하기만 하면, 자신의 마음과 생애가 실제적으로 거룩하게 변화되는 경험을 체험하지 않아도 구원받을 수 있다고 믿습니다. 천주교인들이 의식과 예식에 의존하여 내적 거룩함이 없이 구원을 바라보는 것처럼, 개신교인들도 십자가를 믿는 믿음을 주장하면서 내적 거룩함이 없이도 하늘에 갈 수 있다고 믿고 있습니다. 수많은 개신교인이 이와 같은 헛된 믿음을 가지고 있으면서도 자신이 하늘을 향하여 나아가는 고속도로를 달리고 있다고 착각하며 살아가고 있습니다.

5. 문제의 핵심

그러나 실제에 있어서, 적지 않은 개신교인들이 구원에 대한 이러한 이해보다 더 나아가 있습니다. 그들은 자신들이 천주교인들보다 구원에 대한 진보된 교리를 가지고 있다고 생각합니다. 그들은 비록 자신이 많은 선을 행한다고 할지라도, 실생활에 있어서 악을 저항하고, 모든 시험의 순간마다 하나님의 은혜를 통하여 승리하는 삶을 살지 않는 한, 결코 진짜 그리스도인이 아니라는 사실을 잘 알고 있습니다. 그들은 그러한 신앙은 피상적인 신앙이며, 참된 기독교 신앙이 아니라는 사실을 잘 이해하고 있습니다. 참된 기독교 신앙은 마음속에 있으며, 신령과 진리로 하나님께 예배드림으로써, 하나님의 왕국이 마음속에 건설되는데, 그것은 예수 그리스도의 마음을 받아들임으로써 가능해진다는 사실을 잘 이해하고 있습니다. 또한 그들은 오직 믿음을 통해서만 의롭다 하심을 받을 수 있다는 사실을 이해하고 있습니다. "의롭다 하시는 이를 믿는 자에게는 그의 믿음을 의로 여기시나니"(롬 4:5).

그런데, 무엇이 문제입니까? 사탄은 어떤 방법을 통하여 개신교인들이 가지고 있는 이러한 믿음을 무력화시키고 있습니까? 에베소서 2장 8절에 있는 "은혜를 인하여 믿음으로 구원을 얻었"다는 말씀이 점점 더 강조되고 있는 상황에서 어떤 예기치 못한 결과가 나타날 수 있을까요? 은혜와 믿음을 통한 구원론을 받아들인 사람들 사이에 "하나님의 은혜를 색욕거리로 바꾸"는 개신교인들이 점점 더 늘어나고 있습니다(유 1:8). 시몬 마거스 목사가 가르치는 다음과 같은 가르침은 구원에 대한 심각한 오해를 조장하고 있습니다.

거짓말 1

"그리스도께서 우리를 위하여 고통을 당하시고 이루어 놓으신 것을 통하여, 그분의 의가 우리에게 옮겨진다. 그러므로 우리 자신의 의는 전혀 필요 없다. 그분 안에 너무나 풍성은 의와 거룩함이 존재하기 때문에, 우리 안에는 어떤 의가 없어도 된다.

그러므로 의를 필요로 하거나, 그것을 소원하거나, 구하는 사람은 그리스도의 의는 우리 모두가 나누어 갖기에 부족하다고 말하는 것과 같다. 구원의 시작부터 끝에 이르기까지 모든 것은 그리스도에 의해서 이루어진다. 만일 이와 다른 것을 설교하는 사람이 있다면, 그는 율법주의자임에 틀림없으며, 복음에 대해서 무지한 자이다."

이러한 주장이야말로 참된 기독교 신앙이 가지고 있는 거룩함의 가르침을 그 뿌리부터 흔드는 가르침입니다. 오늘날 그리스도께서는 가장 그분을 사랑하며, 존중한다고 말하는 "친구의 집에서 받은 상처"때문에 고통당하고 계십니다(슥 13:6).

하나님의 아들이 나타나서 십자가에 달려 죽은 가장 큰 이유는 "마귀의 일을 멸하려 하"기 위함이었는데(요일 3:8), 오늘날 기독교회 안에는 십자가의 목적과 의미를 송두리째 왜곡시키는 가르침이 난무하고 있습니다. 이러한 가르침이 어떤 교단, 어떤 교회에서 가르쳐지던지 간에 이 가르침은 성도의 거룩함에 대한 진리를 한쪽 구석으로 치워버리게 되며, 성서적 구원론을 밑바닥에서 꼭대기까지 바꾸어 놓게 됩니다.

하나님의 은혜와 믿음에 대한 잘못된 가르침을 받아들인 그리스도인은 거룩한 생활을 살고자 하는 강렬한 소원을 상실하게 됩니다. 왜냐하면 십자가에서 이미 이루어진 의가 자신의 구원을 이미 보장하고 있다고 믿기 때문입니다. 물론, 구원을 위한 완전한 의가 십자가에서 이루어진 것은 사실이지만, 그 의를 개인적으로 받아들여야만 인류 전체에게 주신 구원이 개인적으로 이루어지게 됩니다.

의에 대한 잘못된 복음을 받아들인 사람은 진리에 순종하기 위한 노력과 악에 대하여 저항하는 모든 종류의 투쟁도 율법주의로 돌리게 됩니다. 율법주의에 빠지지 않기 위하여, 그리스도와 그분의 의를 거절하지 않기 위하여 십계명에 순종하기를 두려워하며, 하나님의 율법과 진리에 순종하기 위하여 개인적으로 노력하기를 두려워합니다. 성경은 "선한 일에 열심"을 내라고 권면하고 있음에도 불구하고(딛 2:14), 진리대로 살기 위하여 애쓰는 노력을 율법주의로 오해하는 그리스도인들의 숫자가 점점 더 늘어나고 있습니다.

6. 사탄의 거짓과 바울의 진리

사탄은 하나님의 교회를 타락시키기 위하여 한 가지 꾀를 생각해 내었습니다. 사탄은 자신의 목적을 달성하기 위하여 이보다 나은 방법은 없다고 생각하고 있을 것입니다. 사탄이 고안해낸 기가 막힌 교리는 다음과 같습니다.

거짓말 2

"인간은 단 한 줌의 거룩함이나 자신 안에 없는 상태에서도 거룩하게 될 수 있는데, 그것은 그리스도 안에서 모든 성도들이 믿음을 통하여 거룩함을 나누어 받기 때문이다.

그러므로 자신 안에는 실제적인 거룩함이 존재하지 않아도 영광 중에 재림하실 그리스도를 만날 수 있다. 비록 그대들의 마음 속에 예수 그리스도의 마음이 없다고 할지라도, 십자가를 믿기만 하면 그대들은 예수 그리스도 안에 있는 자들이다.

비록 그대의 마음 속에 질투, 시기, 돈을 사랑하는 마음, 이기심, 경쟁하는 정신, 정욕과 같은 것들이 있을지라도, 그 상태 그대로 족하다. 왜냐하면 비록 그대들이 의롭지 못하다고 할지라도, 그리스도께서 그대를 대신하여 그대를 위하여 십자가에서 완전한 의를 이루어 놓으셨기 때문이다."

"어리석은 자들이 어리석음을 좋아하기를 언제까지 하겠느냐?"(잠 1:22). 사탄의 거짓을 따르는 사람들은 사망의 길을 걷고 있는 것입니다. "너희는 불의를 행하고 속이는구나 … 불의한 자가 하나님의 나라를 유업으로 받지 못할 줄을 알지 못하느냐?"(고전 6:8). 사랑이 마음 속에 있는 자는 사랑이 겉으로 나타나게 되며, 의와 거룩함이 그 속에 있는 자는 그것이 또한 겉으로 드러나게 됩니다. "너희가 그의 의로우신 줄을 알면 의를 행하는 자마다 그에게서 난 줄을 알리라"(요일 2:29). 교회 안에 사탄이 퍼트려 놓은 많은 거짓이 있을지라도 그것에 속임을 당해서는 안 됩니다. 비록 예수 그리스도와 그분의 십자가를 높이는 것처럼 들릴지라도, 요한일서 3장 7, 8절에 기록된 "의를 행하는 자는 그의 의로우심과 같이 의롭고 죄를 짓는 자는 마귀에게 속하나니"라는 말씀과 어긋나는 것은 사탄의 거짓말입니다.

바울은 마음이 거룩하게 변화되지 못하여 악을 행하는 자는 결코 구원받을 수 없음을 분명히 했습니다. "미혹을 받지 말라 음란하는 자나 우상 숭배하는 자나 간음하는 자나 탐색하는 자나 남색하는 자나 도적이나 탐람하는 자나 술 취하는 자나 후욕하는 자나 토색하는 자들은 하나님의 나라를 유업으로 받지 못하리라"(고전 6:9,10).

이 말씀에 이어서 바로 연결되는 바울의 말을 주목해 봅시다. "너희 중에 이와 같은 자들이 있더니 주 예수 그리스도의 이름과 우리 하나님의 성령 안에서 씻음과 거룩함과 의롭다 하심을 얻었느니라"(고전 6:11). 과거에는 악에 빠졌었지만, 그리스도를 믿음으로써 그 마음과 생활이 악으로부터 돌아서고 거룩하게 변화되어 하나님께로부터 "의롭다 하심"을 받게 된 고린도 교회의 교인들에게 보낸 바울의 편지에서 우리는 의에 대한 분명한 진리를 배워야 합니다.

바울은 마음과 생애 속에서 실제적으로 일어나는 진정한 변화를 말하고 있습니다. 십자가를 받아들이고 예수 그리스도를 믿는다는 이유 하나 때문에 "의롭다 하심"(칭의)을 받게 되는 것이 아니라, 믿음을 통하여 실제적으로 마음과 생애가 거룩하고 의롭게 변화되었기 때문에 하나님께로부터 "의롭다 하심"을 받게 되는 것입니다. 하나님은 거짓말하지 못하는 분입니다. 속에는 더럽고 추한 것들이 가득 들어 있는데, 예수를 믿는다고 입으로 시인한다고 해서 그 사람을 어떻게 의롭다고 선언할 수 있겠습니까? "악인을 의롭다 하며 의인을 악하다 하는 이 두 자는 다 여호와의 미워하심을 입느니라"(잠 17:15).

제3부 기독 교회의 복음을 진단한다!

교회 안에 존재하는 두 가지 복음

예수님께서는 이 세상의 끝을 가져 오는 복음이 있다고 말씀하셨습니다. "이 천국 복음이 모든 민족에게 증거되기 위하여 온 세상에 전파되리니 그제야 끝이 오리라"(마 24:14). 그렇다! 예수님께서 말씀하신 그 복음을 전파해야만 예수께서 재림하시고 이 세상이 끝이 이르게 됩니다.

"이 천국 복음이 모든 민족에게 증거되기 위하여 온 세상에 전파되리니 그제야 끝이 오리라"(마 24:14). 여기서 우리는 매우 중요한 질문을 던질 수 있는데, 그것은 "도대체 예수님께서 말씀하신 '천국 복음'이란 어떤 복음입니까?"라는 질문입니다. 기독교 전체의 약 300여 개의 크고 작은 분파 및 교파들이 저마다 천국 복음을 전파한다고 말하고 있지만 분명한 사실은, 성경은 오직 한 가지 복음만을 말하고 있다는 사실입니다.

아담과 하와 시대로부터 예수 그리스도와 열두 제자들의 초기 기독교 시대까지 죄로 인하여 타락한 인간을 구원하는 복음은 오직 한가지입니다. 요한계시록은 마지막 시대에 전파되는 그 한 가지 복음을 "영원한 복음"이라고 부르고 있습니다. "또 보니 다른 천사가 공중에 날아가는데 땅에 거하는 자들 곧 여러 나라와 족속과 방언과 백성에게 전할 영원한 복음을 가졌더라"(계 14:6). 그러므로 우리는 아담이 하나님께로부터 받았고, 예수님께서 이 땅에 계실 때에 가르치셨고, 그분의 제자들이 이 세상에 전파하였던 복음, 그리고 요한계시록이 "영원한 복음"이라고 부르는 그 복음이 어떤 복음인지를 정확하게 이해해야만 합니다. 그래야만 예수님께서 오실 수 있고, 이 세상의 끝이 올 수 있기 때문입니다.

그렇다면 오늘날 수많은 교파에서 각기 다른 가르침과 복음을 주장하고 있는데, 어떻게 하면 그 모든 복음 중에서 성서적 참 복음을 찾아낼 수 있을까요? 자신이 어떤 교회에 소속되어 있는가를 불문하고, 진실한 그리스도인이라면 누구나 성경이 말하는 참된 복음을 이해해야만 합니다. 왜냐하면 이것은 자신과 가족의 구원을 결정하는 매우 중요한 문제이기 때문입니다. 어떤 사람들은 말하기를 "가르침과 교리는 중요치 않습니다. 그저 예수님을 전파하라."라고 합니다. 정말 그럴까요? 복음의 내용은 상관없고 그저 예수님의 이름으로 침례를 주면 되는 것일까요? 사도 바울은 이 문제에 대해서 분명한 입장을 나타내었습니다. "그러나 우리나 혹 하늘로부터 온 천사라도 우리가 너희에게 전한 복음 외에 다른 복음을 전하면 저주를 받을지어다"(갈 1:8). 예수님께서 사도들에게 가르치신 복음 이외의 다른 복음을 전하는 자들에게는 저주가 임할 것이라는 것이 바울의 입장입니다.

이 세상에 수많은 종류의 복음이 존재하지만, 그들 모두는 결국 두 종류의 복음으로 나누어지는데, 첫 번째는 죄를 이길 수 없다는 것이고, 두 번째는 죄를 이길 수 있다고 가르치는 복음입니다. 우리는 기독교회 안에 존재하는 두 복음을 살펴봄으로써 독자 여러분들 스스로 참된 성서적 복음이 어떤 것인가를 확인할 수 있도록 도와드릴 것입니다. 현존하는 모든 종류의 복음은 크게 두 가지로 분류되는데, 그 두 가지를 편의상 "첫 번째 복음"과 "두 번째 복음"으로 구분하였습니다.

1. 첫 번째 복음 - 세상에서 가장 인기 있는 복음

첫 번째로 소개하는 복음은 현대 기독교회에서 가장 인기 있는 복음입니다. 이 복음은 거의 모든 교회에서 가르쳐지고 있으며, 거의 모든 그리스도인이 받아들이고 있는 복음입니다. 복음을 신학적으로 분석할 때, 대부분의 신학자들과 성경학자들은 그 복음이 주장하는 "죄에 대한 정의" 또는 "죄란 무엇인가?"라는 문제를 제일 먼저 살펴보는데, 그 이유는 이것을 어떻게 정의하느냐에 따라서 복음의 내용이 완전히 달라지기 때문입니다.

이번 성경연구에서도 우리는 죄의 문제부터 먼저 살펴보기로 하겠습니다. 지금부터 연구하게 될 죄의 정의를 어떻게 규정하느냐에 따라서 그것에 고리를 물고 따라오는 복음에 관한 여러 가르침들이 전혀 달라집니다. 다음에 계속되는 글을 읽으면서 논리적으로 연결되는 복음의 연결 고리들을 주의 깊게 살펴보기 바랍니다.

죄란 "태어난 상태 그 자체" 라는 교리의 문제점

죄란 무엇인가? 첫 번째 복음은, "죄란 우리가 이 죄된 세상에 태어난 자체다"라고 말합니다. 또한 이 복음은 "죄"라고 하는 것은 어떤 행동이나 말이나 생각과는 상관이 없다고 주장합니다. 첫 번째 복음은 죄를 다음과 같은 논리로 설명합니다. "아담은 우리의 조상이다. 아담은 그의 범죄로 인하여 이 세상 전체에 문제를 가지고 왔다. 우리는 아담의 자손이기 때문에 그로부터 죄로 기울어지는 성향을 유전적으로 받았는데, 바로 그것이 '타락한 본성'이다. 그러므로 우리가 가지고 있는 본성은 이기적이고 교만하며 복수하기를 좋아한다. 우리의 본성은 선한 것이 아니고 악한 것이다."

그래서 첫 번째 복음을 주장하는 사람들은 "우리가 가지고 태어난 본성은 너무나 악한 것이기 때문에 우리는 태어나면서부터 죄인이다"라고 말합니다. 이러한 이유 때문에 그들은 "우리는 태어나면서부터 잃어버린바 되었고, 지옥불의 정죄를 받았다"고 가르친다. 첫 번째 복음은 말하기를 "죄란 우리가 어떻게 행동하고 말하는 것 때문에 발생되는 것이 아니라 타락한 본성을 가지고 태어나는 그 자체 때문에 죄인이 된다"고 죄에 대한 정의를 내린다. 죄에 대한 이러한 정의는 첫 시작부터 죄를 도무지 이길 수도 없고 버릴 수도 없는 것으로 결정지어 버리게 되는데, 이것은 논리적으로 그리스도의 인성에 대하여 다음과 같은 믿음을 갖도록 인도합니다.

그리스도는 우리와 다른 인성을 취하셨다는 교리의 문제점

한 고리는 또 다른 고리로 연결됩니다. 만약 위에서 살펴본 바대로, 죄가 우리가 가지고 태어난 본성 그 자체라고 가정하면, 그리스도께서는 우리와는 전혀 다른 인성을 취하셔야만 합니다. 왜냐하면 예수님께서 죄인들의 구세주가 되시기 위해서는 그분께는 죄가 전혀 없어야만 하는데 첫 번째 복음이 죄에 대하여 내린 정의에 따라서 죄가 우리가 조상으로부터 물려받은 악한 본성 자체라면, 구세주 예수 그리스도께서는 정죄 받은 죄인이 되어버리고 말기 때문입니다. 그리하여 이 복음에서는 예수 그리스도의 인성을 우리와는 전혀 다른 완전한 것으로 만들 수밖에 없었습니다. 겉모습은 그분의 조상들의 죄의 결과를 받았지만, 그분의 내면의 인성은 보통 인간의 것과는 전혀 다른 것을 취하였다는 교리를 세우게 되었습니다.

지금까지 언급한 "죄"와 "그리스도의 인성" 문제는 복음을 이해하는데 있어서 가장 중요한 문제 중의 하나입니다. 왜냐하면 이 두 가지 문제에 대한 가르침은 복음의 가장 밑바닥에 위치하여 그 기초를 놓기 때문입니다. 이 두 가지 기초가 잘못 놓이면, 그 위에 쌓여지는 모든 가르침과 복음은 엉뚱한 방향으로 흘러가게 됩니다. 만약 우리가 첫 번째 복음이 말하는 대로 본성적으로 죄인이라면, 우리는 항상 죄를 범하지 않을 수가 없습니다. 비록 우리가 침례를 받고 거듭났다고 할지라도, 타락한 본성은 없어지지 않습니다. 그것은 언제까지나 우리 안에 그대로 있습니다. 우리가 아무리 성령의 감화 감동하심에 따라서 선한 행위를 하고 선한 말을 하며 살지라도, 조상으로부터 물려받은 악한 본성은 여전히 우리 안에 있기 때문에 우리는 정죄 받은 죄인으로 살아가게 됩니다. 참 하나님의 백성이 이마에 하나님의 인을 받은 다음에도, 그리고 지구의 은혜의 시간이 끝난 후에도 악하고 이기적인 본성은 결코 변하지 않기 때문에 악인과 의인 모두는 예수님께서 재 강림하시는 그날까지 죄를 범하며 살게 된다는 것이 이 복음이 말하는 바입니다. 요한계시록 22장은 은혜의 시간이 끝난 이후에는 거룩한 자와 불의한 자가 최종적으로 결정된다고 선언하고 있음에도 불구하고 이 복음은 모든 사람은 예수님께서 다시 오시는 순간까지 계속해서 죄를 지을 수밖에 없다고 설명합니다.

이러한 복음을 받아들인 사람들은 다음과 같이 말합니다. "모태로부터 가지고 태어난 본성 그 자체가 죄이기 때문에 단 한 순간이라도 죄를 범하지 않을 수 없습니다. 침례 받고 거듭난 이후에도 본성적으로 계속해서 죄를 지을 수밖에 없습니다. 그래서 나는 계속적으로 범하는 죄를 계속적으로 용서받아야만 합니다. 요한계시록이 우리에게 예언하는 것처럼 이 세상에 짐승의 표가 내려지고 전 세계에 일곱 재앙이 내려서 인류에 대한 은혜의 시간이 끝난 다음에도 나는 계속해서 죄를 범할 수밖에 없고 계속해서 용서를 받아야만 합니다. 어느 누구도 죄를 가지고는 천국에 갈 수 없기 때문에 계속적인 죄에는 계속적인 용서가 필요하게 됩니다."

자, 그러면 다시 예수 그리스도의 인성에 대해서 생각해 봅시다. 만약 예수 그리스도의 인성이 죄로 인하여 타락한 본성을 갖고 태어나는 우리와는 다른 것이라면, 그분께서는 어떻게 유혹을 받으셨을까요? 이 복음의 주장이 사실이라면 우리는 아담과 하와가 범죄하기 이전의 모습 속에서 예수 그리스도께서 유혹받으신 상태를 엿볼 수 있습니다. 왜냐하면 이 복음은 예수님께서는 아담과 하와가 범죄하기 이전과 같은 완전한 인성을 취하셨다고 주장하기 때문입니다. 범죄하기 이전의 아담과 하와는 사탄으로부터 어떻게 유혹을 받았습니까? 지금 사탄은 우리를 공격하기 위하여 어디든지 우리를 따라다니는데, 에덴동산에서도 사탄은 아담과 하와를 공격하고 유혹하기 위해서 어디든지 그들의 뒤를 밟으면서 따라다녔습니까? 사탄이 원할 때마다 아담과 하와를 계속해서 유혹하고 시험에 빠뜨렸습니까? 아닙니다! 사탄은 아담과 하와가 선악과 주변으로 올 때에만 그들을 유혹할 수 있었습니다. 그러므로 이 복음은 "예수님께서는 모든 면에서 우리와 한결같이 시험을 받았는가?"라는 질문에 대하여 "아니다. 그분께서는 우리처럼 유혹을 받지 않으셨다. 예수님께서는 교만과 실망, 화를 내고자 하는 유혹 같은 것들은 결코 받은 적이 없다. 하나님의 뜻 대신에 자신의 뜻을 행하고자 하는 시험을 받지 않으셨다"고 대답합니다. 그러나 우리는 다음과 같은 성경 말씀에 귀를 기울여야 합니다. "우리에게 있는 대제사장(예수 그리스도)은 우리 연약함을 체휼하지 아니하는 자가 아니요 모든 일에 우리와 한결같이 시험을 받은 자로되 죄는 없으시니라"(히 4:15).

자, 그러면 우리는 다시 첫 번째 복음을 믿는 자들에게 다음과 같이 질문해야 합니다. "만약 예수님께서는 우리가 유혹받는 식으로 시험을 받지 않으셨다면, 그분께서는 어떻게 시험을 받으셨습니까?" 그들은 이렇게 대답합니다. "예수님께서는 오직 3번만 유혹을 받으셨습니다. 첫 번째 시험은 광야에서 받으셨고 두 번째는 겟세마네에서 받으셨으며 마지막으로는 갈보리 십자가 위에서였습니다." 우리는 가만히 앉아 있어도 마귀가 시험하기 위하여 우리의 본성을 건드리지만, 예수님께서는 시험과 유혹을 받기 위해서는 의도적으로 시험이 있는 장소로 나가셔야만 했다는 것이 이 복음이 말하는 바입니다. 하와가 시험을 받기 위하여 에덴동산 중앙에 있던 선악과나무로 나갔던 것처럼, 예수님께서도 광야나 겟세마네 동산이나 갈보리로 나가야만 했다는 것이 첫 번째 복음의 설명입니다. 다시 말해서, 우리는 외부와 우리의 본성 내면으로부터 시험을 받지만, 예수님께서는 외부로부터만 시험을 받았다는 것이 이 문제의 골자입니다.

지금까지 설명한 내용을 요약하자면, 타락한 본성을 지닌 우리는 호흡하는 것처럼 죄를 계속적으로 범하게 되지만, 예수님께서는 우리와는 달리 죄의 흔적이 전혀 없는 완전한 인성을 취하였기 때문에 그분은 우리와는 전혀 다른 방식으로 유혹을 받으셨고 그러므로 그분은 죄를 범하지 않을 수 있었다는 것이 이 복음의 바닥에 깔려 있는 논리입니다. 이러한 가르침은 우리를 논리적으로 또 다른 신학적 고리로 인도해 가는데, 그것은 칭의에 관한 문제입니다.

칭의(용서)만으로 구원받는다는 교리의 문제점

앞에서 살펴본 바와 같이, 천국에 가려면 죄가 없어야 되는데 이 첫 번째 복음의 가르침에 있어서는 인간은 죄 속에서 태어나고 죄를 몸속에 가지고 있기 때문에 결코 죄를 이기거나 버릴 수는 없습니다. 그러므로 죄를 해결하고 구원받기 위해서는 용서만이 유일한 수단입니다. 타락한 본성(죄)을 가지고 태어난 우리는 태어나는 순간부터 구원받기 위하여 용서(칭의)를 필요로 하게 됩니다. 그래서 천주교회에서는 갓 태어나서 아무것도 모르고 울고 있는 신생아에게 영아 세례라는 의식을 통하여 용서를 베푸는 황당한 아이디어까지 만들어 내게 되었던 것입니다. 이 복음의 도표에는 성화가 포함되지 않습니다. 왜 이 복음을 믿는 사람들은 자신들의 복음에 성화를 포함시키지 않을까요? 왜냐하면 그들은 칭의만이 전적으로 예수님께서 하시는 일이며 성화와 같은 인간의 불완전한 행함은 구원의 조건에서 배제되어야 한다고 믿기 때문입니다. 여기서 특이할 만한 사실은, 그들은 성화를 인간 스스로의 불완전한 노력과 애씀으로 여긴다는 사실입니다. 성화에 대해서 이러한 이해를 가질 때, 성화는 더 이상 의미가 없어지게 되고 구원과는 무관하게 됩니다.

이러한 가르침은 사람들에게 어떤 경험을 가져다줄까요? 이 복음을 믿고 따라가는 사람들의 삶에는 어떤 경험들이 실제로 일어나게 될까요? 만일 독자 여러분이 예수님을 영접하고 그분을 믿어서 구원을 얻게 되었고 또한 주의 날을 거룩하게 지키면서 교회에 잘 다니고 있었는데, 어느 날 갑자기 직장에서 여러분에게 주일에도 일터에 나와서 근무해 달라는 요구를 받았다면, 여러분은 어떤 결정을 하겠습니까? 직장을 잃어버릴 경우 가족들을 먹여 살릴 길이 막연한데 이러한 상황에서 여러분은 어떤 선택을 할 것입니까? 신실한 그리스도인들에게 있어서 이러한 위기는 매우 어려운 상황이지만, 이 첫 번째 복음은 주의 날에 직장에 나가서 일하는 것은 구원과 아무런 상관이 없다고 가르칩니다. 왜냐하면 주의 날을 지키는 행함 자체가 우리를 구원하는 것이 아니라고 믿기 때문입니다. 이 복음은 말하기를 "예수를 믿기만 하면 구원받는다. 넷째 계명인 안식일을 지키는 행함이 우리를 구원할 수 없다. 그러므로 주의 날을 범하여도 멸망하지 않는다"고 합니다.

이 복음은 매우 단순한 복음입니다. 구원에 이르는 길도 한 가지이고 구원을 잃어버리는 길도 한 가지라고 가르칩니다. 예수 그리스도를 개인의 구주로 받아들이기만 하면 이미 구원이 이루어졌고, 이와 반대로 예수님께로부터 등을 돌리고 거절하면 구원을 잃어버리게 된다는 것이 이 복음을 믿는 사람들의 신조입니다. 이 복음에 의하면, 구원을 잃어버리기란 거의 불가능합니다. 주의 날을 지키지 않아도, 마약을 복용해도, 술에 취해 중독이 돼도, 십일조를 드리지 않아도, 오직 예수님을 인정하고 믿기만 하면 구원은 보장된다는 것이 이 복음이 의미하는 바인데, 왜냐하면 이 모든 행위는 성화에 속한 문제들이기 때문입니다. 이러한 복음을 믿는 목사는 그들의 설교 중에 이렇게 말합니다. "잘못 행하고 잘못 말하고 잘못 생각하는 것은 예수님을 거절하는 것이 아닙니다." 우리가 양심에 꺼리는 일을 계속해서 하고 있으면서도 예수님을 믿기만 하면 우리의 구원은 계속적으로 유지된다는 것입니다.

지금까지의 내용을 요약해 보면 다음과 같습니다. 이기적으로 태어난 상태 그 자체가 죄이므로 인간은 도무지 죄로부터 해방될 수 없기 때문에 오직 용서(칭의)를 통해서만 구원이 주어지고 유지될 수 있으며, 성화는 인간의 불완전한 행위에 불과하기 때문에 구원의 조건이 결코 될 수 없습니다. 구원은 용서(칭의)를 통해서 넉넉히 이루어지며 성화(그리스도인의 영적 성장)는 있으면 좋고 없어도 구원과는 아무런 상관이 없다는 것이 이 복음의 가르침입니다. 구원과 칭의에 대한 이러한 생각은 논리적 고리를 또 하나 연결하게 되는데, 그것은 그리스도인의 완전 문제입니다.

완전한 순종은 불가능하다는 교리의 문제점

죄를 이기적으로 태어난 상태로 규정한 결과 어떤 그리스도인도 결코 죄로부터 벗어날 수 없다는 가르침이 생기게 되었고, 이것은 결국 그리스도인의 거룩한 생애(성화)를 구원과는 전혀 상관없는 것으로 몰아갔습니다. 이러한 논리는 그리스도인의 완전한 순종과 굴복은 불가능하다는 또 하나의 결론으로 발전됩니다. 이 복음은 하나님의 말씀에 50%나 80%의 순종은 가능할지 모르지만 계명에 대한 100%의 온전한 순종은 불가능하다고 가르칩니다. 그들은 이렇게 말합니다. "우리의 타락한 본성 자체부터 죄일 뿐 아니라 그러한 불완전한 본성으로는 결코 죄를 승리할 수 없다. 예수 그리스도와 우리는 다르다. 예수님께서는 우리와는 다른 인성을 가지셨기 때문에 하나님의 말씀에 완전한 순종의 생애를 사실 수 있었지만, 우리는 타락한 인성을 가지고 있기 때문에 결코 완전한 순종의 생애를 살 수 없다. 그리스도인의 완전한 순종은 예수님께서 재강림하셔서 우리의 육체(본성)를 완전한 것으로 바꾸어주실 때까지 기다려야 한다."

복음의 열매들에 나타나는 문제점

복음에는 그에 합당한 열매들이 맺히게 됩니다. 지금까지 살펴본 이 첫 번째 복음에도 그에 합당한 열매들이 맺힙니다. 이 복음은 설교 단상에 다음과 같은 열매를 맺히게 만듭니다. "우리는 죄인으로 태어났고 우리에게 필요한 것은 오직 용서뿐이며 예수님을 믿기만 하면 구원은 보장된다." 교회마다 이런 복음으로 가득 차 있는데, 심지어는 보수적이고 성서적이라고 불리는 교회들까지도 이런 복음의 도전을 거세게 받고 있습니다. 복음은 반드시 열매를 가져옵니다. 그것이 참 복음이든지 거짓 복음이든지를 불문하고 복음은 그것을 받아들인 교회와 개인에게 분명한 결과를 가져다줍니다. 먼저 심판 문제를 생각해 봅시다. 복음을 앞에서 언급한 식으로 믿는다면 심판도 필요가 없게 됩니다. 주일을 올바로 준수하지 않아도 구원이 보장되는데 심판이 무슨 소용이 있습니까? 십일조를 바치지 않고 술에 취한 삶을 살아도 구원이 보장되는데 심판이 무슨 필요가 있습니까? 이런 복음에서 구원을 위한 조건은 단지 천사 한 명이 기록 책에 "1994년 1월 12일 홍길동이 예수 그리스도를 구세주로 받아들였음"이라고 쓴 기록만 있으면 됩니다. 물론, 기록하는 천사는 "홍길동"의 삶을 주시하여 바라보지만 비록 그가 주의 날을 범하고 노름을 하고 술을 먹어도 그가 예수 그리스도를 궁극적으로 거절하지 않기 때문에 천사는 "홍길동"이 계속해서 구원 안에 머물러 있다고 기록한다는 것입니다. 이러한 복음에서는 심판이 필요 없게 됩니다. 그래서 이러한 복음에서는 심판의 의미와 용도에 대한 여러 가지 의문들이 생기게 됩니다.

이러한 복음에서는 십계명 또한 그 효용성과 의미를 잃어버리게 됩니다. 죄를 인간이 가지고 태어난 죄된 상태(본성)로 간주하는 이 복음에서는 거듭난 그리스도인이라고 할지라도 항상 죄를 범하고 있는 상태에 있기 때문에 하나님의 계명은 반드시 지켜야 한다는 교리가 무력화되고 맙니다. 또한 죄는 인간의 본성 자체이며 동시에 계명을 범하는 것이라고 믿는다고 할지라도, 결과는 마찬가지입니다. 왜냐하면 본성적으로 계속해서 죄를 짓고 있는 상태에서 율법을 지키고자 하는 노력과 행위 자체가 무의미해지기 때문입니다. 또한 예수 그리스도께서는 우리와 다른 인성을 취하셨기 때문에 완전한 순종의 삶을 사실 수 있었지만, 우리는 하나님의 말씀에 완전하게 순종할 수 없다고 믿기 때문에 이런 복음 하에서 완전한 순종이란 불가능할 뿐 아니라 무의미한 것이 되고 맙니다.

이러한 이유 때문에 대개 이 복음을 믿는 사람들은 "예수님께서 재 강림하시면 그때야 완전한 본성을 받게 되므로 그 때 가서야 비로소 내가 하나님의 계명을 완전히 지킬 수 있게 된다. 그러나 지금은 불가능하다. 아무도 율법을 지킬 수 없다"고 말합니다. "어차피 인간은 본성적으로 죄를 계속해서 범할 수밖에 없는데, 십계명을 조목조목 지키는 것이 무슨 의미가 있다는 말인가?"라는 말이 이 복음을 따라가는 사람들이 일반적으로 하는 말입니다. 이러한 논리 하에서 하나님의 도덕률(십계명)이 용도 폐지되면 교회는 도덕적으로 철저하게 파괴되고 맙니다. 간음이나 부적절한 결혼 관계가 교회 안에서 묵인되기 시작하며, 공공연하게 하나님의 십계명을 범하는 사람도 집사와 장로로 안수 받는 길이 활짝 열리게 됩니다. 간단히 말해서 예수 그리스도를 구세주로 부인하는 것 이외의 모든 것이 교회 안에서 일어나게 되며, 온갖 세속적 행습들이 교회 안에 들어와서 활개를 칠 수 있는 문이 활짝 열리게 됩니다.

이 복음을 믿는 어떤 목사가 얼마 전에 이런 말을 했습니다. "하나님의 구원은 너무나 넓고 크기 때문에 우리가 무엇을 먹고, 무엇을 마시며, 무엇을 입고, 무엇을 듣고,

무엇을 보며, 무엇을 읽는다고 할지라도 그런 모든 것은 성화와 행함에 관련된 문제이기 때문에 우리의 구원과는 상관이 없다. 우리는 예수님을 믿기만 하면 구원을 받는다. 성경에 나오는 어떤 표준을 행함으로 구원받는 것이 아니다. 그런 것들은 우리가 완전한 본성을 받은 다음에야 가능한 것이다. 그러므로 이 땅에서 그런 것들에 대해서 더 이상 이야기하지 말자. 그런 문제들은 오히려 교회의 분열을 조장하기만 한다." 이런 가르침 하에서는 성경에 나오는 모든 교훈과 건강 문제와 절제 문제와 위생 문제들도 "구원과 상관없는 것들"이라는 이름 아래 그 의미와 목적이 사라져 버리고 맙니다.

도표에서 보는 바와 같이 이 복음의 제일 밑바닥에는 "예정설"이 있습니다. 첫 번째 복음의 뿌리를 찾아서 내려가다 보면 그 맨 밑바닥에서 예정설이란 교리를 만나게 됩니다. 예정설이란 간단히 말해서 하나님께서 어떤 사람은 구원받고 어떤 사람은 멸망당하게 될 것을 미리 결정해 놓으셨다는 교리입니다. 구원과 멸망이 결정되는데 있어서 인간의 선택과 결정은 전혀 개입되지 않는다는 것이 예정설입니다. 최초로 이 복음이 시작될 시기인 3, 4세기경에는 많은 기독교인이 예정설을 믿었었는데, 그들이 믿었던 복음 또한 다음과 같은 논리로 구성되었습니다.

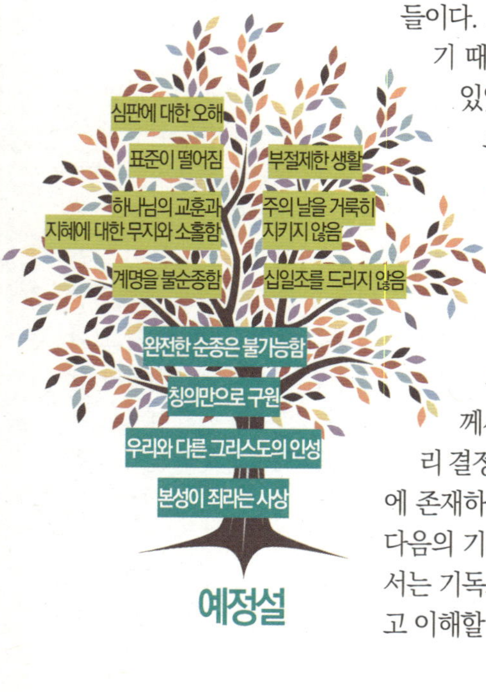

"우리는 타락한 본성을 가지고 태어났기 때문에 죄인들이다. 그러나 예수님께서는 완전한 본성을 취하셨기 때문에 죄가 없었고 또한 죄를 범하지 않을 수 있었다. 그런데 우리의 죄는 용서를 받을 수 있으며, 장차 예수님께서 다시 오실 때에 예수님처럼 완전한 본성을 받으면 그때 나도 예수님처럼 완전한 순종의 생애를 살 수 있다."

이 얼마나 그럴듯하게 들리는 말입니까? 그러나 하나님의 말씀은 이러한 인간의 논리를 한마디도 동의하지 않습니다. 하나님께서는 구원을 받을 자와 멸망을 당할 자를 미리 결정해 놓지 않으셨습니다. 자, 이제 기독교회 안에 존재하는 두 번째 복음에 대해서 다루고자 합니다. 다음의 기사를 계속해서 공부함으로써 독자 여러분께서는 기독교 전체를 나누는 두 가지 복음을 한눈에 보고 이해할 수 있게 될 것입니다.

2. 두 번째 복음 - 성서적 참 복음

먼저 공부한 첫 번째 복음의 뿌리를 찾아서 내려가면, 하나님께서는 구원받을 자와 멸망 당할 자를 미리 결정해 두셨기 때문에 구원에 관한 한 인간 개인의 선택과 의사는 전혀 무시된다는 예정설을 만나게 됩니다. 이와 마찬가지로 이제 공부할 두 번째 복음의 뿌리를 찾아서 내려가면 자유 의지의 선택이라는 원칙이 나옵니다. 우리는 하나님께서 우리 모두에게 자유 의지를 주셨다고 믿습니다. 하나님께서는 우리 스스로가 무엇을 선택할 수 있는 능력을 주셨습니다. 우리가 구원받기로 선택할 수 있고, 또한 멸망 받기로 선택할 수 있다는 것이 성경 전체가 우리에게 가르치고 있는 것입니다. 여기서 다루게 될 두 번째 복음 즉 성서적 참 복음은 바로 이 점에 기초하여 시작됩니다.

죄란 자유 의지의 선택입니다

성경은 죄를 본성으로 규정하지 않습니다. 그러므로 어린 아기는 지옥불에 태워 없어질 정죄를 받은 죄인이 아닙니다. 이 복음은 죄를 마음의 선택으로 정의합니다. 우리는 하나님의 명령에 "Yes"(예)라고 대답할 수 있고 "No"(아니오)라고 거절할 수도 있습니다. 성령의 음성을 거절하고 성경에 기록된 분명한 하나님의 계명에 불순종하기로 선택할 때에 비로소 우리는 죄인이 되는 것입니다. 어린 아기는 태어나는 순간 본인의 의지로 어떤 선택도 하지 않았고, 선택을 할 수 있는 능력이 아직 없기 때문에 그를 죄인으로 정죄할 수 없는 것입니다. 첫 번째 고리가 잘못되면 두 번째 고리 또한 잘못된 방향으로 나가는 것처럼, 첫 번째 교리가 올바른 기초 위에 세워지면 그것과 논리적으로 연결되는 다음 교리들도 자연스럽게 성서적으로 세워집니다.

우리와 같은 예수 그리스도

죄를 자유 의지의 선택 여부라고 정의하고 나면 예수 그리스도의 인성에 대해서도 성서적인 교리를 세울 수 있게 됩니다. 죄에 대하여 성서적 정의를 내리면, 예수 그리스도를 죄인으로 만들지 않기 위하여 그분의 인성을 억지로 우리와는 전혀 다른 인성으로 조작할 필요가 없게 됩니다. 예수님께서는 우리와 같은 육체(인성)를 취하셨습니다. 죄에 대한 이러한 정의 하에서는 예수님께서 우리와 같은 인성을 취하셨다고 할지라도 예수 그리스도를 죄인으로 만들지 않게 됩니다. 예수님께서 "모든 면에서 우리와 한결같다"고 말하실 때, 가장 중요한 점은 그분께서 우리와 동일한 수준에서 유혹을 받으셨다는 점입니다. 첫 번째 복음이 말하는 것처럼 그분의 생애 가운데 3번만 우리와 같이 유혹을 받으신 것이 아니라 항상 우리와 같이 유혹을 받으셨습니다. 그래서 성경은 "우리에게 있는 대제사장은 우리 연약함을 체휼하지 아니하는 자가 아니요 모든 일에 우리와 한결같이 시험을 받은 자로되 죄는 없으시니라"고 말하고 있는 것입니다(히 4:15). 그리스도는 우리와 같은 인성을 취하셨습니다. 그래서 우리처럼 시험을 받으셨습니다. 이러한 진리는 우리로 하여금 복음의 중심을 이해할 수 있도록 이끌어 줍니다.

칭의와 성화로 구원받는다

첫번째 복음은 칭의만을 복음으로 규정하지만, 두 번째 복음에서는 칭의와 성화 두 가지 모두가 복음입니다. 예수님께서 우리의 죄를 용서하시는 것은 사실입니다. 그러나 용서하심과 동시에 우리의 마음을 변화시키셔서 우리를 새로운 피조물로 만드십니다. 바로 이러한 이유 때문에 우리는 자신의 죄를 진정으로 회개하여 용서받은(칭의) 그리스도인으로부터 이전에 즐기던 술과 담배를 끊고 복잡했던 여자관계를 정리하며 훔친 물건을 돌려주는 놀라운 변화(성화)를 보게 되는 것입니다. 칭의와 성화 중에 어느 하나가 무시되면 복음 전체가 망가지게 됩니다. 칭의는 받았는데 성화는 되지 않는 경우는 결코 있을 수 없습니다. 왜냐하면 하나님께서 죄인을 의롭다고 선언(칭의)하실 때에는 그 죄인의 마음도 동시에 변화시켜 주시기 때문입니다. 욕심 많던 세리 삭개오가 주님으로부터 용서(칭의)를 받은 다음 그 생애가 완전히 변화(성화)되었던 것처럼, 칭의를 받은 사람은 그 사람의 생애 가운데 반드시 거룩한 열매(성화)가 자연스럽게 나타나게 됩니다.

칭의 : 첫 번째 복음에서는 "칭의는 전적으로 예수 그리스도의 역사이며 성화는 50%는 예수 그리스도의 역사이고 나머지 반은 인간의 노력이다"라고 가르칩니다. 그러나 이 점에서도 이 두 가지 복음은 분명한 차이를 드러냅니다. 왜냐하면 두 번째 복음 즉 참된 성서적 복음은 칭의를 받는 것은 전적으로 예수 그리스도의 용서하심이 없이는 불가능한 것이지만 내 자신이 그분을 믿어야 하고 내 생애를 그분께 드리는 내 자신의 선택과 결정이 있어야만 칭의가 이루어지는 것으로 설명하기 때문입니다. 전적으로 예수님께서 칭의를 해주시지만 그분의 사랑과 희생에 반응하고 응해야 할 나의 몫이 있다는 말입니다.

성화 : 성화의 문제도 마찬가지입니다. 첫 번째 복음에서는 성화를 인간의 불완전한 행위로 간주하여 복음에 포함시키지 않지만, 여기서 다루는 성서적 복음에서는 성화 역시 하나님의 전적인 역사라고 가르칩니다. 우리가 해야 할 몫은 그저 하나님께서 원하시는 역사를 내 마음속에

서 이루시도록 허용하는 것입니다. 하나님의 영께서 "이 길이 정로니 이 길로 가라"고 말씀해 주실 때, 나는 "예, 그렇게 하겠습니다"라고 대답하는 것이 성화입니다. 그러므로 성화에 있어서도 나의 인간적인 노력은 없습니다. 100% 하나님의 역사입니다. 나는 그저 하나님께서 인도하시고 보여주시는 대로 믿고 순종하며 따라갈 뿐입니다.

완전한 순종은 가능하다

우리를 100% 의롭다고 칭해주시는 분께서 우리를 온전히 성화 시켜주신다는 사실을 믿습니까? 예수님께서 그만한 능력이 없으신가요? 많은 경우에 사람들은 죄가 하나님보다 강하다고 생각하는 경향이 있습니다. 우리의 하나님께서는 죄보다 훨씬 강한 분이십니다. 하나님께서 우리를 의롭다고 칭해주시는 것처럼 우리를 거룩하게 변화시켜 주실 수 있다는 사실을 믿어야 합니다. 그리고 진리의 빛과 인생의 경험들을 통하여 우리로 하여금 계명에 대한 완전한 순종의 길로 인도하십니다. 우리 스스로의 힘으로는 결코 완전한 순종의 삶을 살 수 없습니다. 그러나 하나님께서는 하실 수 있다는 것이 성경의 약속입니다. 이것을 바라고 믿는 것이 마지막 시대의 그리스도인 신앙입니다.

성화와 완전으로 나아가는 길에서 우리가 반드시 배워야 할 두 단어가 있습니다. 매우 단순한 말이지만 우리는 이 두 단어를 잘 사용하지 않는데, 그것은 "Yes, Lord!"(예, 그렇게 하겠습니다!) 입니다. 이렇게 말할 때 우리는 칭의를 받고 성화를 하게 되는데, 바로 그것이 완전한 순종의 삶입니다. 바로 이것이 성경이 말하는 그대로의 복음입니다.

제1부에서 배운 첫 번째 복음을 믿는 어떤 목사가 최근에 다음과 같이 설교했습니다. "우리는 복음을 한 단어로 줄일 수 있는데, 그 말은 용서입니다. 우리가 용서를 받는 한 구원은 보장됩니다. 우리의 양심이 우리에게 말하는 대로 살지 않는다고 할지라도 용서만 받으면 구원은 보장됩니다." 진리의 빛과 양심대로 살지 않는데 어떻게 용서가 베풀어지는지 알 수 없지만, 어쨌든 그 목사는 그렇게 복음을 설명했습니다. 그렇다면 우리가 지금 공부하고 있는 이 두 번째 복음은 어떤 말로 요약할 수 있을까? 우리는 이 복음을 "회복"(Restoration)이라는 말로 표현할 수 있습니다. 복음이란 타락한 죄인이 하나님의 형상으로 변화되고 회복되는 것을 말합니다. 복음은 그저 우리를 용서만 하고 끝나는 것이 아닙니다. 복음 속에는 우리를 하나님의 형상대로 회복시켜 주는 능력이 포함되어 있습니다. 바로 이것이 예수님께서 온 세상에 전파하라고 명하신 "천국 복음"입니다(마 24:14). 이것이 마지막 시대에 전파되어야 하는 "영원한 복음"입니다(계 14:6).

복음의 열매들

이 두 번째 복음에는 어떤 열매가 맺히게 될까요? 이 복음에서 심판은 매우 중요한 의미를 갖게 됩니다. 모든 그리스도인의 생애는 기록하는 천사에 의해서 기록됩니다. 그래서 왜 이 사람은 구원받을 수 있고, 왜 저 사람은 구원받을 수 없는지가 공정하게 구별되어야 합니다. 왜 이 사람은 하늘에서 영원토록 예수님과 살 수 있고, 왜 저 사람은 지옥의 심판을 받아야 하는지가 사람들과 천사들 앞에서 분명하게 드러나야만 합니다. 입으로는 믿는다고 말하였지만, 그들의 삶 속에서는 죄가 계속되었던 사람들에 대한 심판에 대해서 성경은 분명하게 말하고 있습니다.

이 복음에서는 순종의 열매가 거두어집니다. 죄를 자유 의지의 선택으로 볼 때, 계명은 지킬 수 있는 것이 됩니다. 인간의 본성이 너무나 타락되어 있는데, 어떻게 우리가 계명을 온전히 지킬 수 있는가 라는 도전이 있을 수 있습니다. 그러나 그러한 도전에 대한 가장 분명한 대답이 있는데, 그것은 "우리와 같은 인성을 취하신 예수 그리스도께서 계명을 완전히 지킨 생애를 사셨다"는 것입니다.

제1부에서 다룬 첫 번째 복음의 믿음처럼 만일 예수님께서 우리와는 다른 종류의 인간이셨다면, 계명에 순종하는 것은 불가능합니다. 그러나 만일 성경이 말하는 대로 예수님께서 우리와 같은 인성을 취하신 분이라면 계명에 대한 완전한 순종은 가능합니다. 사람의 힘으로는 할 수 없는 그것을 하나님께서는 하실 수 있다는 사실을 믿어야 합니다. 예수님께서 사용하셨던 동일한 성령의 능력을 통하여 하나님의 참 백성들도 계명을 온전히 지킬 수 있습니다!

이 복음에서는 지혜의 열매를 거두게 만듭니다. 성경에 나오는 여러 가지 지혜들이 우리의 구원을 결정짓는 기준은 아니지만 우리가 미처 상상하지 못한 유익을 가져다줄 수 있습니다. 한 가지 예를 들어보도록 하겠습니다. 어떤 그리스도인이 마약과 술에 취해 사는 거리의 노숙자를 집으로 데려와서 깨끗하게 씻어주고, 담배와 술과 마약을 끊게 하고 성경이 지시하는 여러 가지 건강의 원칙들을 가르쳐 주었습니다. 그는 그러한 가르침들을 잘 따랐습니다. 성경에 나오는 건강 원칙들을 잘 따를 경우, 그렇지 않은 사람보다 평균 7~9년 더 오래 산다는 사실이 과학적으로 입증된 것처럼 그 사람은 장수를 즐기다가 죽었습니다. 그러나 그가 후에 악인들의 부활에 일어나서 유황불의 심판을 받았다면 성경에 나오는 건강 원칙들이 그 사람의 구원에 무슨 유익을 주었습니까? 건강 원칙들은 단지 그 사람을 7~9년 동안 더 오래 살 수 있도록 만들어 주었을 뿐입니다.

성경에 기록되어 있는 건강의 원칙들은 그러한 목적으로 주어진 하나님의 지혜가 아닙니다. 건강에 대한 여러 가지 교훈과 원칙들이 성경에 기록되어 있는 이유는 우리의 마음과 몸은 하나로 연결되어 있어서 서로가 밀접한 영향을 미치기 때문입니다. 건강한 몸에 건전한 정신과 마음이 깃든다는 말은 성경의 진리와 일치합니다. 하나님께서 우리를 구원하시는 역사는 우리의 마음과 생각 속에서 이루어집니다. 바로 그곳에서 선과 악의 대 쟁투가 이루어집니다. 그래서 하나님께서는 성경 속에 건강에 대한 여러 가지 지혜를 담아 두신 것입니다. 하나님께서는 건강한 라이프스타일을 통하여 조성된 우리의 맑고 깨끗한 정신과 마음을 통해서 우리의 영적 전쟁을 돕기 원하십니다.

이 복음에서는 마귀의 온갖 잡음들이 차단되는 결과가 얻어집니다. 성경은 우리의 감각 기관을 잘 지킬 것에 대해서 말하고 있습니다. 왜냐하면 하나님과 마귀, 두 존재가 모두 우리의 오관 즉, 시각, 청각, 후각, 미각, 그리고 촉각을 통하여 접근해 오기 때문입니다. 그러므로 우리가 이 다섯 가지 감각을 잘 지키면 마귀의 접근을 꽤 성공적으로 제어할 수 있습니다. 진지한 그리스도인이라면 각종 쓰레기를 쏟아내는 텔레비전과 각종 미디어를 조심스럽게 절제해야만 합니다.

첫 번째 복음은 예수를 믿는 한 다른 것들은 신경 쓰지 않아도 된다고 말합니다. 첫 번째 복음을 설교하는 목사들은 흔히 그러한 것들은 구원과 상관없는 일들이라는 말로 성경에 기록되어 있는 하나님의 지혜와 경고들을 무시합니다.

지금까지 이 기사를 읽어온 독자 여러분께 질문하고자 합니다.

여러분은 어떤 복음을 지금까지 믿어 왔습니까? 또한 여러분들은 지금부터 어떤 복음을 따라가고자 하십니까? 어떤 것을 선택하든지 그것은 여러분의 몫이고, 그 결과 또한 여러분 스스로가 받게 될 것입니다. 계속해서 이어지는 기사들을 통하여 하나님의 영께서 독자 여러분의 마음속에 진리에 대한 확신을 깊이 새겨주시길 기도드리며….

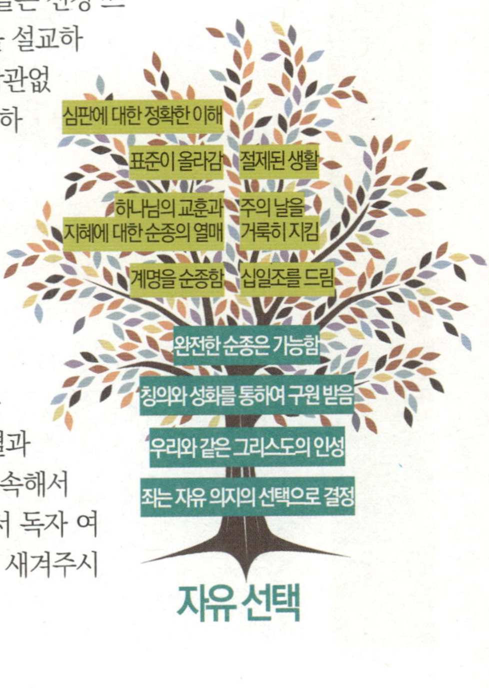

기독 교회 안에 존재하는 두 가지 복음의 비교

	기독 교회에서 가장 인기 있는 복음	성경이 말하는 참 복음
죄의 문제	죄는 조상으로부터 물려 받은 타락한 본성 자체이다. 그러므로 인간은 죄를 버릴 수도 없고 이길 수도 없다.	죄란 자유 의지의 선택 여하에 달려있다. 그러므로 인간은 죄를 범하지 않을 수도 있고 계명에 순종하기로 선택할 수도 있다. 요일 3:4; 겔 18:17-20; 행 17:30; 롬 6:16; 요 9:41
그리스도의 인성 문제	그리스도께서는 우리와는 다른 인성을 취하셨다. 그분의 인성은 아담이 범죄하기 이전에 가지고 있던 완전한 것이었다. 따라서 완전한 인성을 취하신 그분은 죄와 유혹에 대하여 승리하실 수 있었지만, 타락한 인성을 가진 우리는 죄를 범할 수 밖에 없다.	그리스도께서는 우리와 같은 인성(육체)을 취하셨다. 그분은 우리처럼 시험을 받으셨고, 우리와 같은 수준에서 죄와 싸우셨다. 그러므로 그분의 승리의 삶은 거듭난 그리스도인 모두에게 주어진 희망찬 약속이다. 히 4:5, 2:14-18; 롬 1:3, 8:3, 4; 갈 4:4,5; 요일 4:2,3; 요이 7
구원과 복음 문제	구원은 오직 용서(칭의)로만 획득되고 유지된다. 예수를 믿는 것이 구원의 유일한 조건이다. 그러므로 잘못된 행위나 말 그리고 계명에 대한 불순종과 같은 것들은 구원을 잃어버리게 할 수 없다.	칭의와 성화 둘 모두가 복음이다. 칭의(용서)를 받은 사람에게는 반드시 성화의 열매가 자연스럽게 맺힌다. 그러므로 칭의와 성화는 분리할 수 없는 일련의 영적 경험이고, 이것은 구원을 위하여 꼭 필요한 회복과 변화의 과정이다. 롬 2:13; 사 55:7; 출 23:7; 잠 17:15; 히 9:14; 빌 2:14; 딛 2:12-14; 갈 5:16; 계 19:8
완전 문제	그리스도인의 완전한 순종은 불가능하다. 죗된 본성을 가진 인간은 도무지 죄를 온전하게 승리할 수 없으며 계명을 완전하게 순종할 수 없다.	거듭난 그리스도인은 성령의 능력과 도우심을 통하여 완전한 순종의 삶을 살 수 있다. 성령으로 거듭난 그리스도인이라면 자신이 이해하고 있는 진리와 빛 안에서 마땅히 완전한 굴복과 순종을 그리스도께 바치고자 하는 갈망과 열정이 솟구치게 된다. 완전은 목표가 아니라 성령 안에서 자연스럽게 맺혀지는 열매이다. 마 5:48; 벧후 1:9; 계 3:5; 벧전 1:21,22; 딤전 6:14; 엡 4:13,14
복음의 열매 문제	죄를 도무지 버릴 수도 없고 저항할 수도 없는 것으로 규정하는 복음을 믿는 교회 안에는 필연적으로 부도덕, 불순종, 심판에 대한 무지와 소홀히 여김, 그리고 성경이 말하는 자세한 진리와 원칙들을 무시하는 정신이 싹트게 된다. 교인들은 교회 안으로 밀려들어온 세속적 정신과 습관에 의해서 압도되고, 경건함과 순결한 사랑을 잃어버리게 된다.	경건함과 순종의 정신이 교회를 채우게 되고 교인들은 하나님의 말씀에 대한 지식과 계명의 중요성을 깊이 인식하게 된다. 세속에 대한 강력한 저항과 절제 정신이 깊이 자리 잡히게 되고 심판에 대한 올바른 이해를 가짐으로써 하나님의 성품을 오해하지 않게 된다. 하나님의 사랑과 칭의의 균형이 어우러진 십자가를 바라보게 된다. 갈 5:22,23, 5:19-21; 딤후 3:1-5; 눅 6:43,44

제4부 죄란 무엇인가?

"죄"란 무엇일까요? 왜 우리 그리스도인들이 죄가 무엇인가에 대해서 정확히 알아야 합니까? 사람들은 아프면 의사를 찾아갑니다. 의사에게 간다는 것은 무언가가 잘못되었기 때문에 가는 것입니다. 어딘가에 무슨 문제가 있을지 모르기 때문에 가는 것입니다. 그때 의사가 해 줄 수 있는 제일 중요한 일은, 그 사람에게 무슨 병이 있는지 알아내는 것입니다. 그 다음에야 치료가 가능합니다. 복음도 마찬가지입니다. 죄를 무엇이라고 진단하고 정의하는 데에 따라서 우리의 복음과 신앙과 믿는 바가 달라집니다. 제1부에서 언급했던 두 가지 다른 종류의 복음은 다 "죄"에 대한 다른 정의와 이해 때문에 생기게 된 것입니다. 죄에 대한 두 가지 정의에 대하여 연구해 보도록 합시다.

1. 죄의 정의

A 원죄설 : "죄는 본성이다"라는 정의

첫 번째 죄에 대한 정의는 원죄설입니다. 이것은 우리의 본성이 바로 죄라는 가르침입니다. 다시 말해서, 이 정의는 우리가 태어날 때에 이미 우리는 잃어버린 바 되고 정죄 받은 상태에서 태어난다고 믿는 것입니다. 곧, 우리는 지옥으로 갈 본성으로 태어났다고 믿는 것입니다. 우리가 어떻게 생각하고 말하고 행동하느냐에 따라서 죄인이 되는 것이 아니라, 우리 속에 잘못된 본성이 있는 그 자체가 죄라고 믿는 것입니다. 바로 이것이 "원죄설"의 정의입니다. 그리고 이것이 거의 모든 개신교인이 믿고 있고 이해하고 있는 것입니다.

B 죄는 선택 : "죄는 우리의 선택이다"라는 정의

첫번째 원죄설의 정의는 "우리는 잘못된 본성으로 태어났다. 그러므로 우리는 자연히 잘못된 행동을 한다"라고 믿는 것입니다. 그러나 성경이 말하는 "죄"의 정의는 다릅니다. 우리가 잘못된 본성을 유전적으로 받았다고 해서 자동적으로 멸망하는 것이 아닙니다. 우리는 하나님 앞에 "자유 의지"를 가지고 있는 인간들입니다. 그런데 만일 우리가 하나님께 말하기를, "하나님, 나는 내 뜻대로 하겠습니다. 나는 주님 뜻대로 하기를 원하지 않아요!"라고 말하고, 하나님의 뜻(계명)을 어기고 자기 뜻대로 한다면, 그것이 자기가 한 선택이고, 그것이 "죄"인 것입니다. 이것이 두 번째 "죄의 정의"인 "죄는 선택"이라는 것입니다.

2. 선택으로서의 죄

앞에서도 말했지만, 기독교 내에 존재하는 두 가지 서로 다른 종류의 복음은 죄에 대한 두 가지 정의 때문에 생기는 것입니다. "선택으로서의 죄"를 더 알기 쉽게 설명하기 위하여, 한 예증을 들어봅니다. 고양이는 사람에게 와서 털을 비비며 아주 좋아합니다. 그런데 주인을 따라 문을 나설 때 갑자기 이상한 성격을 나타냅니다. 수염과 꼬리를 바짝 세우고 날카로운 동물로 변합니다. 왜 그럴까요? 고양이는 본성적으로 자기보다 큰 것이 오면 무조건 도망가고 자기보다 작은 것은 무조건 잡기 때문에, 밖을 나가면 본성대로 그렇게 하는 것입니다. 그러다가 밖에서 작은 생쥐를 잡으면 어떻게 하는지 아십니까? 그는 생쥐를 금방 죽이지 않고 놓아 주었다 다시 잡았다 하는 반복을 계속합니다. 왜냐하면 그는 쥐를 잡는 것에 재미를 느끼기 때문입니다. 이것은 하나님의 창조물 가운데 하나입니다. 그런데 이 창조물은 다른 창조물(생쥐)에게 죽기까지 형벌을 가하는 것입니다. 이것이 죄악입니다. 이것은 하나님의 계획 가운데 하나가 아닙니다. 우리가 새 땅에 가면 그런 것은 없을 것입니다.

고양이가 다시 주인에게 올 때 어떻게 합니까? 콧수염을 바싹 세우고 자기가 생쥐를 잡은 것에 대해 주인에게 칭찬을 받으려고 옵니다. 그때 주인은 어떻게 합니까? 만일 당신이 주인이라면 어떻게 하겠습니까? 고양이를 정죄할 것입니까? 아니면 죄가 없는 것인가 라고 갈등할 것입니까? 아마 여러분은 고양이를 쓰다듬으면서 잘했다고 말하며 다시 그 살인자를 집으로 들여보낼 것입니다.

자, 여기서 악한 것과 죄에 대한 책임의 차이를 알아봅시다. 이 고양이가 한 일은 악한 짓입니다. 그러나 그것을 가지고 우리는 "너는 죄의 책임이 있다"고 말하지는 않습니다. 왜 그런가요? 이 고양이의 작은 두뇌 속에는 양심이라는 것이 없고, 옳고 그름의 차이 또한 없습니다. 그는 그저 타락한 본성만 있는 것입니다. 우리에게 타락한 본성이 있는 것처럼 말입니다. 그래서 본성이 말하는 것만 하는 것입니다.

그러나 우리가 태어났을 때, 우리에게 타락된 본성은 악하게 있지만, 아직 죄의 책임은 없습니다. 죄를 짓기로 선택하지 않았기 때문입니다. 죄는 스스로가 짓기로 선택해야 죄가 됩니다. 이것이 성경이 말하고 있는 올바른 죄의 정의인 것입니다.

"이러므로 사람이 선을 행할 줄 알고도 행치 아니하면 죄니라"(약 4:17).

"범죄하는 그 영혼은 죽을지라 아들은 아비의 죄악을 담당치 아니할 것이요 아비는 아들의 죄악을 담당치 아니하리니 의인의 의도 자기에게로 돌아가고 악인의 악도 자기에게로 돌아가리라"(겔 18:20).

3. 결과와 죄의 형벌로서의 죽음

창세기 2장 17절은 하나님께서 창조 받은 인간들에게 처음 주시는 말씀입니다. "선악을 알게 하는 나무의 실과는 먹지 말라 네가 먹는 날에는 정녕 죽으리라 하시니라." 그들이 선악과를 먹었습니까? 그런데, 그들이 그날 바로 죽었습니까? 하나님께서는 그들이 열매를 먹으면 죽을 것이라고 말씀하셨는데, 왜 아담의 사형 집행이 즉각 시행되지 않았을까요? 그 이유는 대속의 길이 있었기 때문이었습니다. 하나님의 독생자께서 사람의 죄를 몸소 지시고 타락한 인류를 위하여 죄값을 지불하기를 자원하셨기 때문이었습니다.

요한계시록 13장 8절을 읽어 보도록 하겠습니다. 이 절의 전단에 중점을 두겠습니다. "죽임을 당한 어린 양의 생명책에 창세 이후로 녹명되지 못하고 이 땅에 사는 자들은 다 짐승에게 경배하리라." 영어 성경의 번역을 보면, "창세 전부터 죽음을 당해 오신 어린양"이라고 말하고 있습니다. 예수님께서 창세 이후로 4000년이 지난 이후에 돌아가시지 않았습니까? 이것은 무슨 뜻일까요? 이것은 예수님께서 인간이 타락할 경우를 대비해 창세 전부터 구속의 계획을 마련해 놓으신 것을 말합니다.

아담과 하와가 사탄의 유혹을 받아들이고 하나님께서 하지 말라고 하신 바로 그 일을 했을 때, 하나님의 아들 그리스도께서는 하나님 앞에 서서 말씀하시기를, "나로 그 형벌을 받게 해 주소서. 제가 사람의 자리에 서겠습니다. 사람에게 기회를 한 번 더 주소서"라고 하셨습니다. 오늘 우리가 이렇게 살 수 있는 이유는, 아담과 하와가 범죄한 즉시로 예수님께서 중재자로 서셨기 때문입니다. 예수님께서는 자신이 인간의 죄를 대속하시려면 고통을 당해야 할 것을 아셨지만 인간을 대신하기로 하셨습니다. 아담이 죄를 범하자마자 하나님의 아들은 그가 갈보리 십자가 위에서 돌아가실 때 가지셨던 동일한 능력으로 범죄자에게 선고된 운명을 막기 위하여, 당신의 생명을 인간의 구원을 위한 담보물로 제시하셨습니다.

그러므로 죄의 정의로서의 "원죄설"은 성경의 구속의 계획과 맞지 않습니다. 예수님께서 십자가와 에덴동산에서 어떻게 하셨는지 에도 불구하고, 많은 기독교인은 여전히 우리가 태어날 때부터 아담의 죄의 대가를 지불하고 있다고 믿고 있습니다. 아담이 죄를 범했기 때문에 우리는 멸망당하고 정죄 받고 있다고 생각하는 것입니다.

예수님께서 무언가를 갚으셨을 때는, 그것은 완전히 갚으신 것입니다. 인간은 더 이상 갚을 것이 없는 것입니다. 그러나 아담과 하와가 예수님의 십자가를 거절했을 때에 그들은 멸망할 수 있었습니다. 그들은 십자가를 지나쳐야 지옥을 발견할 수 있는 것입니다. 어떤 의미에서 이 세상에 태어난 모든 아이는 그들의 길에 주님의 십자가를 가지고 태어난다고 할 수 있습니다. 어린 아기들은 지옥으로 미끄러지는 길 위에서 태어나는 것이 아닙니다. 그들이 지옥으로 가기 위해서는 십자가를 짓밟고 지나가야 되는 것입니다.

4. 죄에 대한 예수님의 정의

죄에 대하여 예수님께서는 어떻게 말씀하시는 지에 대해 한번 보겠습니다. 요한복음 9장 1-3절을 보면, 예수님께서 제자들과 길을 걸어가시는데, 눈이 먼 맹인을 발견하는 장면이 나옵니다. 그때에 제자들이 질문을 했습니다. 2절, **"랍비여 이 사람이 소경으로 난 것이 뉘 죄로 인함이오니이까 자기오니이까 그 부모오니이까"** 그들은 이 사람이 "죄인"입니까? 라고 묻지 않았습니다. 그들은 "그의 눈을 좀 봐, 그는 자기의 죄 때문에 심판받은 것이 아니냐?"라고 했습니다. 그들이 그렇게 말한 뜻은, "그는 그렇게 태어났다"는 것이었습니다. 그래서 제자들이 알기 원하는 것은, "그의 부모들이 뭔가 잘못을 한 것이 아닙니까? 그래서 부모들의 죄 때문에 그는 정죄를 받는 것입니까?", 아니면, "그가 엄마 뱃속에서 죄를 지은 것입니까?"라고 묻는 것입니다. 바로 이것이 그들의 질문이었습니다.

"예수님께서 대답하시되 이 사람이나 그 부모가 죄를 범한 것이 아니라. 그에게서 하나님의 하시는 일을 나타내고자 하심이니라." 예수님께서는, "눈이 먼 사실과 죄와 혼동하지 말아라. 눈이 먼 것은 악한 것에 속하지만은, 그러나 그것은 죄와 동일한 것은 아니다"라고 하시며, 계속 말씀하시기를 "지금은 마귀의 역사만 볼 수 있지만, 너희는 조금 있으면 하나님의 역사를 보게 될 것이다"라고 하셨습니다. 만약 마귀가 역사 할 수 있도록 허용한다면 아무나 다 태어나면서 장님이 될 수 있습니다. 예수님께서 그가 소경됨을 어떻게 취급하셨습니까? "내가 너의 눈을 용서한다"라고 하셨습니까? 절대 그렇게 말씀하시지 않으셨습니다. 그분은 그의 눈을 치료해 주셨습니다. 그의 눈을 다시 재 창조해주셨습니다. 예수님께서는 그렇게 우리의 죄악들을 취급하시는 것입니다.

"죄란 무엇인가?" 이제 다음 기사에서는 죄와 죄책감, 그리고 유혹과 죄의 차이에 대하여 알아보기로 합니다. 자칫 무거워 보이는 신학적인 논제 같지만, 진실된 그리스도인이라면 누구나 반드시 알아야 할 주제이고, 또 이것에 대해 확실한 이해가 생길 때 승리하는 신앙생활이 가능하게 되기 때문에 열심히 함께 연구하여 볼 필요가 있는 것입니다.

5. 죄악과 죄책감

아담과 하와가 이 세상에 가지고 온 죄에는 두 가지 문제가 따릅니다. 한 가지는 죄악이고 또 다른 한 가지는 죄책감입니다. 악은 모든 인간의 본성과 동물들에게 있고, 또 이로 인해 세상의 모든 문제가 야기됩니다. 또한 다른 문제는 죄책감입니다. 우리는 죄의 책임을 지고 있는 정죄 받은 죄인입니다. 그러면 주님께서 이 두 가지 문제들을 어떻게 해결하십니까? 그분은 우리의 죄책감을 용서하십니다. "내가 너희의 죄책감을 대신 질 터이니 너희는 자유롭게 가라"고 주님께서 말씀하십니다. 우리의 죄책감이 없어질 때, 우리에게 지옥이 없는 것입니다. 우리에게 두 번째 죽음이라는 것이 없어질 것입니다. 우리에게 영원한 생명이 있을 것입니다.

우리의 죄악과 죄됨은 언제 없어지는 것일까요? 우리의 본성 가운데 있는 죄된 본성과 죄악들은 없어지지 않습니다. 그것은 예수님의 재림 때에야 없어질 것입니다. 주님께서 어떻게 그것을 없애실까요? 주님께서 그것을 용서하시는 것이 아니라, 주님께서 다시 이 세상과 우리의 본성을 재창조하심으로 없애시는 것입니다. "예수께서 가라사대 너희가 소경 되었더면 죄가 없으려니와 본다고 하니 너희 죄가 그저 있느니라."(요 9:41) 바리새인들은 우리와 같은 본성을 가지고 태어났습니다. 그러나 예수님께서 하신 말씀과 같이 여러분이 정말 모른다면, 정말 죄가 없을 것입니다. 그러나 우리가 죄를 알기 때문에 우리의 죄가 남아 있습니다. "빛"은 우리의 죄악들을 깨닫게 하고, 이것이 우리의 죄책감으로 변하게 하는 것입니다. 곧, 하나님의 빛의 지식이 우리에게 오면, 그리고 우리가 그것을 순종하기로 선택하지 않으면, 우리의 본성 가운데 있는 죄악이 죄책감이 되는 것입니다.

◈ 이 문제에 있어서 성경에서 분명한 말씀을 찾아보겠습니다.

▶ 야고보서 4장 17절

"이러므로 사람이 선을 행할 줄 알고도 행치 아니하면 죄니라"

우리가 여기에 있는 차이를 이해해야 됩니다. 우리가 옳은 것과 그른 것을 알아야 죄가 성립이 되는 것입니다. 알면서도 올바른 일을 하지 않는 것이 죄입니다. 이럴 때에 그것이 죄가 되는 것입니다. 고양이나 어린 아기한테는 죄가 되는 것이 아닙니다. 그리고 하나님의 뜻을 모르는 사람에게는 죄가 될 수 없는 것입니다.

▶ 야고보서 1장 14절

"오직 각 사람이 시험을 받는 것은 자기 욕심에 끌려 미혹됨이니"

여기에 "자기 욕심"이라고 하는 것은 "하나님의 뜻과 맞지 않는 것이다"라는 뜻입니다. 또한 우리의 죄된 본성과 그 힘에 의하여 우리가 유혹을 받았다고 말하는 것입니다.

6. 유혹과 죄의 차이

1. 유혹

유혹에는 두 가지 조건이 필요합니다. 밖에서 무엇인가 우리를 자극하는 요소가 필요합니다. 보는 것, 혹은 듣는 것 등. 그래서 우리의 내적인 것이 그것에 유혹을 받아서 끌려야 되는 것입니다. 그러나 우리에게 내적으로 끌리는 것이 없으면 거기에는 유혹이 있을 수가 없습니다. 바로 이것이 야고보서 1장 14절에서 읽은 것입니다. 우리가 그것에 유혹을 받고 끌려야 되는 것입니다. 그러나 많은 그리스도인은 "끌리는 자체"가 "죄"라고 말하는 것입니다. 우리가 하지 않겠다고 결정을 할지라도 우리가 그런 자극에 끌리는 자체가 죄라고 생각합니다. 거의 모든 그리스도인이 믿기를 이 죄된 자체가 죄라고 생각을 하고 있습니다. 물론 우리의 본성이 죄됩니다. 그러나 성경은 그 본성 자체가 죄라고 말하지 않습니다. 우리가 그렇게 끌리는 것은 "유혹"이라 말합니다.

2. 죄

그렇다면 "죄"란 무엇인가? 죄는 유혹 뒤에 옵니다. 죄가 되기 위해서는 필요한 단계가 있습니다. 곧, 유혹을 계속 품어야 죄가 되는 것입니다. "욕심이 잉태한즉 죄를 낳고 죄가 장성한즉 사망을 낳느니라"(약 1:15). 이 성경 절을 보면 죄가 성립되는 데는 단계가 있는 것을 알게 됩니다.

예를 하나 들어보겠습니다. 험담하는 죄는 악한 생각을 품는 데서부터 시작됩니다. 또한 성경에서 말하는 "궤휼"은 온갖 형태의 불순을 포함합니다. 불순한 생각이 용납되면 부정한 욕망을 품게 되고, 그 욕망으로 마음이 더럽혀지면 그 정직성도 손상됩니다. 불순한 생각은 죄된 것입니다. 그것은 더럽혀지는 것으로 생각됩니다. 그리스도 교회에서는 이것을 죄라고 부릅니다. 그러나 이 불순한 생각이 죄가 되기 위해서는 한 가지 일을 더 해야 합니다. 그것을 품어야 됩니다. 그것을 우리의 생각으로 품어야 죄가 된다는 것입니다.

죄가 성립되는 4단계

01 우리가 우리의 본성에 의해서 그 어떤 것에 끌리는 단계

02 우리가 그것에 매력을 느끼는 단계
(여기까지는 죄가 아니고 유혹이다)

03 우리가 그 유혹을 마음속에 품는 단계
(유혹을 하나님의 은혜로 물리치지 않고 계속 품는다)

04 죄가 성립된다.

야고보서 1장 14, 15절은 죄가 되는 단계에 대해서 말하고 있는 것입니다. 14절, "오직 각 사람이 시험을 받는 것은 자기 욕심에 끌려 미혹됨이니"라는 말씀처럼, 사람은 처음에 유혹을 받고, 그 욕심을 계속 품어 죄를 짓게 되는 것입니다. 이것이 유혹을 죄가 되게 하는 것입니다. 그러므로 죄됨과 죄의 책임에는 차이가 있다는 것입니다. 그런데 보통 그리스도인들은 첫 번째 단계(끌리는 단계)가 죄라고 생각합니다. 그러나 성경은 3번째 단계를 죄라고 말합니다. 이렇듯 "죄가 무엇인가?"라는 질문에 어떻게 대답 하느냐에 따라서, 두 가지 다른 복음이 만들어지는 것입니다.

첫 번째 죄의 대한 정의(원죄설)는, 우리가 숨을 쉬는 것처럼 우리의 본성 자체가 죄라고 말합니다. 그렇다고 하면, 우리는 우리의 본성과 늘 함께 있기 때문에 우리는 다른 것은 할 수 없고 그냥 죄를 지을 수밖에 없는 사람이 됩니다. 그래서 그런 정의를 가진 사람에게 복음은 항상 "용서만"해야 합니다. 우리가 태어날 때부터 주님께서 오실 때까지 항상 용서만 받고 살아야 된다는 말입니다. 이것이 바로 대부분의 기독교인들이 믿고 있는, 성경과 맞지 않는 교리입니다.

그러나 죄가 우리 마음의 선택이라면 우리는 예수님을 거절할 수도 있고, 또 그분을 거절함으로 인해 치료받을 수도 없습니다. 그러나 우리가 주님을 우리 마음 가운데 모시기로 선택한다면 우리는 용서도 받고 치료함도 받을 수 있습니다.

하나님의 율법은...

도덕적 완전함의 유일하고 진정한 표준입니다.
그 율법은 그리스도의 생애 가운데서 실증되었습니다.
그분은 자신에 대하여 말씀하시기를
"내가 아버지의 계명을 지켰노라"(요 15:10)고 하십니다.
이런 순종을 제외하고는 아무것도
하나님의 말씀의 요구에 응할 수 없습니다.
"저 안에 거한다 하는 자는 그의 행하시는 대로
자기도 행할지니라"(요일 2:6).

우리는
"내 은혜가 네게 족하도다"(고후 12:9)라는
보증을 가졌다고 해서
이 일을 행할 수 없다고 항변하지 못합니다.

우리는 거룩한 거울
곧 하나님의 율법을 들여다볼 때에
놀랄 만한 죄의 깊이와,
범죄자로서의 자신들의 타락한 상태를 보게 됩니다.

그러나 우리는 회개와 믿음으로
하나님 앞에서 의롭다함을 얻게 되며
하나님의 은혜를 통하여 그분의 계명을
능히 순종할 수 있게 됩니다.

주님 안에서 거한다고 말하는 자는,
주님께서 행하신 대로
자기도 그와 같이 행해야 할지니라.
형제들아,
내가 지금 너희에게
새 계명을 쓰는 것이 아니라.
너희가 처음부터 가졌던 옛 계명이니,
그 옛 계명은
처음부터 너희가 들어온 그 말씀이니라.
(요일 2:6,7)

성경공부 **2권〈하늘의 전쟁〉**을 마치신 분은 **3권〈성령의 역사〉**을 신청하여 공부하십시오.
3권을 공부하실 분은 아래 연락처로 연락주시면 무료로 보내드립니다.
11HN선교센터 TEL. 1544-0091, 010-9543-0091 E-mail: 11hnnet@gmail.com 카톡 ID: 11HN

11HN 열한시 네트워크

11TH HOUR NETWORK

01 YouTube채널 [11HN 성서연구원]

11HN.NET

▪유튜브에서
11HN 성서연구원 검색

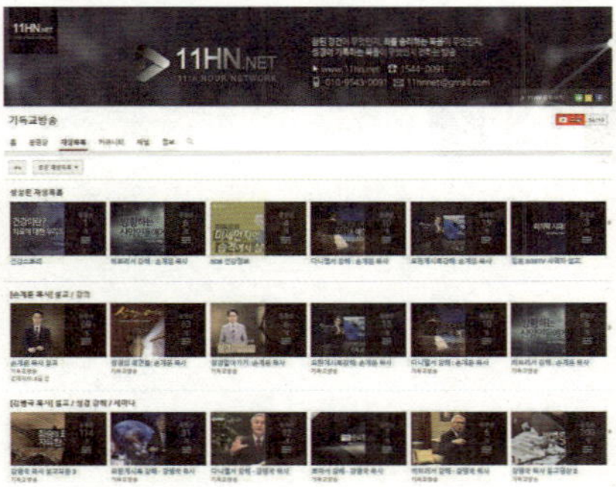

차별화된 기독교 방송이 제공됩니다!

설교 마지막 시대를 살아가는 현대인들을 하늘 백성으로 준비시키는 참된 만나

강의 성경의 예언들, 성경연구, 그리스도인 연애와 결혼 등 다양한 주제의 성경강의

간증 거듭난 사람들의 간증과 행복한 가정, 자녀 교육, 그리스도인의 삶

건강 현대인에게 필요한 건강 상식, 스트레칭, 채식 요리 레시피

토크쇼 그리스도인 청년들의 토크, 참 신앙을 찾는 사람들의 이야기

다큐 마지막 시대를 살아가고 있는 현대인들을 위한 성경 다큐

02 성경공부 시리즈 Bible Study Series

복음과 예언 등 성경의 다양한 주제들을 쉽고 깊이있게 알아갈 수 있는 성경공부 시리즈입니다.

연락주시면 1권을 무료로 보내드립니다

03 도서 단행본 11HN Books

요한계시록/다니엘 등 예언 연구, 복음, 그리스도인 생활, 교리, 그리스도의 생애, 기독교회사 등 삶을 변화시키는 진리가 담긴 책자들이 있습니다.

필요하신 분은 연락주시면 보내드리겠습니다.

04 월간지 Magazine

성경의 진리를 회복하고
가정과 건강과 신앙을 지키는 월간지

지금 신청하시면 무료로 보내드립니다

05 소셜 네트워크
SNS & Network

네이버 카페 Naver Cafe

그리스도인
www.kingsm.net

진리의 말씀을 사모하고 그 말씀대로 살길
원하는 사람들을 위한 온라인 카페

카카오스토리 Kakao Story

11HN 기독교방송

손계문 목사의
이것이 그리스도인이다

팟빵 • 팟캐스트

Podbbang
•
Podcast

11HN 검색하기
컴퓨터와 스마트폰에 MP3를 듣고 다운받을 수 있습니다.

06 11HN 선교센터
11HN Global Ministry

www.11hn.net ✉ 11hnnet@gmail.com

- 한국 ☎ 1544-0091/010-9543-0091
- 미국 ☎ 1-917-935-9006
- 캐나다 ☎ 1-778-385-0691
- 일본 ☎ 81-050-1141-2318
- 인도네시아 ☎ (62) 812-1026-3892

보내주시는 후원과 기도에 진심으로 감사드립니다!

후원 계좌 (예금주 : 열한시)

농협 301-0019-4151-11 국민 611601-04-222007 신한 100-025-300569
우리 1005-601-482208 우체국 700245-01-002423 하나 630-006815-376

후원 자동이체 서비스

스마트폰에 [네이버 앱]을 설치하신 후, [QR 코드] 검색하시면 아래와 같이 [렌즈] 인식검색이 보입니다.

음성 음악 렌즈 어라운드

[렌즈]를 누르시고, 오른쪽에 있는 QR코드 이미지를 찍으면 [후원 자동이체 서비스]페이지로 이동합니다.

11HN 네트워크

미국 후원 계좌

Pay to order : **11HN SOSTV Inc**

보내실곳: **4640 Glen Level Dr, Sugar Hill, GA 30518**

11HN SOSTV의 Tax ID No는 82-4291717 이며, 세금 공제 혜택을 받으실 수 있습니다.

11HN 선교센터로 연락하세요. 참 신앙과 새로운 영적경험이 열립니다.

TEL. 1544-0091, 010-9543-0091 E-mail: 11hnnet@gmail.com 카톡 ID: 11HN